刊行のことば

現行憲法の下で、帝国議会は国会となり、貴族院は参議院へ引き継がれた。尚友倶楽部（前身・研究会、尚友会）は、明治以来、貴族院の選出団体として重要な役割を果たしてきたが、戦後は、純公益法人として、日本文化の国際的理解に役立つと思われる、公益事業や、学術団体、社会福祉、などへの援助を中心に活動をつづけている。

近現代史に関連する資料の公刊もその一環である。昭和四十六年刊行の『貴族院の会派研究会史・附尚友倶楽部の歩み』を第一号として、平成二年までには十二冊の「尚友報告書」を発表した。平成三年刊行の『青票白票』を第一号とする「尚友叢書」は、令和元年には四十五冊となり、近現代史の学界に大きく寄与している。

一方「尚友ブックレット」は、第一号『日清講和半年後におけるドイツ記者の日本の三大臣訪問記』を平成六年に非売品として刊行し、以後三十四冊を刊行し今日に至っている。「尚友ブックレット」は、原文書のみならず関連資料も翻刻刊行してきているが、未公開の貴重な資料も含まれており、一般の方々からも購入の要望が多く寄せられてきたので、二十一号から一般にも入手できるような体制を整えてきた。

今回刊行の第三五号は、男爵岩崎小彌太差出書翰、並びに関係資料をとりあげた。岩崎小彌太は三菱財閥の第四代社長、近代日本実業界を代表する経営者であり、高い教養をもつ文化人でもある。その差出書翰は、小彌太の経営理念、戦前・戦中・戦後直後の経済界の動向等、歴史資料として価値が高い。今後も研究等に有効に用いて頂き、近現代史の学術研究に役立つことを願っている。

令和二（二〇二〇）年一月

一般社団法人　尚友倶楽部
理事長　山本　衞

岩崎小彌太（1879-1945）

岩崎小彌太（学習院時代）

岩崎小彌太（四歳）

左から俊彌、小彌太、輝彌

英国留学時代
中列左から松方正作、松方（岩崎）繁子、久彌　後列右から二人目が小彌太

彌之助一家
左から小彌太、彌之助、輝彌、俊彌、早苗、繁子

男爵襲爵後初めてとなる天長節参賀時の小彌太（明治41年11月3日）

青年時代の小彌太（明治末～大正前期）

婚礼（明治40年）

還暦に際して　小彌太と孝子夫人（昭和14年）

前列中央小彌太、孝子夫人

散策中の小彌太（昭和10年代）

左から林雅之助、小彌太、孝子夫人　右から二人目舟越楫四郎

小彌太と林雅之助

（以上の写真はすべて個人蔵）

石黒俊夫宛書翰
昭和20年10月4日
(三菱史料館所蔵)

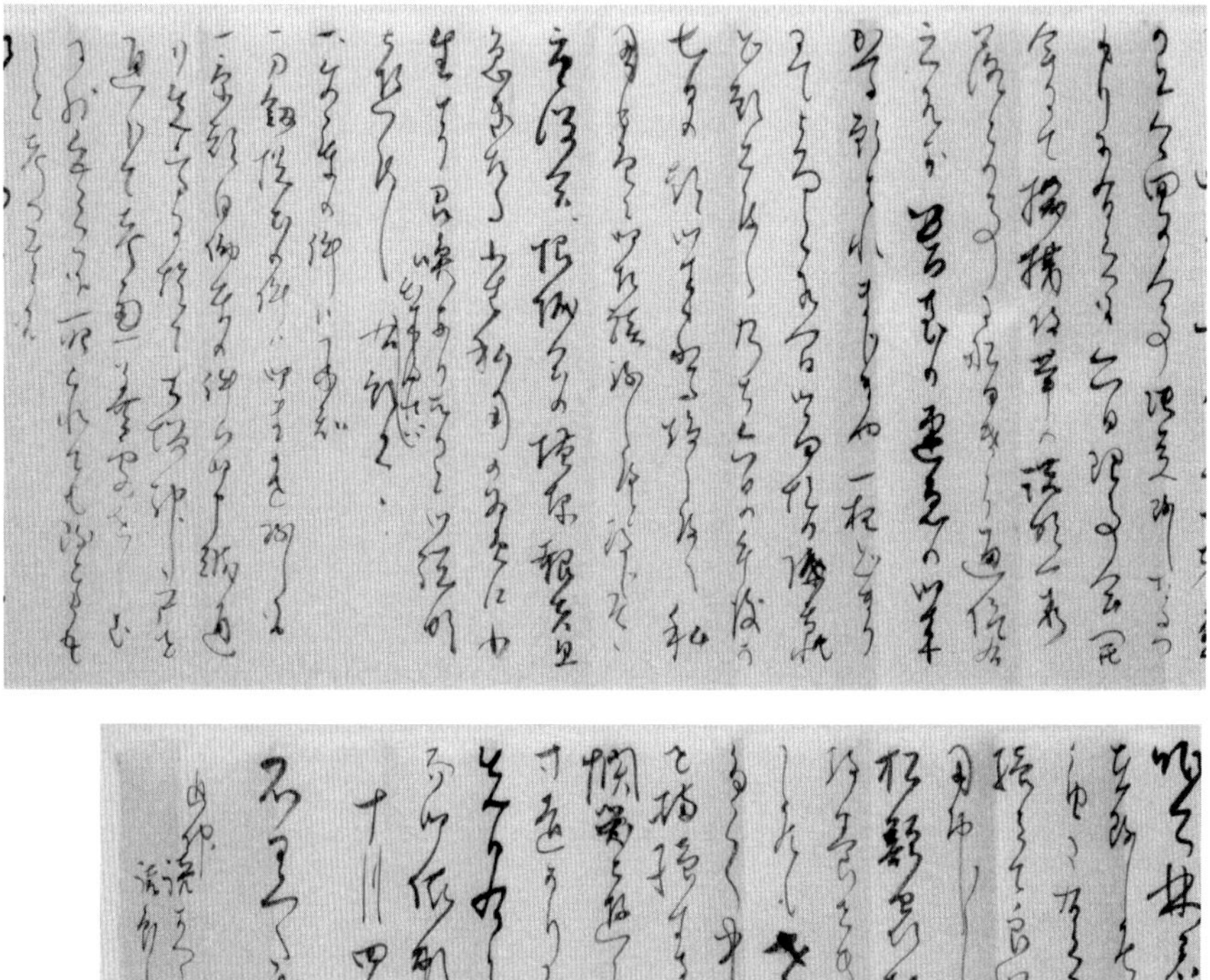

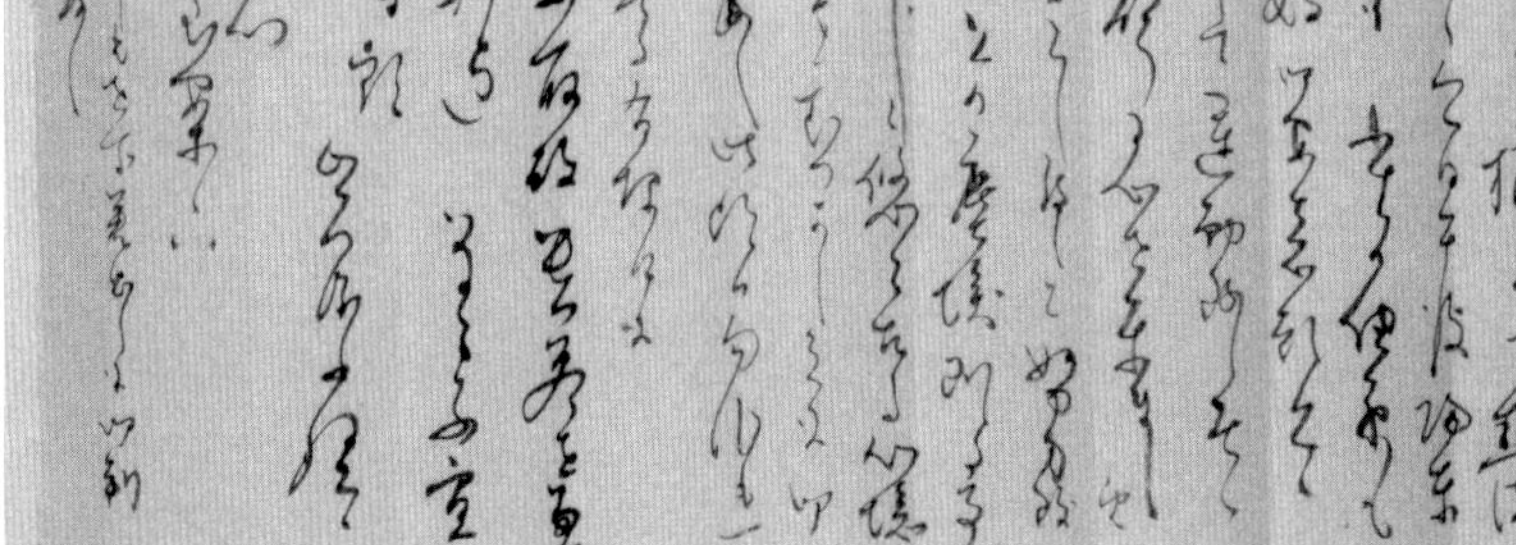

石黒俊夫宛書翰
昭和20年10月7日
（三菱史料館所蔵）

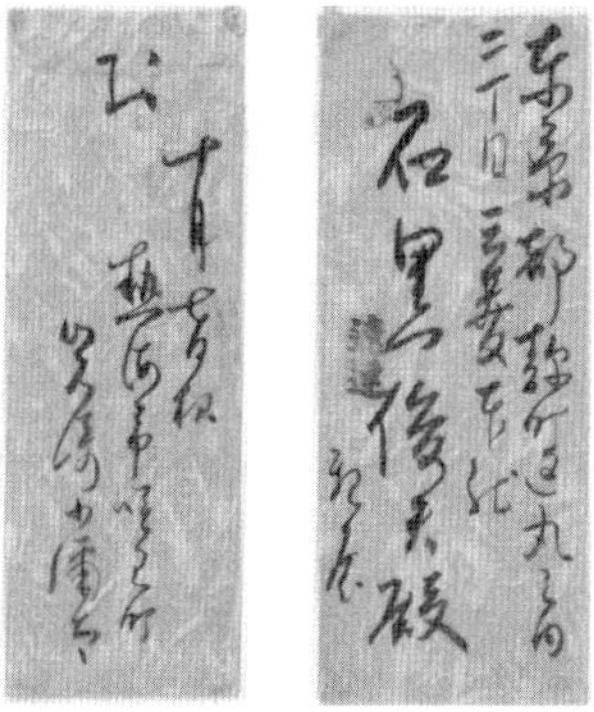

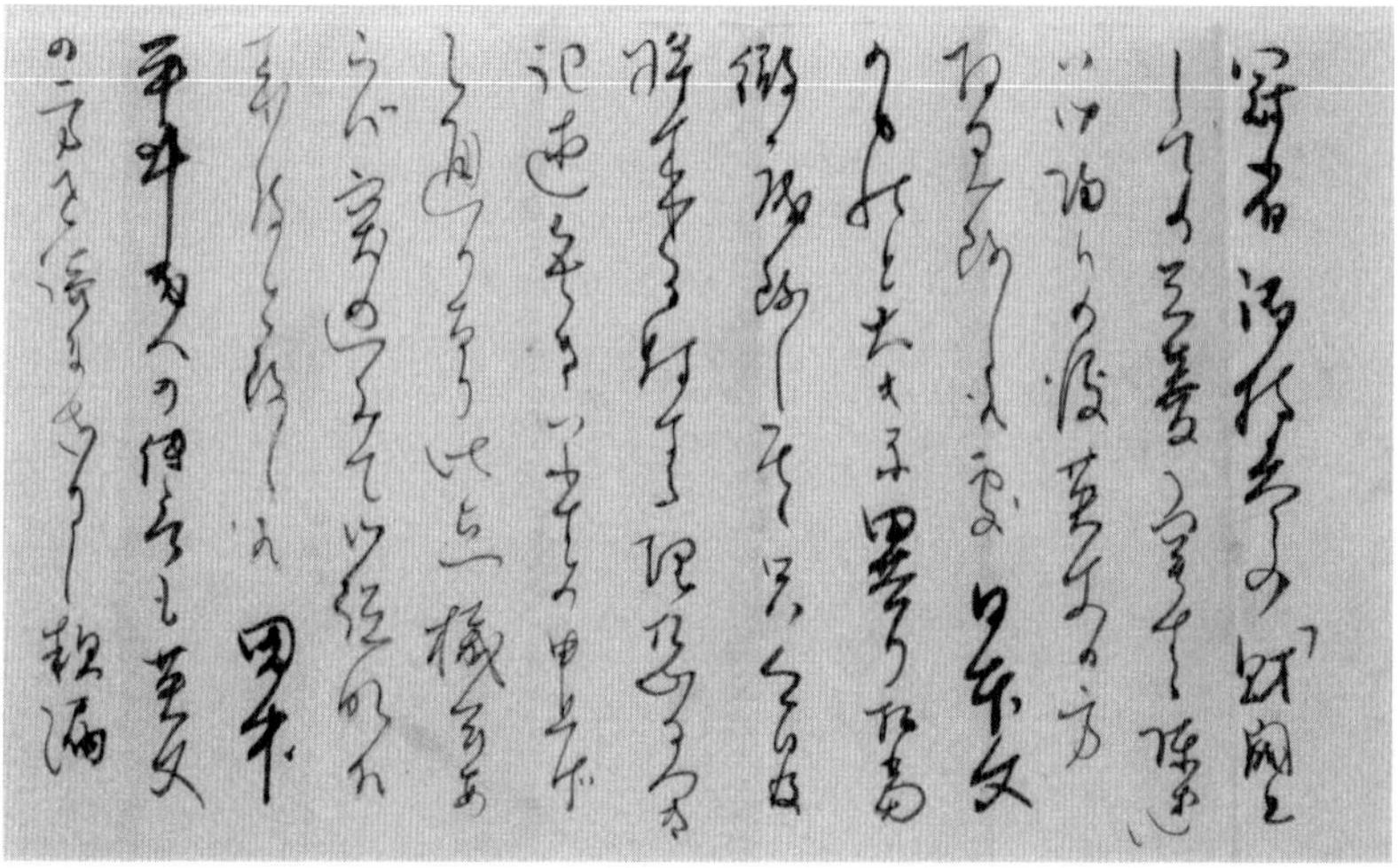

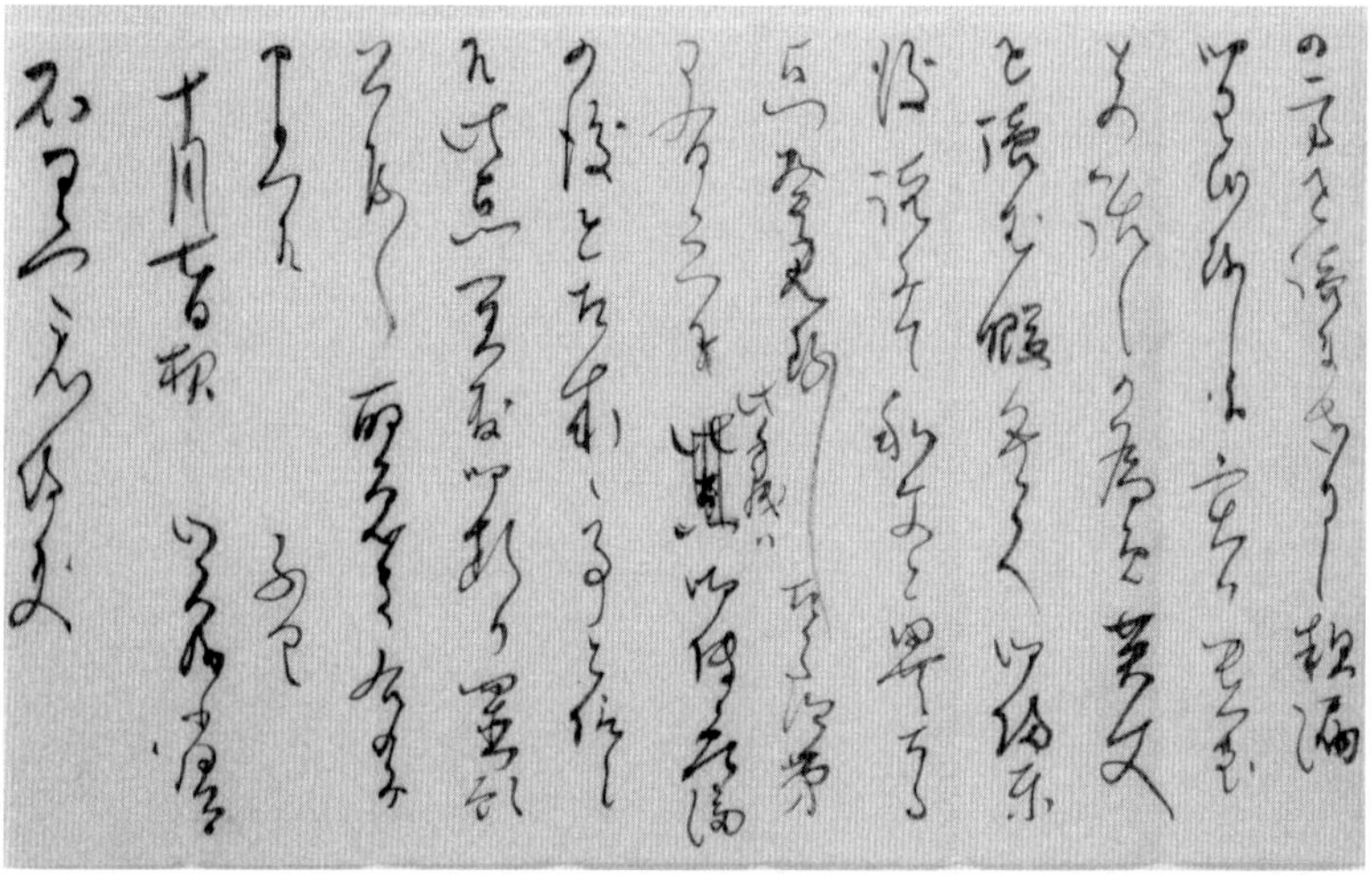

石黒俊夫宛書翰
昭和20年10月17日
（三菱史料館所蔵）

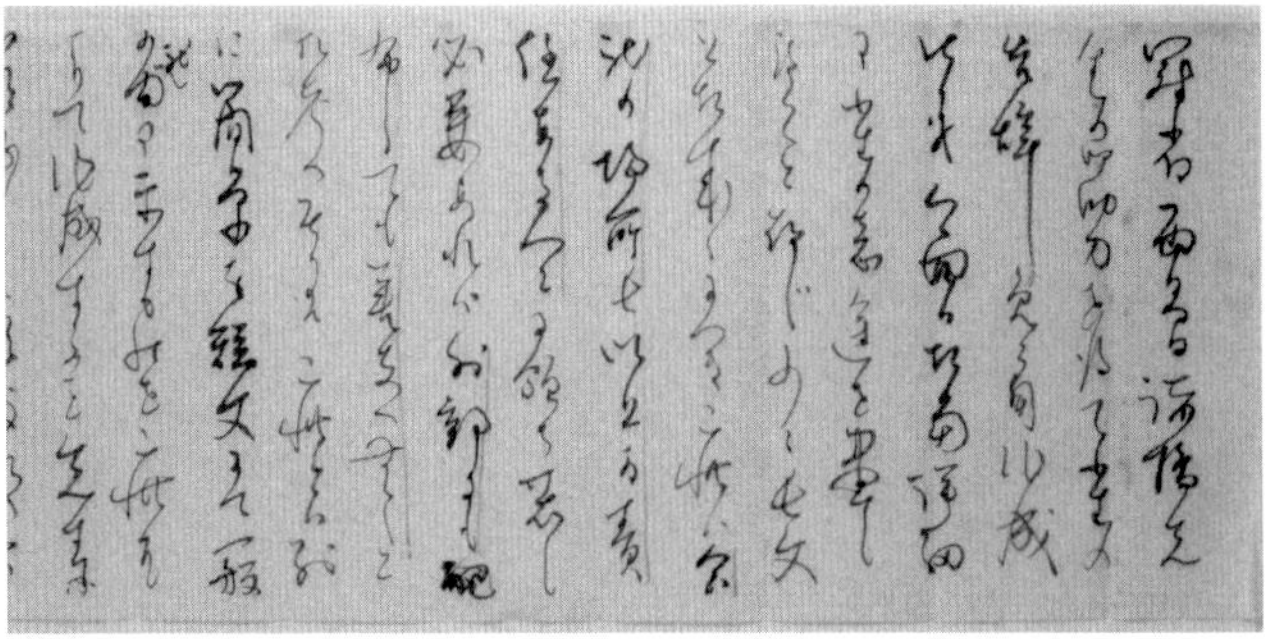

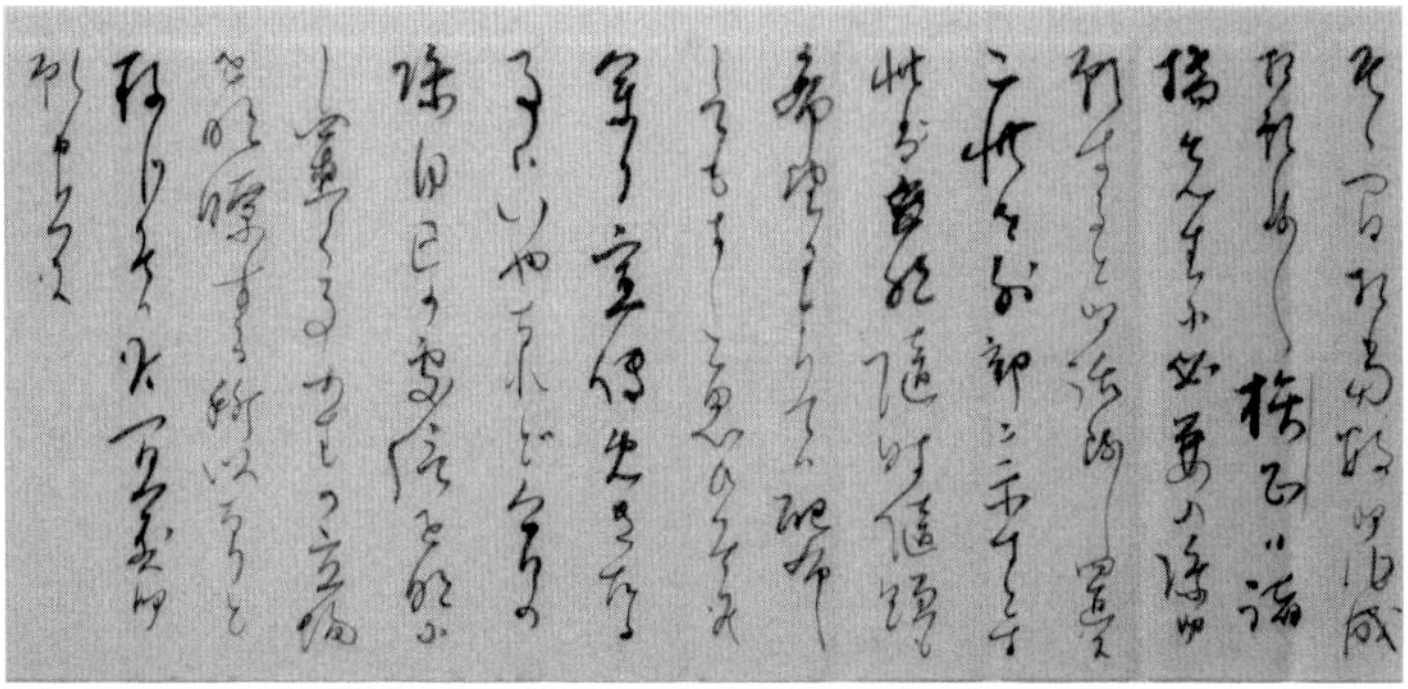

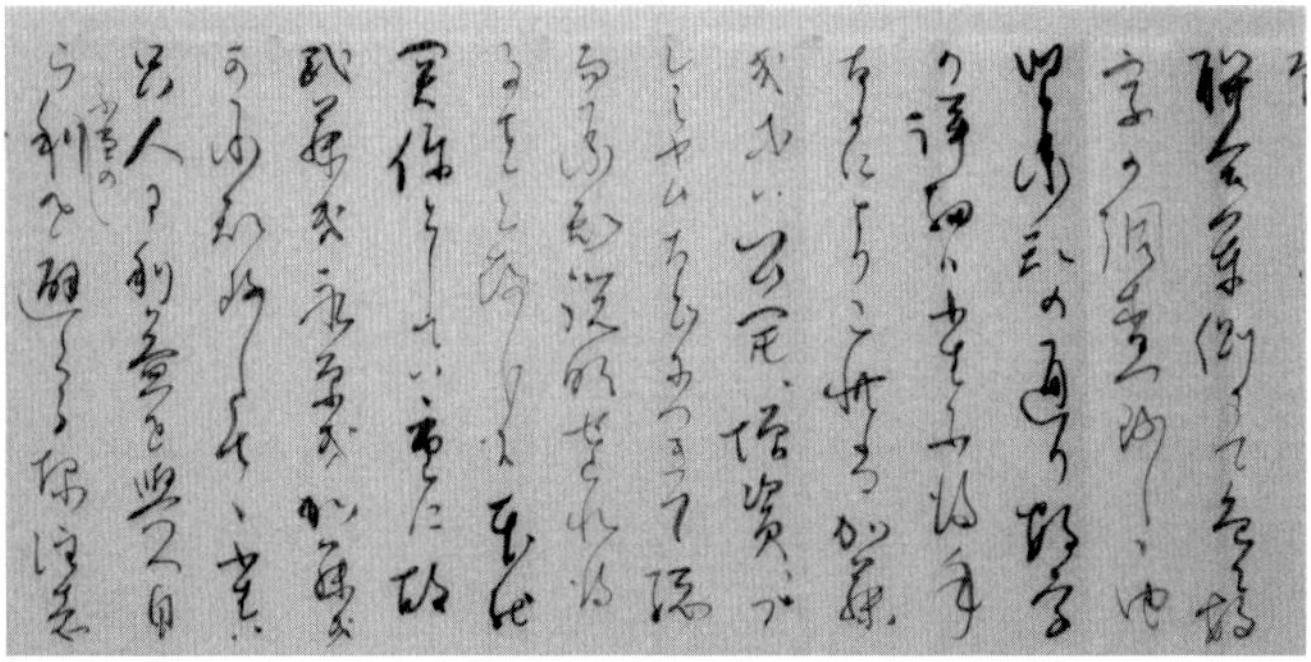

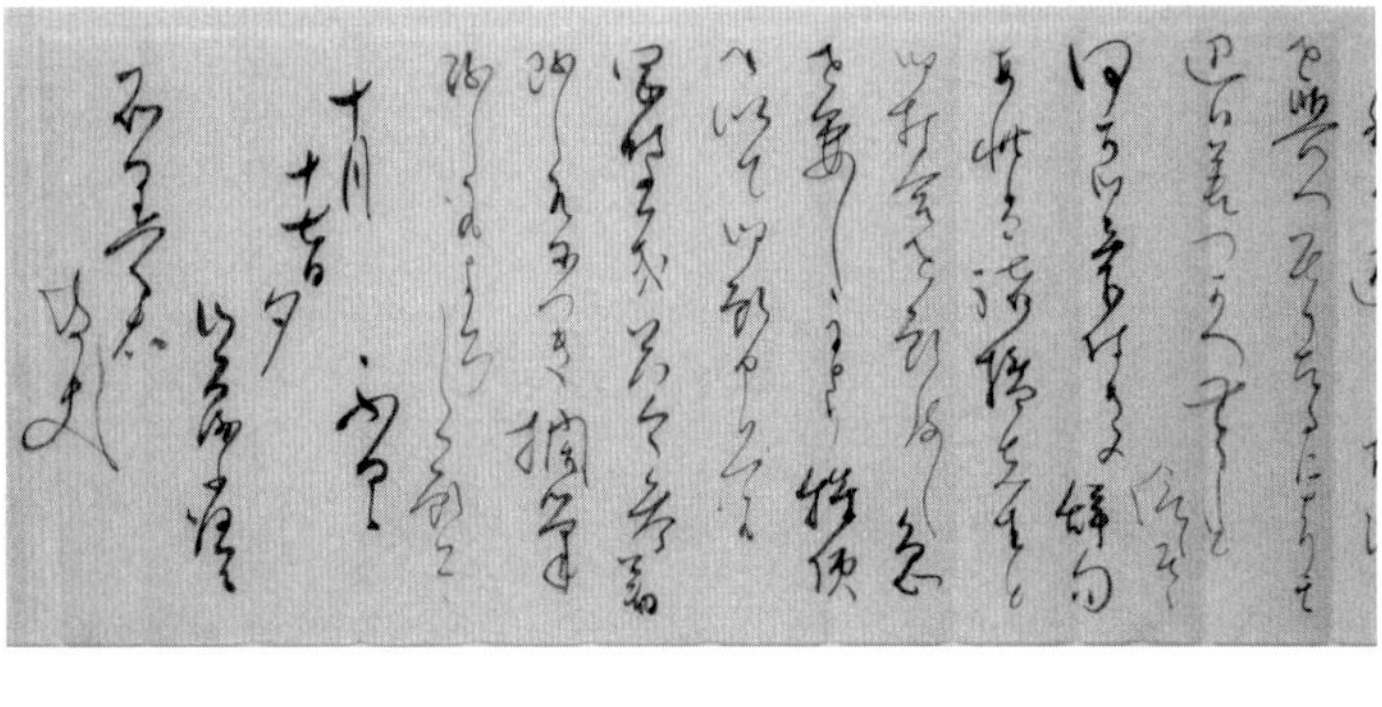

尚友ブックレット35

岩崎小彌太関係史料

――書翰と追想――

尚友倶楽部・荒船俊太郎　編集

芙蓉書房出版

岩崎小彌太関係史料　書翰と追想●目次

凡　例

一、本書には、岩崎小彌太に関する史料（岩崎小彌太書翰・追悼文等）を収録した。各々に所蔵先や出典を明記した。
一、第一部収録史料には適宜句読点を付し、常用漢字を用いた（ただし、岩崎家一門の「弥」に限り「彌」を用いた）。「ヿ」は「事」にあらためた。
一、変体仮名は「之」と「而」を除き平仮名にあらためた。一部の外来語を除き片仮名は平仮名に改めた。
一、誤記は原文のまま表記し、右側に〔ママ〕とルビを付した。明白な誤字については、ルビを付して補った場合がある。書き手の慣習的表現（たとえば、工合・自働車・心経・辛棒）はそのままとした。傍点・傍線はできる限り再現した。
一、封筒および葉書については表面は㊟・裏面は㊚と表記した。
一、書翰は発信年代順に収録した。
一、第一部収録史料には適宜句読点を付し、常用漢字を用いた。
一、第二部収録史料は、常用漢字を用いた以外は原文を尊重した（ただし、くずし字史料である原耕三「巨人を偲ふ」には適宜句読点を付した）。
一、史料中の人名については可能な限り補った（たとえば、船田〔一雄〕）。
一、難読箇所は□（文字数分）で示した。
一、本文中には不適切な表現が見られるが、文書の歴史的性格に鑑み、そのままとした。

収録史料詳細目次

第一部　書翰

一　岩崎小彌太書翰

29　中山寛六郎宛　明治四十五年四月二十日
30　岩崎久彌宛　（大正二）年一月二十五日
31　中村春二宛　大正二年七月五日
32　阪谷芳郎宛　（大正二）年八月二十三日
33　中村春二宛　（大正二）年十月二十五日
34　中村春二宛　（大正二）年十一月七日
35　赤星陸治・山室宗文宛　（大正三）年五月八日
36　中村春二宛　（大正四ヵ）年四月二十日
37　中村春二宛　大正四年五月八日
38　中村春二宛　（大正四ヵ）年五月十一日
39　中村春二宛　大正四年七月一日
40　中村春二宛　（大正四）年八月十二日
41　徳富蘇峰宛　大正四年十一月十五日
42　中村春二宛　大正五年一月二十一日
43　中村春二宛　大正五年五月二十二日
44　岩崎久彌宛葉書　大正六年一月二十七日
45　岩崎久彌宛葉書　（大正六）年一月二十八日
46　池上四郎宛　大正六年五月七日
47　中村春二宛　（大正八）年一月六日
48　岩崎久彌宛　大正八年八月九日

49　小川平吉宛　（大正九）年一月二十六日
50　小川平吉宛　（大正九ヵ）年十二月十七日
51　小川平吉宛　（大正九）年十二月十八日
52　中村春二宛　（大正十）年十二月二十九日
53　関屋貞三郎宛　（大正十二）年十月二十八日
54　小川平吉宛　（大正十四）年三月十三日
55　渋沢栄一宛　大正十四年十二月十一日
56　小川平吉宛　大正十五年八月二十三日
57　小川平吉宛　大正十五年十月二十日
58　渋沢栄一宛　昭和二年三月十八日
59　関屋貞三郎宛　昭和二年八月十七日
60　関屋貞三郎宛葉書　昭和二年八月二十五日
61　渋沢栄一宛　（昭和二）年九月八日
62　関屋貞三郎宛　（昭和二）年九月十一日
63　岩崎久彌宛葉書　昭和三年一月二日
64　関屋貞三郎宛　昭和三年八月十九日
65　関屋貞三郎宛　（昭和三）年十二月十九日
66　三好重道宛　（昭和四）年一月四日
67　関屋貞三郎宛　（昭和四）年八月二十五日
68　野村駿吉宛　（昭和四）年九月十二日

69 阿部充家宛　（昭和六）年一月十日
70 関屋貞三郎宛葉書　昭和六年四月十七日
71 諸橋轍次宛　（昭和六）年四月二十一日
72 関屋貞三郎宛葉書　（昭和六）年四月二十三日
73 諸橋轍次宛　（昭和六）年八月二十六日
74 諸橋轍次宛　（昭和六）年九月八日
75 岩崎久彌宛　昭和八年七月五日
76 永原伸雄宛　昭和八年九月十七日
77 永原伸雄宛葉書　昭和九年八月十一日
78 三好重道宛　（昭和九）年八月十七日
79 船田一雄宛　（昭和九）年八月二十日
80 山室宗文宛　（昭和九）年八月二十三日
81 山室宗文宛　（昭和九）年九月四日
82 永原伸雄宛　（昭和十）年八月一日
83 永原伸雄宛葉書　昭和十年八月五日
84 永原伸雄宛　昭和十年八月十日
85 岩崎久彌宛　昭和十年九月三十日
86 舟越楫四郎宛　（昭和十）年十月一日
87 永原伸雄宛葉書　昭和十一年五月五日
88 森本政吉宛　（昭和十一）年八月四日
89 舟越楫四郎宛　（昭和十一）年八月十一日
90 舟越楫四郎宛　（昭和十一）年九月九日
91 永原伸雄宛　昭和十二年一月五日
92 森本政吉宛葉書　昭和十二年一月九日
93 森本政吉宛　昭和十二年二月三日
94 斯波孝四郎宛　（昭和十二）年二月二十六日
95 森　孝三宛　昭和十二年三月四日
96 舟越楫四郎宛　（昭和十二）年五月二十五日
97 森　孝三宛　昭和十二年六月十六日
98 赤星陸治宛　昭和十二年八月九日
99 永原伸雄宛　（昭和十二ヵ）年九月十六日
100 山室宗文宛　（昭和十二）年九月二十二日
101 斯波孝四郎宛　（昭和十二）年十一月一日
102 舟越楫四郎宛　（昭和十三）年一月四日
103 岩崎久彌宛　昭和十三年一月十五日
104 永原伸雄宛　（昭和十三）年二月二十七日
105 永原伸雄宛　昭和十三年八月三十一日
106 串田万蔵（および永原伸雄・三好重道）宛
（昭和十三ヵ）年十月二十三日
107 三好重道宛　昭和十三年十一月一日

108 森本政吉宛 （昭和十四）年一月二十七日
109 赤星陸治宛 （昭和十四）年二月十五日
110 諸橋轍次宛 （昭和十四）年二月十九日
111 森本政吉宛 昭和十四年三月三日
112 船田一雄宛 （昭和十四）年四月二十日
113 山室宗文宛 （昭和十四）年五月二日
114 永原伸雄宛 昭和十四年五月二十五日
115 船田一雄宛 （昭和十四）年五月三十日
116 赤星陸治宛 （昭和十四）年六月十三日
117 三好重道宛 （昭和十四）年八月十六日
118 河手捨二宛 昭和十四年八月十九日
119 三好重道宛 （昭和十四）年八月二十六日
120 三好重道宛 （昭和十四）年九月十日
121 今村幸男宛 昭和十四年九月十七日
122 岩崎久彌宛葉書 昭和十四年十月三十一日
123 永原伸雄宛 昭和十五年二月十一日
124 永原伸雄宛葉書 昭和十五年五月十日
125 永原伸雄宛 昭和十五年六月十一日
126 永原伸雄宛 昭和十五年八月一日
127 諸橋轍次宛 （昭和十五ヵ）年九月二日
128 永原伸雄宛 昭和十五年九月五日
129 永原伸雄宛 （昭和十五）年十一月十二日
130 小川平吉宛 （昭和十六）年一月三十日
131 赤星陸治宛 （昭和十六）年三月二十二日
132 小川平吉宛 （昭和十六）年四月十一日
133 小川平吉宛 （昭和十六）年六月三十日
134 小川平吉宛 （昭和十六）年七月五日
135 岩崎久彌宛 （昭和十六）年八月十日
136 赤星陸治宛 （昭和十六）年八月十九日
137 赤星陸治宛 昭和十六年九月八日
138 赤星陸治宛 昭和十六年九月十二日
139 岩崎八穂子宛 （昭和十六）年九月二十日
140 森本政吉宛 （昭和十六）年九月二十二日
141 永原伸雄宛 昭和十六年九月二十五日
142 永原伸雄宛 昭和十六年十一月十六日
143 森本政吉宛葉書 昭和十六年十一月二十四日
144 岩崎久彌宛葉書 昭和十六年十一月二十七日
145 赤星陸治宛 （昭和十六）年十二月三十一日
146 赤星陸治宛 昭和十七年一月二日
147 大関勝江（家族）宛 昭和十七年一月十七日

148 松岡均平宛 （昭和十七ヵ）年一月二十五日
149 池田亀三郎宛 （昭和十七）年二月二十一日
150 斯波孝四郎宛 （昭和十七）年二月二十五日
151 三好重道宛 （昭和十七）年三月五日
152 松岡均平宛 昭和十七年四月二十四日
153 加藤恭平宛 （昭和十七）年八月二十三日
154 岩崎久彌宛 昭和十七年八月二十九日
155 松岡均平宛 （昭和十七）年九月十九日
156 諸橋轍次宛 （昭和十七）年十月十一日
157 諸橋轍次宛 （昭和十七）年十月二十九日
158 武藤松次宛 （昭和十七）年十一月二十四日
159 永原伸雄宛 昭和十八年一月十八日
160 森本政吉宛 （昭和十八）年二月二十一日
161 森本政吉宛 （昭和十八）年二月二十三日
162 岩崎久彌宛 昭和十八年二月二十五日
163 池田亀三郎宛 （昭和十八）年二月二十七日
164 船田一雄宛 （昭和十八）年三月二十六日
165 松岡均平宛 昭和十八年六月二日
166 池田亀三郎宛 （昭和十八）年八月二十四日
167 石黒俊夫宛 （昭和十八）年八月二十四日

168 石黒俊夫宛 （昭和十八）年九月四日
169 石黒俊夫宛 昭和十八年九月七日
170 石黒俊夫宛 （昭和十八）年九月十二日
171 石黒俊夫宛 （昭和十八ヵ）年九月十四日
172 石黒俊夫宛 （昭和十九）年一月四日
173 森本政吉宛 （昭和十九）年一月六日
174 池田亀三郎宛 （昭和十九）年一月二十九日
175 石黒俊夫宛 （昭和十九）年二月十九日
176 山室宗文宛 （昭和十九）年三月十二日
177 諸橋轍次宛 （昭和十九）年三月十六日
178 諸橋轍次宛 （昭和十九）年三月十八日
179 石黒俊夫宛 （昭和十九）年三月二十二日
180 武藤松次宛 （昭和十九）年五月六日
181 武藤松次宛 （昭和十九）年五月二十三日
182 石黒俊夫宛 （昭和十九）年五月二十四日
183 石黒俊夫宛 （昭和十九）年六月一日
184 石黒俊夫宛 （昭和十九）年六月六日
185 石黒俊夫宛 （昭和十九）年六月十三日
186 諸橋轍次宛 （昭和十九）年六月十八日
187 石黒俊夫宛 （昭和十九）年八月二十四日

188 石黒俊夫宛　昭和十九年八月三十日
189 森本政吉宛　(昭和十九)年九月一日
190 石黒俊夫宛　(昭和十九)年九月一日
191 石黒俊夫宛　(昭和十九)年九月三日
192 石黒俊夫宛　(昭和十九)年九月十五日
193 石黒俊夫宛　(昭和十九)年九月十八日
194 森本政吉宛　(昭和十九)年九月二十一日
195 石黒俊夫宛　昭和十九年九月二十一日
196 石黒俊夫宛　(昭和十九)年九月二十五日
197 石黒俊夫宛　(昭和十九)年(　)月(　)日
198 小磯国昭宛　(昭和二十)年一月十五日
199 船田一雄宛　(昭和二十)年三月十六日
200 岡野保次郎宛　(昭和二十)年三月十七日
201 元良信太郎宛　(昭和二十)年四月一日
202 諸橋轍次宛　(昭和二十)年四月二十日
203 岩崎孝子宛　(昭和二十)年六月一日
204 岩崎孝子宛　(昭和二十)年六月一日
205 石黒俊夫宛　(昭和二十)年六月九日
206 元良信太郎宛　(昭和二十)年六月十日
207 石黒俊夫宛　(昭和二十)年六月十一日

208 岡野保次郎宛　(昭和二十)年六月十二日
209 岩崎輝彌宛　昭和二十年六月十三日
210 森本政吉宛　(昭和二十)年六月十五日
211 石黒俊夫宛　(昭和二十)年六月十七日
212 石黒俊夫宛　(昭和二十)年六月十七日
213 中谷芳邦宛(写本)(昭和二十)年六月十七日
214 野口松一宛　(昭和二十)年六月十七日
215 石黒俊夫宛　(昭和二十)年六月二十六日
216 船田一雄宛　(昭和二十)年六月二十七日
217 元良信太郎宛　(昭和二十)年六月二十七日
218 石黒俊夫宛　(昭和二十)年六月二十七日
219 諸橋轍次宛　(昭和二十)年六月二十七日
220 石黒俊夫宛　(昭和二十)年六月二十九日
221 松岡均平宛　(昭和二十)年七月一日
222 森本政吉宛　(昭和二十)年七月二十五日
223 石黒俊夫宛　昭和二十年七月二十六日
224 石黒俊夫宛　(昭和二十)年七月二十七日
225 岡野保次郎宛　(昭和二十)年七月二十七日
226 石黒俊夫宛　(昭和二十)年七月二十九日
227 石黒俊夫宛　(昭和二十)年七月三十一日

228 大久保繁雄宛 （昭和二十）年七月三十一日
229 元良信太郎宛 （昭和二十）年八月三日
230 池田亀三郎宛 （昭和二十）年八月五日
231 石黒俊夫宛 （昭和二十）年八月十日
232 石黒俊夫宛 （昭和二十）年八月十二日
233 石黒俊夫宛 （昭和二十）年八月十八日
234 船田一雄宛 （昭和二十）年八月十八日
235 石黒俊夫宛 （昭和二十）年八月二十二日
236 元良信太郎宛 （昭和二十）年八月二十四日
237 石黒俊夫宛 （昭和二十）年八月二十六日
238 宮崎駒吉宛（写本）（昭和二十）年八月二十七日
239 石黒俊夫宛 （昭和二十）年八月二十九日
240 石黒俊夫宛 （昭和二十）年八月三十一日
241 元良信太郎宛 （昭和二十）年九月七日
242 石黒俊夫宛 （昭和二十）年九月七日
243 石黒俊夫宛 （昭和二十）年九月八日
244 諸橋轍次宛 （昭和二十）年九月八日
245 池田亀三郎宛 （昭和二十）年九月九日
246 石黒俊夫宛 （昭和二十）年九月十三日
247 野口松一宛 （昭和二十）年九月十八日

248 大久保繁雄宛 （昭和二十）年九月二十四日
249 石黒俊夫宛 （昭和二十）年十月一日
250 石黒俊夫宛 （昭和二十）年十月四日
251 石黒俊夫宛 （昭和二十）年十月五日
252 石黒俊夫宛 （昭和二十）年十月七日
253 石黒俊夫宛 （昭和二十）年十月十一日
254 石黒俊夫宛 （昭和二十）年十月十七日
255 船田一雄宛 （昭和二十）年十一月二日
256 岩崎小彌太俳句 昭和二十年十一月上旬
257 石黒俊夫宛 （昭和二十）年（ ）月（ ）日
258 石黒俊夫宛 （昭和二十）年（ ）月（ ）日
259 宛先不明 （昭和二十）年（ ）月（ ）日
260 赤星陸治宛 （昭和 ）年一月七日
261 赤星陸治宛 （昭和 ）年一月十二日
262 石黒俊夫宛 （昭和 ）年一月二十六日
263 三土忠造宛 （昭和 ）年二月六日
264 赤星陸治宛 （昭和 ）年二月十六日
265 石黒俊夫宛 （昭和 ）年六月二日
266 岩崎久彌宛 （昭和 ）年九月六日
267 石黒俊夫宛 （昭和 ）年九月八日

268 石黒俊夫宛（昭和　）年九月九日
269 石黒俊夫宛（昭和　）年九月二十三日
270 石黒俊夫宛（昭和　）年十一月十一日
271 小川平吉宛（昭和　）年十一月二十八日
272 岩崎久彌宛（昭和　）年十二月二十日
273 中村春二宛（　）年一月十五日
274 小川平吉宛（　）年三月二十六日
275 中村春二宛（　）年三月二十八日
276 小川平吉宛（　）年六月十六日
277 小川平吉宛（　）年七月十三日
278 中村春二宛（　）年七月二十九日
279 関屋貞三郎宛葉書（　）年八月十八日
280 中村春二宛（　）年九月二十五日
281 斎藤　実宛（　）年十二月十日
282 中村春二宛（　）年十二月二十日
283 小川平吉宛（　）年十二月二十一日
284 小川平吉宛（　）年（　）月二十四日
285 中村春二宛（　）年（　）月（　）日

二　関係書翰等

（一）書　翰

1 渋沢栄一書翰（控）岩崎小彌太・三井八郎右衛門宛
（昭和二年）九月六日
2 平生釟三郎書翰（草稿）岩崎小彌太宛
昭和四年二月二十七日
3 平生釟三郎書翰（草稿）岩崎小彌太宛
昭和四年二月二十七日
4 平生釟三郎書翰　岩崎小彌太宛
昭和六年二月八日
5 平生釟三郎書翰　岩崎小彌太宛
昭和六年二月十九日
6 岩崎孝子書翰　船田一雄宛（写本）
（昭和二十三）年（八）月二十四日

（二）書　類

1 岩崎小彌太祝辞　明治四十五年四月三日
2 岩崎小彌太原稿（大正期）
3 大正九年五月　岩崎社長演説原稿
4 戦没将士追悼法要（第三回）挨拶原稿　岩崎小彌太

第二部　追　想

第一部　書翰

一　岩崎小彌太書翰

1　岩崎久彌宛　（明治三十三）年八月八日

（三菱史料館所蔵）

極暑之候に御坐候処、尊侯御清祥之段大賀此事に奉存候。東都出発前は種々之御厚志にあづかり、加ふるに下之関に於ては一方ならさる御心配相掛け、光栄身に余り感謝之詞御坐なく候。故国最終之土地に於て斯る興味を得候わん事は、東京出発之際夢想だも為さゞりし処とて唯々御兄上様之御好情を拝謝するの外御坐なく候。今や御好意に対し候ても一層之奮発を要し候事と覚悟仕り候。其後海上至極平安にて宛然陸上を走る心地仕り興味言語に絶し申候。今朝当地に着仕り、明後日解纜、再び航行を続け申候。此分なれば多分は全航路平安ならんかと相楽しみ居り候。先は右不取敢郵翰を以て御礼申上候。時節柄暮々も御自愛専一に奉願上候。草々敬白

八月八日　　　　　　香港にて　小彌太

御兄上様硯北

〔註〕㊤ Baron.H.Iwasaki Tōkyō japan 東京本郷区切通
岩崎久彌様

2　岩崎久彌宛　明治三十三年八月二十六日

（三菱史料館所蔵）

一書拝呈仕り候。愚翰着之頃は錦地万物凋落之節に相達し可申、気候最も不順之候暮々も御自愛専一に被遊度、切望之至りに御坐候。生等其後不相変健康に航行罷在候間、乍他事御休神被下度奉願上候。

去る廿二日彼南抜錨、明日古倫母到着之筈に有之候。印度洋上は、御承知之通り西南之貿易風吹きしきり候為め多少動揺は免かれ難く、一上一下時々頭痛を相感し申候。然し乍ら姉〔松方繁子〕も小生も幸いにして床に就き候程には不至、食事を一度も欠かさざりし事は特書大筆し

て御通報申上候。気候は反て支那海を出て候てより頗る涼しく、昨日之如きは「フランねル」を欲し候程之次第に有之候。唯一之難関は紅海に在りと覚悟致し居り候。日本之事情は少しも知るゝ筈なく、支那は如何なつたのやら心痛に堪えず覚えられ候。時々各国之軍艦に行き合ふては北清之未だ容易ならざるを想像致すに不過候。余は再び後便にて縷々可申上候。草々頓首

八月廿六日　　印度洋上若狭丸にて　　小彌太

御兄上様侍史

御伯母上様〔岩崎喜勢〕始め奉り御家御一統様に宜敷御鳳声被遊度奉願上候。

〔註〕㊤ Baron. H Iwasaki. Tōkyō Japan　大日本東京市本郷区切通町　岩崎久彌様　年代は消印による

3　岩崎久彌宛　（明治三十三）年九月二十六日

（三菱史料館所蔵）

謹啓　秋冷日夜相加り候処、伯母上様〔岩崎喜勢〕を始め奉り皆々様御健祥之段、慶賀不過之奉存候。小生等馬港上陸後一週日計り巴里に滞在、観光之後一昨日当地安着仕り候間、乍憚御休神被遊度奉願上候。欧州之文明と開化とは小生在国中之予想に超え、研究之材料之豊富なるは大に愉快を感じ候処に有之候。到底両三年之短日月にては不可及と存ぜられ、益々奮励を要し候事と愚考致し居り候。小生は一年計り適当な家族に相加り度き志願にて、松方之兄上〔正作〕、〔岩崎〕豊彌君より懇篤なる御周旋にあづかり居り候。何れ身之処分就き次第、重て一書拝呈仕る可く候。

先は不取敢在国中之御礼のみ。草々敬白

九月廿六日　　小彌太

御兄上様侍史

4　岩崎久彌（および岩崎喜勢・岩崎寧子）宛　明治三十四年一月一日

（『岩崎小彌太書翰集』）

新年の御慶千里同風目出度申納候。先以て御叔母上様〔岩崎喜勢〕御兄上様始め奉り皆々様益々御清適御超歳被遊、慶賀之至りに存奉候。降而私儀頑健馬齢を加え候間、乍憚御放慮被遊度奉願上候。旧臘中は種々御厚情を辱ふし不堪感謝之至奉存候。尚本年も不相変御引立之程奉懇願候。先は右年頭の御祝詞のみ、如此御坐候。匆々敬白

明治卅四年正月元日　小彌太

御叔母上様
御兄上様
御姉上様
侍史

追伸　当地に於ては〔岩崎〕豊彌君の御配慮にて良家族を得、目下滞在罷在候。最も閑静なる地方にて、勉強運動二つながら大きに便宜を得居り候間、御安心被遊度奉願候。

〔註〕(表) Via Vancouver Baron Iwasaki Hongo Tokyo Japan　東京市本郷区切通町　岩崎久彌様

5　藤岡信一郎宛　（明治三十四）年一月二十七日

（三菱史料館所蔵）

拝復　十二月廿六日付之華墨正に一ヶ月を経過し一月廿七日朝難有拝受仕り候。本日は丁度日曜日に相当し、さらぬも淋しき田舎は一層之寂寥を相加候。転た望郷之念をして堪えざらしめ候時、折よくも玉翰に接し貴兄之御元気及諸君之御壮状を拝承し、大に覊旅之情をなぐさめ候次第、御推察奉願上候。

却説御分袂後数月之日子を閲し候処、意外之御無音に打過し候段、不悪御容赦願上候。実は尊堂御叔母上様〔藤岡佐磯〕を始め奉り御一統御清福之由、本国より之消束に接し安心之余り怠慢に流れ候次第、不悪御諒知被遊度奉願上候。小生之起居に就而は毎々御聞き及びも御坐候はんが別にさしたる変化もなく、只日本より英国に移りたりと言ふに不過して、不相変平生之碌々たる者御閔笑被下度候。然し健康だけは昔よりも相増し、丈も少々は増し候様之心地仕り候えば、此点には幾分之進歩を御認め被下度奉願上候。

今狩期より狩猟御初め之由、御健康之為め何より結構之次第に御坐候。初陣之分捕功名談など（若し有りとすれば）時々は御洩し相願候。秋高くして馬の肥えたる之時、冬深くして雪之積みたる時、若くは春之若ふして薄緑之草之萌え染たる折りなど、鉄砲を肩に渉猟するは狩猟と言ふ楽しみ以外に一種之詩人的趣味有之候やに覚えられ申候。定めて貴兄之豊富なる錦胸は、時に自然之琴絃に妙音を感ぜられ候はんかと推察仕り候。『秋もやゝ稲刈り初めし寒さ哉』などは宗匠々々。

附属学校之桐蔭会にて新艇明鳳と飛龍とを作り候よし、

運動之益々盛大に趣き候は賀す可き次第に御坐候。貴兄も「レース」に御加入首尾よく月桂冠を収められ候よし、「ヲリンピヤ」之「ゲイム」に勝利を得候ものにもまして御名誉之儀と祝賀奉り候。重ねて又秋期運動会に二等賞を得られしよし、重ね〳〵目出度し〳〵。御地に絵はがき旅行之よし、時々面白きものは御郵送被下度し。小生も当地之もの一二枚御送り申上候。御落手相願候。

近頃鈴木町に「テニスコート」を設立被遊御練習之由、小生出発前とは比して非常之活動を加えられ候事と奉存候。御熟練之後は当地大学え「マッチ」を申し込まれては如何にや、小生御周旋可仕候。呵々。

貴兄之御卒業も眼前に逼り、此手紙御落手之頃は鉢巻騒ぎ之時分と推察仕り候。充分御勉強見事卒業試験及入学試験之大難関を打破せられ度し。御志望は文科にして歴史学科之よし。学問としては非常に愉快なる学科に御坐候えば、或は面白からんかと奉存候。然し現今之御処置が以後終世之基礎を形り候ものなれば、能く〳〵先輩之諸君とも御熟談被遊候方得策ならんかと愚考仕り候。反て他人之経験有るもの丶方が自己之能力を外面より熟知せるものに御坐候えば、此辺とくと御勘考相成度候。愈々志望御確定御方針定り候節は御一報を煩し奉り候。

御手紙によれば、近来は所謂糞勉強之方針を変じて体力養成に力められ候よし。其御着眼は最も現境に適し居り候。小生之常に考ふる処によれば、所謂男子之事たる棺を蓋ふて定まるものにして其目的たるや遠く且大なるものに《れ》し《ば》て、多く之時日を有すれば有する程其目的を達たる事も深く且充分なるを得るまの《〔ママ〕》に御坐候。故に充分身体を壮健にして棺之蓋はる丶事遅き者こそ大事をなすを得るものにして、区々たる小才能を弄し碌々たる糞学問を力め身体を顧みざるものは、地下に入る事早くして事を成すを得ずと信し候。

是れは前例に徴し候ても明白なる次第にして、今の台閣に立てる諸元老、若くは十九世紀之英傑たる比《〔ビスマルク〕》公、虞《〔グラッドストン〕》　翁之如きものも皆此例ならざるはなしと奉存候。貴意如何にや。

当地は去る日女皇陛下之崩御有りしかば、全体に打ち浸りて相見え候。然し小生は田舎に有れば倫敦之景況は皆無相訳《〔ママ〕》らず、御報導《〔ママ〕》す可き材料も有し居らず候。女皇陛下は程《〔ママ〕》ど十九世紀之全般に亘りて英国を統治在らせられ、世紀之消滅と共に他界せられたるものなれば充分永き御代と申す可く、天命如何ともなし難き事と奉存候。此統治之下に英国が各種之方面に於て為したる進歩は非常に顕著なるものにして、英国が世界に覇を唱ふるに至りたるも此統治之時代なるを思えば、英人が陛下之死を悼むも無理ならず存ぜられ候。

現今迄之「プリンス、ヲブ、ウエールス」は「エドワード七世」として大英国に君臨せられ候。陛下も英国之内外に非常之人望あれば、定めて尭舜之太平を致す可しと想像仕り候。英国にて此悲しみあるに反して、和蘭にては女王之結婚近々に御坐候は、新紙上御承知之次第なる可し。

日本にては色々と騒動御坐候て、政略とか何とか騒ぎ候は嘆はしき次第に御坐候。今之世之中に仕事仕り居り候輩之多くは、根本より腐敗致し居りて手も付けられず候えば、彼等は此を度外にして御互様に彼等に感染せられざる様能く〳〵用心し、廿世紀之後半に当りて見事に健在清浄なる社会を有する大日本帝国を建設する事に力められん事熱望之至りに不堪む。

御帰宅之節は御叔母上様歓様〔藤岡歓次〕其他御一統に宜敷御鶴声願上候。時々は貴下より御手紙御恵投被下候はゞ非常之光栄に御坐候。暮々も御身体御自愛願上候。

草々謹言

一月廿七日朝　　小彌太

藤岡真〔ママ〕一郎様

6　岩崎久彌宛　（明治三十四）年九月十四日

（三菱史料館所蔵）

今朝今村繁三君同伴にて参堂仕り候処、折り悪しく御不在にて拝晤之栄を得ず、残念至極に奉存候。小生等は、今日午後剱橋《ケンブリッジ》え向け出発仕り候えば、当分は御面晤之期会なしと奉存候。学校之事などに就て色々御話し申上度き義も有之候えば、御出立前には再び上京仕る決心に御坐候。右御暇乞のみ。草々

土曜日午前　　小彌太

茅町御兄上様梧下

7　岩崎久彌宛　明治三十四年九月十六日

（『岩崎小彌太書翰集』）

謹啓　出発前に一寸拝顔を希望致し居り候ひし処、其意

を得ず残念至極に奉存候。去る土曜日当地え来着、目下下宿屋楼上にて試験之準備罷在候。御兄上様御帰邦之前日には是非とも一度拝晤仕り度、就而は御出立之時日御確定之節は、乍御手数御一報相煩し度懇願奉り候。先は右御願のみ。草々敬白

　十六日朝　　　小彌太

御兄上様梧下

小生の宿所　7 Trumpington Street Cambridge

〔註〕（表）Baron Iwasaki Claridge's　Hotel Brook Street London　年代は消印による

8　岩崎久彌宛　明治四十年一月十八日

（『岩崎小彌太書翰集』）

一月十八日朝　長崎造船所

拝呈仕り候。十六日午後十一時半門司発夜行にて当地に向ひ、昨朝到着仕り候。少々咽喉を害し、医師之勧告により一日籠居静養仕り候。今朝は少しく軽快に有之候えば、見物開初之決心に御坐候。昨夜は当所雇外人、ロイドのヘロン、郵船支店長等と会食仕り候。当所昇級に就きては、御注意の通り色々相尋ね置き候。別に小生愚見も御坐なく候えば、御返送申上候。小杉之製鋼所之件、丸田〔秀実〕氏之意見にては、買収して経験と機械を購ふては如何との事に候。土地は鈴木に於て引受け候哉とも思われ候。如何にや。先は右不取敢御報のみ。草々不一

　一月十八日朝　　　小彌太

茅町御兄上様侍史

〔註〕（表）東京市麹町区八重洲町三菱合資会社　岩崎久彌様　親展　（裏）一月十八日　長崎三菱造船所　岩崎小彌太　年代は消印による

9　荘清次郎宛　明治四十年一月二十六日

（三菱史料館所蔵）

拝復

一月廿二日附之御手紙難有拝見仕り候。御地は気候も温和にて御一統御健祥之由、慶賀至極に奉存候。当地は天気も概して晴朗に、気候は春之如く又少しく運動すれば発汗する様之有様に有之候。

小生出発後予定之通り神戸門司を視察し、当地に着仕り候。造船所と高嶋を視察し、此れより三池、佐世保等巡

見之予定之処、俄然耳傷を感じ候為め籠居静養罷在り候。幸にして医師には耳鼻咽喉専門の高畑医師在り、数日ならずして全快、再び活動開始之予定に有之候。

昨日貴電に接し早速御返電申上置候。工藤〔祐定〕氏当地観覧の用事は本月末日に至りて済み申す可く、早速帰京せしめ可申候。途中神戸に二日計り滞在致し度由に候。御電文之模様により差して御急ぎにてはなきやに拝読仕り候えば、此手筈にて御差支なき事と信じ候。槙峰行は大浦丸にて鹿児嶋に出で、陸路宮崎を経て登山之決心に御坐候。門司の大石〔広吉〕君は仕事の都合相付き候により、同行を望み候えば好き機会ならんと思ひ候えば、三池より槙峰方面に同行のつもりに御坐候。早尾〔惇実〕君も良き折りなれば、仕事の都合つき候えば同行致され候筈につき、納村〔章吉〕君之出向ひは宮崎辺り迄にてよろしくと存じ候。此れは当方より槙峰に差図致す可く候。

小生は本月一杯は籠居せざるを得ざるものと覚悟致し居り候。其より佐世保、唐津方面に行き一たん帰崎の上、大浦丸にて三池に致〔ママ〕り直ちに鹿古〔ママ〕島に行き申す可く候。門司に帰り候は来月の半過ぎと相成り申す可く候。南部〔球吾〕氏は何時頃来関にや、小生門司辺りにて出遇ひ度きものと考え候。

本年は大分人を要し申す可くと考えられ候。南清地方の事業が発展致し候えば、人を要し候事も大なりと考えられ候。大学、商業辺りにて今より人撰を始められ候ては如何に哉、何時も遅くなりて「かす」を握る様の態裁など考えられ候。少しく余分に取り置きて可然と考え候。昨年などは余裕ありし様に見えしも、今ではたりない様の有様に候。社長〔岩崎久彌〕と御相談の上可成的早く手廻しよく、人撰の事願上候。

御封入被下候書翰確に拝受仕り候。

小杉某鉄鋼所の件は如何決定仕候哉、何か決定したりし事あらば御知らせ願ひ度候。当地は一同無事、健全に見受けられ候得は、御省念被遊度候。

先は右不取敢御返書のみ。余は拝眉之節に譲候。草々不一

一月廿六日　　岩崎小彌太

荘清次郎兄侍史

〔註〕(表)東京市麹町区八重洲町　三菱合資会社　荘清次郎殿親展　(裏)一月廿六日　長崎市　岩崎小彌太　年代は消

印による

10　斎藤実宛　明治四十年十月十六日

（国立国会図書館所蔵）

拝啓　時下秋冷之候益々御清祥之段奉大賀候。陳は今般父彌之助病気に付ては御懇情に御見舞被下、難有奉存候。同人儀本月一日大学病院に於て手術相受候処、其後之経過大に宜しく、最早自宅療養致し差支無之までに相成、十二日退院仕候。全快には尚時日を要すへく候へとも、不取敢御厚礼申上度候。草々拝具

明治四十年十月十六日　　岩崎小彌太

男爵斎藤実殿

〔註〕(表)芝区下高輪五十五　男爵斎藤実殿　(裏)緘　岩崎小彌太

11　今村繁三宛　明治四十年十一月十四日

（成蹊学園史料館所蔵）

一書拝呈仕り候。先日は御来駕之栄を負ひ辱なく奉存候。其節御話申上候中村〔春二〕氏え支払金之義、何月より貴行え借越と相成居候哉、月額は如何程に有之候哉小生失念仕候間、御手数之段恐入候えども、御一報御命令被下度奉願上候。右不取敢用事迄。草々頓首

十一月十四日

今村老兄侍史

〔註〕(表)芝区田町　今村繁三様　親展　(裏)十一月十四日　麹町区八重洲町　岩崎小彌太　年代は消印による

12　岩崎久彌宛　明治四十年十二月十四日

（『岩崎小彌太書翰集』）

一書拝呈仕り候。極寒之候御障りも不被在御旅行被遊候御事、慶賀至極奉存候。当方別に異状無御坐候間、御休神奉願上候。父之病気も其後熱度降下仕り候て、午後七度五六分に達し候も元気には尠しの変化御坐なく候。一昨日眼中之腐肉を焼取り候も差したる苦痛をも感じ不申、昨日は平常に復し申候えば、御省念被下度奉願上候。却説清国の親王殿下〔溥倫貝子〕十八日神戸発、二十日朝長崎着之由、荘田〔平五郎〕氏より聞込み候により、小生芝離宮に参向し、稲葉〔正縄〕書記式部官を経て殿下に長崎造船所観覧之御内意相尋候処、悦びて参上致す可しとの義に有之候。昼食の御案内は、他に御計画御坐候

模様にて御断り有之候。稲葉氏之注意によれば、殿下長崎御着港之節社長御出迎被遊、其折りに御観覧之時刻など御決定相成可しとの義に有之候。もっとも殿下は神戸港を離れらるれば国賓にもあらず、incognito にも非ず、たゞの旅客として御旅行相成候ものゝ由に有之候。御接待上については別に無づかし〔ママ〕き事なし、三鞭酒に菓子にても差上れば充分なる可しとの事に候。通訳は日本語を能する支那人、随員中にあれば不都合はなかる可しとの義に有之候。右御了承願上候。デニー氏は来京中に有之候。今日午後、茅町姉上始め親属〔マヽ〕之誰彼れ、郵船、逓信省、海軍大学等、デニーと関係在る人々を招き、茶話会相催候筈に仕居り候。滞在は短き模様に有之候。右不取敢用事迄。草々敬白

十二月十四日　　岩崎小彌太

茅町兄上様侍史

〔註〕㊤長崎市小曾根町□〔三〕菱合資会社支店気附　岩崎久彌様
親展　㊦十二月十四日　東京本社　岩崎小彌太　年代は消印による

（三菱史料館所蔵）

13　岩崎久彌宛電報　明治四十年十二月十七日

〔一枚目〕

ナガサキシ　アクノウラ　三ビシゾウセンジヨ　コヤタ

イワサキヒサヤ

ニカ

（イトウトウカンヨリカンコクコウタイシデンカノオスマイニ）

フヌウノイイ（セイヨウカン）ヲイイトレトシメヘイル

ソコタワノイロヲイニヲチマヒイ

四〇、一二、一七

〔二枚目〕

其二

イシムアトイイコロセアイウトレトトイアムニキノイイ

イソセヲリホトイイスヘエセイケムハエシユヱシイササ

ニトトイハイヨケシテメムロメコシヌネニナトネケ

四〇　一二　一七

〔三枚目〕

其三

ヲイイクイヤヱイイハヘユスイラ（一サクナルベキカトモオモハル）ソリルコカモイソヤアイル

伊藤統監より韓国皇太子殿下の御住居に深川の西洋館を当分の内借用致度、国家の為めをも思ひ承知ありたしと懇談あり。当分の内とは無期限の意を含み居ると推察せらる。無論謝絶して差支なしと思ふ、如何すべきや。然るに寧ろ此際直段次第にて同所を宮内省𛀁売却するも一策なるべきかともおもはる。其御意向あるか。

四〇　一二　一七

〔註〕㊤三菱造船所にて　社長様　親展電信写〔以上墨書〕

長崎ゟ返送〔以上朱書〕　㊦緘　三菱合資会社用箋

14　T・グラバー宛　明治四十一年五月一日

（個人蔵）

粛啓　亡父彌之助存命中は格別之御厚誼相蒙候に付、同人遺物として乍些少此品呈上仕候間、御受納被下候はゞ光栄之至に奉存候。敬具

明治四十一年五月一日　　岩崎小彌太

グワラバ殿

〔註〕㊤グワラバ殿　㊦岩崎小彌太

15　豊川良平宛　明治四十一年五月（　）日

（国立国会図書館所蔵）

粛啓　亡父彌之助遺物として乍些少此品進呈致候間、御受納被下候はゞ本懐之至りに存候。敬具

明治四十一年五月　　岩崎小彌太

豊川良平殿

〔註〕㊤豊川良平殿　㊦岩崎小彌太

16　植田豊橘宛　明治四十一年五月（　）日

（三菱史料館所蔵）

粛啓　亡父彌之助遺物として乍些少此品進呈致候間、御受納被下度候はゝ本懐之至に存候。敬具

明治四十一年五月　　岩崎小彌太

植田豊橘殿

〔註〕㊤植田豊橘殿　㊦緘　岩崎小彌太

17　荘田平五郎宛　（明治四十一）年八月二十四日

（三菱史料館所蔵）

残暑猶甚敷候処、尊台其後御壮健奉賀候。長崎は暑気殊に甚敷地と承知罷在候えば、御勤務一層御苦労千万奉存

候。充分御用神被下度奉願候。小生儀佐渡新潟並に面谷之巡視を終え、昨日無事帰京仕候段、御省念願上候。新潟は先づは豊作、佐渡も相当に繁昌致居候。面谷も大分有望之支山を得候えば、銅価恢復之日を俟て好成績を表し候事と信候。造船所も其後改善の運に向ひ候由、祝着至極奉存候。大暑を犯して御苦労の功顕われ候事と欣喜罷在候。不取敢御見舞申述度、草々如此御坐候。不具

八月廿四日　小彌太

荘田老台侍史

〔註〕(表)長崎三菱造船所　荘田平五郎殿　親展　(裏)〆　八月廿四日　本社　岩崎小彌太

18　岩崎久彌宛　明治四十二年十一月一日

（三菱史料館所蔵）

一書拝呈仕候。益々御清福大賀至極奉存候。却説一昨日は珍しき小鳥御送与にあづかり、難有奉存候。焼鳥として頂戴仕候処、風味甚だ佳良にて到底鴫などの及ぶ処に御坐無く候。御厚情之段感謝之至りに不堪候。伊藤〔博文〕公葬儀に就御申越之段承知仕候。荘〔清次郎〕氏とも打合せ、霊前えは不取敢廿五円御名前を以て榊料として供え、小生も同様供え置候。此は荘氏と奥田義人氏と打合之結果に有之候。葬儀之当日は小生葬送可致、御名刺も小生持参仕る可く候。伊藤公葬儀終了後、兼而御願申上候通り、旅行致度所存罷在り候。四日は銀行も集会所決議に基き一日休店の事に取計置候間、左様御了承奉願上候。不取敢御礼申述度乱筆御推読奉願候。草々不具

十一月一日　小彌太

茅町兄上様侍史

〔註〕(表)□〔破損 相〕州大磯　岩崎久彌様　侍史　(裏)〆　十一月一日　岩崎小彌太　年代は消印による

19　荘田平五郎宛　明治四十三年一月十四日

（三菱史料館所蔵）

一書拝呈仕候。極寒の折柄遠路之御旅行、嘸々御疲労被遊候事と遥察仕り候。殊に〔荘田〕達彌様之御病気、御心労一方ならざる義と拝察仕り候。小生数日前能登より帰京、達彌様御病気之由承知驚駭仕り候処、今朝御電信に接し、漸次御快方之御模様拝承安堵仕り候。貴台長崎御着も大分延引之御様子に就、途中何等かの御故障も在られ候哉と心痛罷在候。当方は別段変りたる事も不起、

極めて平穏無事に有之候間、御休神願上候。社長〔岩崎久彌〕は今朝より大磯之方え御出掛相成候。御病人之御恢復一日も速ならん事を祈り居り候。不順之気候、御自愛御専一に被遊度願上候。先は右不取敢御見舞迄。草々如此御坐候。不具

一月十四日　　小彌太

荘田老台侍史

〔註〕㊌長崎市三菱造船所　荘田平五郎様　侍史　㊍〆　一月十四日　東京本社　岩崎小彌太　年代は消印による

20　岩崎久彌宛葉書　明治四十三年六月二十六日

（三菱史料館所蔵）

今朝鹿児嶋出発、今夜当地一泊、明日長崎着之筈。詳細は長崎より可申上候。

六月廿六日夜　　小彌太

〔註〕㊌東京麹町区丸之内　三菱会社　岩崎久彌様　年代は消印による

21　岩崎久彌宛葉書　明治四十三年七月四日

（三菱史料館所蔵）

今朝厳嶋に来り、明朝神戸行の予定罷在候。小彌太

〔註〕㊌東京市麹町区八重洲町三菱会社　岩崎久彌様　年代は消印による

22　岩崎久彌宛　明治四十三年九月十九日

（三菱史料館所蔵）

一書拝呈仕候。其後は御無沙汰に打過居候処、御変りも不被在大賀此事に奉存候。小生登山後之数日間は淫雨しきりに降り、予定の活動も難出来候処、両三日前より快晴と相成り、日々山野之渉猟に余念無御坐候間、乍他事御休神奉願上候。却説東京より之報告によれば、茅町御邸にて瓦斯暴発之大事発生仕り候由、まことに御新築御落成の間際、不慮之事件遺憾至極奉存候。然し御一統様何之御障りも不被在候由、不幸中之大幸歓喜之至りに不堪奉存候。小生義出京後十日に近き候間、帰京仕る可き之処、後二日許り運動仕り度候間、廿三四日頃帰京、来週より出勤之事に仕度、此段御願仕候。何か御用之節は何時にても帰京可仕候間、御命令被遊度願上候。毎日充分之運動は出来候も、重量を減ずる事は未だむつかしく、甚だ失望罷在候。然し出京前とは余程ちがい候事と

相考え居候。朝夕在宅之折少なく、意外之御無沙汰罷在候段、御海容被下度奉願上候。不取敢御見舞申述度如此御坐候。敬白

九月十九日　　小彌太

社長御中侍史

〔註〕㊤東京市麹町区丸之内三菱会社　岩崎久彌様　侍史　㊦〆　九月十九日　箱根　岩崎小彌太　年代は消印による

（『岩崎小彌太書翰集』）

23　斯波孝四郎宛　明治四十三年十一月二日

華墨拝見御申越之趣拝承仕候。本日は先約御坐候間、明朝十時頃駿河台之方え御来臨被下度候。不取敢貴答迄。不具

十一月二日　　岩崎小彌太

斯波君侍史

〔註〕㊤本郷区曙町十六　斯波孝四郎殿　貴酬　㊦十一月二日　岩崎小彌太　年代は消印による

24　荘清次郎宛　（明治四十三）年十一月六日

只今より出発仕候間、留守中は宜敷御願致度候。申残置度用事左に申上候間、可然御取計願候。

一、明日三河台嶋津より書類送附致来り候（貴台宛）間、御受取の上御保管願置候。其内嶋津久雄及千賀に対し株券名義書き換之受取証御坐候由に付き、右を各会社に対し御催促之上、株券を請取り御保管を願置度候。株券は正金及日本銀行のものに御坐候。

一、先日一寸御話致たる正金銀行取しまり役の義、昨日社長に御相談する事を失念致候。此も時日少き事故、小生帰京迄に何とか御決定置願度候。小生の考にては、高橋是清氏と直談して串田〔万蔵〕氏を承認せしむる事上策と信じ候も、若し不可なれば貴台を推撰致度と存候。昨年来の行懸りもあれば、此儘故障の為め中止する事は威信に関し可申と存候。小生は長嶋を通じて談じ致し居り候間、小生帰京前御決定あれば長嶋に貴台より御引合ひ御願致候。

右二ケ條御依頼致置候間、可然御周旋願上候。草々不具

十一月六日夜　　小彌太

荘老兄侍史

（三菱史料館所蔵）

〔註〕㊤三菱合資会社　荘清次郎様　親展　㊦〆　十一月六日夜　駿台　岩崎小彌太

25　岩崎久彌宛葉書　明治四十三年十一月七日

（『岩崎小彌太書翰集』）

今日午後三時頃無事到着仕り候。御影を以て心気爽快と相感じ居り候。夕刻本部近くにて雉二羽を得申候。明日は大猟を楽しみ居り候。不取敢御礼申述候。

十一月七日夜　小彌太

〔註〕㊤東京麹町区八重洲町三菱会社　岩崎久彌様　侍史
年代は消印による

26　野沢源次郎宛　（明治四十四ヵ）年六月十日

（三菱重工業㈱長崎造船所史料館所蔵）

一書拝呈仕り候。過日は御来駕を辱ふし難有奉存候。却説花筵製造機械を発明したきものなりとの事にて申参候もの有之候処、小生等素人考にては面白き様にも相聴え候処、貴台には此途に就御経験もあらせられ候事と信候が、一度其事に就御清聴を願われまじきや。小生は予定の通り明日より九州旅行に出立仕候間、三菱会社木村久寿彌太と御打合せ之上、可然御□〔虫損　傾〕聴御願致候。不取敢御依頼迄。草々如此御坐候。頓首

六月十日　岩崎小彌太

野沢様侍史

〔註〕㊤野沢氏宛岩崎小彌太氏手紙〔異筆〕　封筒は後年のもの

27　中村春二宛　明治（四十四ヵ）年八月四日

（成蹊学園史料館所蔵）

拝啓　極暑之折柄尊堂益々御清福奉賀候。却説昨日は小生誕生日御祝被下候由、御厚情奉謝候。殊に本日は美事なる野菜類御贈与被下難有賞味仕候。諸君に宜敷御伝声被下度奉願上候。先日御話之紙の事は荘〔清次郎〕氏え申伝え置候。如何なる種類之紙御入用か荘氏え直接御話被下度候。出来得るだけ御便宜相計可申候。山本〔森之助〕氏の絵は図柄は余り小生の気に入り不申候も、忠実なる筆の跡苦心の作たる事は明白に相見え候間、若し他に望人無之ば気之毒の御事故小生に於て引受ても差支え無之候。価格の点は充分之奮発望ましく上〔ママ〕存候。松田君懇切に教授致して呉れ小生の画も遅々乍ら進歩仕り、大

に興味相惹居り候。何れ拝眉の節色々可申上候。先は右
不取敢御礼申述度。草々不具

八月四日　　小彌太

中村兄侍史

〔註〕（表）池袋　中村春二様　侍史　（裏）〆　駿台　岩崎小彌太

28　三島弥太郎宛　明治四十五年三月十一日

（国立国会図書館所蔵）

拝復　本日付御書面拝誦仕候。陳は去九日貴行株主定式総会に於て小生取締役に再選相成候趣御通知被下、正に拝承仕候。乍不及引続就職仕るべく、右御受申上度如此御座候。敬具

明治四十五年三月十一日　岩崎小彌太

横浜正金銀行頭取　子爵三島弥太郎殿

29　中山寛六郎宛　明治四十五年四月二十日

（東京大学大学院法学政治学研究科附属
近代日本法政史料センター原資料部所蔵）

粛啓　時下益々御清適奉慶賀候。陳は来る廿七日芝区高輪弊屋に於て粗餐差上度存候に付、何卒御繰合の上同日正午御来臨被成下度、此段御案内申上候。謹言

明治四十五年四月廿日　岩崎小彌太

中山寛六郎殿

追て乍御手数御来否御一報願上候。

〔別紙〕　Dejeuner du27 Avril 1912

Consomme en Tasse.
Filets de soles. Crevettes. Blanchelles. frits.
Tournedos Rossini.
Poussins Nouveau Poele aux Petits pois.
Asperges Vinaigrette.
Mousse Grand Duc.
Friandises.

〔註〕（表）麹町区隼町三　中山寛六郎殿〔以上墨書〕　四月廿七日　高輪岩崎邸　午餐　諾〔以上墨書、異筆〕
本文は印刷。「廿七」「正午」「四」「廿」「中山寛六郎」のみ墨書

30　岩崎久彌宛　（大正二）年一月二十五日

（三菱史料館所蔵）

一書拝呈仕候。厳冬之候長途の御旅行御苦労恐察仕候。

却説御出発後新政党樹立に関し、三菱が豊川氏を通じ特別の尽力罷在様の噂甚だ盛なる模様にて、各方面より忠告を試み来るもの有之、此儘に致し置き世間多数の誤解を招く事商事会社としては甚だ不面白と相考え候。私等の私的関係若くは政見は兎に角として、三菱会社なる商事会社は何れの政党政派に対しても厳正なる中立の地位を保つ可き事は勿論にして、識者は必ず之れを認む可きも、亦世の滔々たる俗物をして此誤解を抱かしむる様の行動は大きにつゝしむ可き事と信じ候。豊川氏を訪ふて諸種の注意人物の会社に来集する事は甚だ不好、又豊川氏が諸種の会合に出席し酔余諸種の政見を陳ずる事も不面白と存じ候間、本日より温泉行を勧告し同氏も此れに応じ今日午後出発と決定仕候間、御含置被下度候。

豊川氏退隠の件、既に二月上旬御帰京後と決定仕候際なれば、豊川氏と相談の上、形式上辞表の呈出を求め候。今日は兼而御許可を得たる理事賛事主事の話合を決行する迄に相運候に就き、理事の氏名を発表すると同時に豊川氏退隠の事も併せて発表の事に取計申候。御不在中彼様の処置を採る事越権のきらひ無きに非ずと躊躇仕候も、今日の場合三菱の為め最も利益ある処置と確信し断行仕候次第に有之候間、衷情御諒察被下度奉願上候。

長嶋隆二より興業銀行総裁として豊川良平氏の就任を得度と申出、今朝会見の筈に相成居り候。無論断る可き性質のものと相考え候。豊川氏は、昨日大蔵次官〔勝田主計〕より話ありたるを絶対に断り置たりとの事に有之候。右御含置被下度候。

政界の模様は依然変化無き模様に有之候。局面の変りたる時は電報又は手紙にて御報可申上候。

寒気甚しき折柄、充分御摂養希望の至りに不堪候。草々不具

一月二十五日　　岩崎小彌太

社長御中

〔註〕㊤長崎三菱造船所　岩崎久彌様　必親展　㊥一月廿五日　東京　岩崎小彌太

（成蹊学園史料館所蔵）

31　中村春二宛　大正二年七月五日

拝啓　暑気相加候処尊堂御清適奉賀候。旅行前及旅行後両回御手紙幷に御報告に接候処、多忙に取紛れ御返事も不仕候段御海容被下度候。着々御成功の御模様に拝し祝

着至極奉存候。益御自愛御奮闘之程希望に不堪奉存候。
小生九州地方旅行の途次端嶋炭坑に於て山下師に面談仕候処愉快に布教に従事致居候様子に有之候。炭坑の人気も頗る良好に数年を経ば効果の見る可きもの有りと期待相喜び居り候。近日拝芝の折を以て色々御話可仕候も、不取敢書中御礼申述候。草々不具

七月五日　　岩崎小彌太

中村兄侍史

〔註〕㊡府下北豊嶋郡池袋二〇一　中村春二様　親展　㊥七月五日　岩崎小彌太　年代は消印による

32　阪谷芳郎宛　（大正二）年八月二十三日

（専修大学図書館所蔵）

拝復　陳は貴会に於て印刷局技師大山助一氏に翻訳方御依頼相成候井上〔馨〕侯爵御肖像御恵贈被成下、誠に難有拝受、精巧之技感賞に不堪候。永く座右に保存可仕候。右御礼迄申述度如此御坐候。敬具

八月廿三日　　岩崎小彌太

明治財政史編纂会委員長　男爵阪谷芳郎殿

〔註〕㊡明治財政史編纂会委員長　男爵阪谷芳郎殿　㊥緘

岩崎小彌太

33　中村春二宛　（大正二）年十月二十五日

（成蹊学園史料館所蔵）

拝啓　先日御約束之通り文部省田所美治氏えは小生より一書差出し置候。御都合にて御訪問被遊候はゞ好都合の事と奉存候。前年御願の上出来上り居り候音楽書刊行に就き御相談仕度候間、御ついでの節拝晤之期会を与えられん事切望仕り候。不取敢御願迄。草々不具

十月廿五日　　岩崎小彌太

中村春二君侍史

〔註〕㊡府下池袋成蹊実務学校　中村春二殿　親展　㊥十月廿五日　神田駿河台　岩崎小彌太

34　中村春二宛　（大正二）年十一月七日

（成蹊学園史料館所蔵）

向寒之候益々御清福奉賀候。却説田所〔美治〕氏よりの手紙貴覧に供候間御覧被下度候。願書の儀は好都合に相運居候事と信し候。御清暇の折に一度是非御訪問置き被下度希望仕り候。不取敢用事迄。草々不具

十一月七日夜　　小彌太

中村兄侍史

〔註〕(表)府下巣鴨村池袋一二〇〔ママ〕　中村春二殿　親展　(裏)二月
九日　岩崎小彌太
封筒は別書翰のもの（消印は大正六年二月九日）

35　赤星陸治・山室宗文宛　（大正三）年五月八日

（三菱史料館所蔵）

拝啓　小生今日より旅行、二週日にして帰京の筈。倶楽部統一組織の件は帰京後急速実行の筈に就、御考案願置候。小生旅行中諸処の意向探究可致候。
出発に際し御依頼迄。　草々不具

五月八日　　岩崎小彌太

赤星
山室　君侍史

〔註〕(表)麹町区八重洲町　三菱会社地所部　赤星陸二〔治〕殿　親
展　(裏)五月八日　岩崎小彌太

36　中村春二宛　（大正四カ）年四月二十日

（成蹊学園史料館所蔵）

拝啓　先日は失礼仕候。土佐より又々別封の通り申越し候間御転送仕候。田舎の人の早呑込にはまことに閉口致候。甚だ乍御迷惑充分に御説明為し置被下度候。旅費等の事は行掛りもあり、小生多少補助致しても差支無之候。小切手封入仕候間御査収被下度候。小林君の分も含め置候。草々不具

四月廿日　　岩崎小彌太

中村兄侍史

37　中村春二宛　大正四年五月八日

（成蹊学園史料館所蔵）

拝啓　先日来後藤之件に就種々御高配を煩し候段、恐縮至極奉存候。御打合せ後又々当人の気が変りて京都之方え行き、帰来同志社に入り度しと申出で候に付き、小生も一時強硬之態度を取り面会を謝絶して景勢観傍罷在候処、大分閉口の様子に相見え、且つは家人の心配も有之候に就き、両三日前に面会し、大に面責致し充分油を絞り置き、爾来の報告によれば非常に閉口後悔の模様に相見え候。此れも如何に永続するかは問題に候も、兎に角

今後我儘は行われずとの観念は充分に相与え候事と信候。同志社の方は目下取調中にて、若し相当の学校にして在学中管督の方法相付き候様なれば、或は同志社に入学差ゆるしては如何と相考え居り候。目下種々攻究中に有之候。貴下の御高配の効なく徒に貴重の時間を浪費せしめたる罪、まことに恐縮に不堪候。其後の成行き御報告旁御わび申上候。山下氏の書面拝見、御返送仕候。熱心布教の事当初の期待に不反、大きに愉快に相感居り候。一書生よりの来翰御覧被下度候。右に就き御高見は如何。草々不具

五月八日　岩崎小彌太

中村兄侍史

〔註〕（表）府下巣鴨町池袋一、二〇一　中村春二様　親展
（裏）五月八日　岩崎小彌太　年代は消印による

38 中村春二宛　（大正四ヵ）年五月十一日

（成蹊学園史料館所蔵）

拝啓　先日申上置候学生より重て手紙受取候間、御覧被下度候。秀才に非る以上小生に於て補助の儀は断り度と存候が、甚だ乍御迷惑貴台御尋可致様申つかわし置候間、可然御説諭被下度奉願上候。土佐の例の者より又々手紙差こし候間、小生より断然拒絶致置候。田舎者には困り入り候。不取敢用事耳。草々不具

五月十一日　岩崎小彌太

中村兄侍史

〔註〕（表）府下巣鴨町池袋一、二〇一　中村春二殿　親展
（裏）岩崎小彌太

39 中村春二宛　大正四年七月一日

（成蹊学園史料館所蔵）

拝啓　今日御面談相楽居り候処、昨夜より少々不快の為め御断り仕り恐縮仕候。近日更て御願可致候。雑誌に対する御約束の六月分御送附仕候。御査収被下度候。来週金曜日の朝、英人にて外国語学校教師メドレー《[Austin William Medley]》氏同伴参観に罷出度く御都合如何にや、御伺申上候。草々不具

七月一日　岩崎小彌太

中村兄侍史

〔註〕（表）府下巣鴨町池袋一、二〇一　中村春二殿　親展　（裏）岩崎小彌太　年代は消印による

40　中村春二宛　（大正四）年八月十二日

（成蹊学園史料館所蔵）

拝啓　極暑之折柄益々御清適奉賀候。欧州の風雲益々急々余波又東洋に及ばんとし寒心に不堪候。却説八月二日小生の誕生日には美事なる生徒諸君の作物御寄贈被下御厚情奉謝候。自ら年を重ぬる毎に碌々無為を感じ、奮発一番せざるを得ずとの決心を深むらしめ候。貴台の献身的奮闘の実例を見て、益々此感を深くし申候。邦家の前途は多事なり。御互に大活動を要する事と信候。別書手に入れ候間、御礼として寄附致度候。御笑納被下候はゞ幸甚。

八月十二日　小彌太

中村兄侍史

〔註〕(表)中村春二様　親展　(裏)岩崎小彌太

本史料には中村宛書翰（年不明九月二十五日付）が同封されているが、いずれの封筒かを特定することができない

41　徳富蘇峰宛　大正四年十一月十五日

（徳富蘇峰記念館所蔵）

拝啓仕候。晩秋之候愈々御清適奉慶賀候。陳は小生に対し今回不図叙勲之御沙汰御発表相成候処、早速御祝詞を寄せられ御厚志奉深謝候。不取敢御礼申上度如此御坐候。敬具

大正四年十一月十五日　岩崎小彌太

国民新聞社長　徳富猪一郎様

〔註〕(表)京橋区日吉町　国民新聞社　徳富猪一郎様

祝詞御礼〔異筆〕　(裏)緘　岩崎小彌太

42　中村春二宛　大正五年一月二十一日

（成蹊学園史料館所蔵）

拝啓　成蹊実務学校本年度卒業生採用の件ほゞ決定の運と相成候処、小生等評議の結果として其中一二名は三菱以外の会社に採用の事とする方学校将来の名声の為めに可然と決し、郵船会社に一名、横浜正金銀行に一名採用の交渉致事と致候間、御含置被下度候。万事は三好〔重道〕氏より御話可致候。草々不具

一月廿一日　岩崎小彌太

中村春二兄侍史

〔註〕㊤府下池袋停車場前　中村春二様　㊦廿一日　高輪
岩崎小彌太　年代は消印による

43　中村春二宛　大正五年五月二十二日

（成蹊学園史料館所蔵）

拝啓　広瀬〔格彦〕留学に就き御発表之議に就き御手紙拝見仕候。学校内部之奨励之為めに右様の事実を御利用相成候事は差支えなしと信申候も、未だ結果之良否不明の場合世間に公表せられ候事は如何かと存候。殊に近日新聞記者等を会し当人を試験せらるゝ云々と報ずるもの有之候も、右は甚だ不面白哉に愚考仕候。小生としても右様留学生を派遣する事は必しも同人に止まらず従来とても実行罷在り、将来に於ても同様実行の予定に有之候処、其都度世間に公表致候事は甚だ好ましからず候間、余り公けに致され候事は御中止相願度候。貴台の立場として師弟の情として悦びの余り致され候事と推察は罷在り候も、要は他日同人成功の折をまつて公表するも遅からず。あまり騒ぎを大きくする様に見え候ては誤解を招くの恐も有之候事故、御再考被下度奉願上候。小生も斯様の一些事の為め新聞に名を歌わるゝ様の事甚だ好ましからず候次第に就、御推察被下度奉願上候。草々不具

五月廿二日　岩崎小彌太

中村兄侍史

〔註〕㊤成蹊実務学校　中村春二殿　親展　㊦五月廿二日
岩崎小彌太　年代は消印による

44　岩崎久彌宛葉書　大正六年一月二十七日

（三菱史料館所蔵）

〔註〕㊤東京市本郷区切通　岩崎久彌様　長崎　小彌太　本文はなし　年代は消印による

45　岩崎久彌宛葉書　（大正六）年一月二十八日

（『岩崎小彌太書翰集』）

拝啓　極寒之折柄御変りも不被在候御事と奉賀候。小生廿四日夕予定之通り到着、爾来何角多忙に相暮し御音信之期無之、失礼罷在候段御海容願上候。廿六日宮殿下〔東伏見宮依仁親王〕御着前より廿七日進水式終了迄は理想的の天候にて不寒不暑、あたかも小春日和に有之候為め、万事最も愉快に終了仕り候。港内軍艦の入港せるもの多く、且拝観者も非常之数に達したる為め、式は最

も盛大に決了仕候。只宿泊者多数なりし為め、造船所の幹部は宿割其他に非常の苦心を払ひたる様子に有之候。宮殿下は御曽遊の地とて旧時を回顧せられて非常の御満足の様拝せられ候。御到着の夜、小生丸田〔秀実〕塩田〔泰介〕及知事〔島田剛太郎〕にて陪食の栄に浴し、御出発の時は小生軍艦迄御見送り仕候。殿下えの献上品は御打合せ仕候通り決定致し、江崎〔一郎〕え注文相発し置候。進水式日の夜宴には、小生風邪の為め出席致さず、丸田氏に相頼み置候。本日は引籠り静養致し、明日より視察致し度と心組居り候。塩田も大したるさわりも無かりし様子に見受けられ申候。造船所より詳細は公文御報告申上候事と存候も、不取敢御機嫌伺を兼而御報迄。草々不具

一月廿八日朝　　岩崎小彌太

茅町兄上様

〔註〕(表)東京市本郷区切通　岩崎久彌様　長崎　小彌太

46　池上四郎宛　大正六年五月七日

（『三菱社誌』）

粛啓　去る五日東京倉庫株式会社倉庫の爆発に因り、市民各位に対し多大の損害を及ほし、非情の騒擾を惹起し候段恐縮至極に奉存候。同日其報に接し先つ同社専務取締役竝に本店支配人を急派仕り、引続き拙者も取急ぎ来阪の上目下切りに善後策に腐心致居候。荒涼たる災害地附近の光景、惨憺たる被害者各位の境遇を目撃し恐懼全く身を措くに所なきを覚へ申候。就ては金壱百万円を提供して謝意の一端を表し度、事務御多端の際乍恐縮特に閣下の御裁量を以て罹災者各位の慰籍等に関し然るべく御処理相煩度、偏へに懇願仕候。敬具

男爵岩崎小彌太

大阪市長　池上四郎殿

〔註〕三菱社誌刊行会編『三菱社誌』第二七巻、東京大学出版会、一九八〇年、三七三二頁

47　中村春二宛　（大正八）年一月六日

（成蹊学園史料館所蔵）

拝啓　先日はわさ〳〵御年賀被下難有奉謝候。其節御面倒なる儀御依頼仕候処、早速御作成御送附被下難有奉存候。御影にて明文と相成、よく小生の言わんとする処を尽し満悦仕候。新春に察〔際〕し貴校の益々御隆昌を祈ると同

時に、不取敢御礼迄。草々不具

一月六日　　　　　　小彌太

中村兄侍史

〔別紙〕

曠古~~未曾有~~の大戦も漸く終らんとし、世界の局面更に一転せんとして居る。我国の受くる影響も亦軽ならざるものと思ふ。此難局に処して宜しきを制し、吾人の地歩を保ち責務を全ふせんは真に容易の業ではない。

余の不肖を以て社長の任に就きてより時世の変遷に順応して社業の革新を図り、組織を更改し社規を改定し諸君の誠実なる翼賛を得て社運の隆昇を期しつゝあるが、未だ唯其形態のみ徒らに整ふたるに止まり、運用の妙を発□〔揮〕するに至らざる憾がある。大正八年の春を迎え前途に幾~~分~~多の難関を予想すれば、速かに陣容を整え士気を振興するの~~甚だ~~必要~~なるもの~~を感ずるや切である。此機会を以て余が平素抱懐する処を開陳し、洽く之を社内に声明し、特に諸君の留意を請わんとするは必しも徒爾ならざるを信ずるのである。

健全なる国家の発展は国力の充実に依り、国力の充実は主として実業の発達に俟つ可きは多言を要せない。我社創立の大本は実に茲に存するのである。実業の振興を計りて以て国力の充実と国家の発展に資する事が乃ち我社最終の目的である。故にいやしくも社業に従事する者は、其地位職務の如何を問わず常に我社に此最終の目的ある事を忘れてはならんのである。翻て之を吾人箇々の立場より見んか、~~各~~吾~~人が~~は人として其従事する処を以て国家社会に貢献~~するも~~し、併せて自己の人格を~~成~~完成するにあらずんば個人生存の意義は全く空しく、蟲の蠢動すると何等撰む処がないであらう。吾人が社業に精励するは、乃ち国家社会に貢献し吾人の人格を完成する所以であ~~る~~~~す~~る事を念へば、宜しく全力を傾注して奮励努力す可きである。かくの如く吾人の人格の完成と我社の~~目的の達成~~〔事業の発達〕と国家社会の健全なる発展と~~此三者をして~~相契合せしむる事、乃ち吾人と会社と国家の三者をして渾然~~一体~~一致融合せしむる事が吾人~~の~~最高の理想でなくてはならん。余は此理想を外にしては吾人活動の立脚点なしと信ずるのである。

~~叙上の如く、吾人は既に唯一最高の理想を有す。而して其信念の上に立ちて吾人の職務に精励せば、吾人の職務に対する責任観念に於ても亦明確なる意識を得る事必しも~~

難くはないと思ふ。責任の観念は理想実現の根底に横る必須の要件である。此無く吾人にして此理想に対し確固たる信念を有し、而して其信念によりて職務に従事せしめば、如何なる大事に当りても狼狽することはなかろう。如何なる艱難に接しても毅然として我地歩を守る事を得るであらう。余の諸君に望む処は只此一事である。終りに望みて余は此理想の遂行に就て次の数項を注意せられん事を望みたい。

一、同心協力は事業遂行の要たる最も必要なる条件である。協力の基礎は乃ち、各自に共同の目的を覚知して人心翕然として之れに向ふにある。我〔吾〕人は既に共同の目的と理想なり、同心協力せざらんとするも得可からざる訳である。我社は事業の拡張に従ひて社を分かち部課を設け、所謂分業の妙用を発揮せん事を期して居るが、此れ実に共同の目的を達し共同の理想を実現するの手段たるに過ぎないのである。若し各部局の事情相通せず、彼此の杵〔扞〕格を来す如きことあらば、手段の為めに目的を誤り本末顚〔転〕倒するものである。共同の目的を達するには、各自は由己の私心を去りて誠意を以て事に当るを要する。若し私情を以て朋党比周し、若しくは嫉視排擠を事とする如き傾を生せば、社業の円満なる発達は期し難きことゝなる。乃ち吾人の理想の遂行は得られざることゝなる。吾人は大いに心せなくてはならない。

責任の観念は協同一致の根底に横る必須の要件である。誰か責任の量ず可きを知らざるものがあらうや。唯其観念の明確なるもの尠き憾がある。各自は、自己の権限与へられたる職務来事を最善に為し遂ぐる責任の外に、団体の一員として団体的行動に対して責任を分担するものたる事を忘れてはならない。自己は己れの職務に対しての責任は尽したり、其結果が自己の属する団体に対し如何なる結果影響を及ほすも我関する処に非ずとの態度は、仮令自己一人の責任遂行に就ては完全なりとするも、団体の未だ以て責任の全班観念の全班を知るものとは言へない。吾人は各自の職務に対して最善を為すの責任あると共に、団体的行動に対して常に責任を分担しつゝあるとの観念を養成するの必要がある。乃ち各自の責任遂行の行動が団体の目的及其利害に及ぼす影響を考慮して、常に其調和を計るを要するのである。此意味に於て吾人は責任観念を充実し吾人をして協同一致の実を収むると共に、個人としての人格共〔に〕権威あらしめたい。

一、吾人は共同の理想を有し同心協力以て吾人の責務を遂行せんとする。吾人をして相互に友情を感ぜしめざらんとするも得可からざる訳である。~~先輩たるもの~~団体的行動に於て秩序を維持し、紀律を重ずる事は最も必要とする所である。而も秩序と言ひ紀律と言ふは、共同の理想目的を達成する必須の手段として見る可きである。~~其故~~妄りに階級思想に囚れ、城壁を築き固陋の見を持するに到るなきを要する。先輩たるものは私心を去り驕慢を戒め勉めて後輩の言を聴く可く、後輩たるものは徒に先輩の意を迎ふることに務めずして誠実に之を翼賛するを要する。吾人は共同の目的を有する友人~~たり~~である。相互に深厚なる同情と熱烈なる友誼を抱くを要するのである。吾人は恭謙己を持し、懇切人に接し相親しみ相和し、穏健円熟の態度を採らざる可からざるのである。

一、世事は日々匆忙を加え事務亦繁劇に赴く。事に当りて簡易なるを要し、務に当りて敏活な~~らざる~~るを要する。吾人は勉めて繁文縟礼を去り、時間の空費を慎み~~虚~~能力を集中して之を極度に発揮し、能く其実績を挙ぐる事に勉めなくてはあらぬ〔ママ〕。社交の儀礼と体面の保持とは之を重んぜなくてはならんが、勉めて虚を去り実に就き専ら心身の修養を計り、常に余力を蓄えて大に共同理想の遂行を期せなくてはならぬ。

今や国歩艱難の時期到らんとして居る。吾人の正に奮起す可きの秋である。坦々たる平路は婦女子も亦能く進む事を得る。険岨を攀ぢ荊棘を~~跳~~拓きて邁進するは男子の本懐では~~あり~~ないか。余は前途の千難万艱を見て勇気の益々加はるを覚ゆる。願くは諸氏と共に同心協力し、吾人の理想の実現を期し度いのである。余不敏にして幾多の欠点有り、諸君を率ひて此大任を~~将た~~はたし得るや否や自ら疑わざるを得ない。然りと雖も既に意を決して社長の職に就く。全力を傾倒し誠意を披瀝し邪を去り正に就き、~~諸君の誠実なる翼賛を得ば~~以て吾人共同の理想の実現を期し、~~たるを~~努めて怠ることなきを諸君に誓わんと欲する。幸にして諸君の誠実なる翼賛を得て其成果を見ば、余一人の慶~~にあらず~~のみではない。実に我社の慶にして抑もまた邦家の大慶である。

〔註〕中村春二宛年不明三月二十八日付書翰の封筒（消印は大正八年一月六日）が本書翰のものと考えられる

48　岩崎久彌宛　大正八年八月九日

（三菱史料館所蔵）

拝啓　不順之気候に有之候処、益々御清福奉賀候。却説新設三菱銀行総会十五日に決定罷在候処、其節確定の重役を撰挙する事必要に有之候処、熟考の結果左之通り致し度と奉存候。

常務取締役　　　　串田万蔵
〃　（業務部長）　瀬下清
常務取締役　　　　菊地〔池〕幹太郎
〃　（総務部長）　加藤武男
取締役　　　　　　岩崎久彌
〃　　　　　　　　岩崎小彌太
〃　（現任の儘）　川添清磨
〃　（現任の儘）　乙部融
監査役　（検査部長）大山五郎
〃　　　　　　　　青木菊雄
〃　　　　　　　　桐嶋像一

右にて重役数は満員と相成候次第に有之候。猶取締役会長としては貴台御就任相願度希望仕候も、不得已ば小生自薦致候事に取計可申候。御意見拝承仕度、一書如此御坐候。

八月九日　　小彌太

茅町兄上様侍史

〔註〕(表)相州大磯　岩崎久彌様　親展　(裏)緘　八月九日　東京　岩崎小彌太　年代は消印による

49　小川平吉宛　（大正九）年一月二十六日

（国立国会図書館所蔵）

華墨難有拝見仕候。平生御無音にのみ打過居候処、益々御健祥御奮闘之段大賀至極奉存候。却説今回御息女〔小川てい〕斎藤〔樹〕氏と御縁組御確定之由、至極結構の事と慶賀に不堪奉存候。右に就き二月一日御披露之宴に小生御招待を辱ふし、御厚情感激に不堪候。平生の御交誼に対し是非出席致さずては相成らざる次第に有之候も、当日は合悪く小生親籍の結婚の為め招待相受け其方に出席之約束致居り候為め、甚だ乍残念御断り致すの不得已次第に有之、不悪御諒承被下度奉願上候。何れ拝芝之節御祝詞申上可く候も、不取敢書中御祝旁御断迄。草々不具

一月廿六日　　岩崎小彌太

小川平吉様侍史

〔註〕㊧麹町区内幸町一丁目五　小川平吉殿　侍史　㊨一月廿六日　岩崎小彌太

50　小川平吉宛　（大正九ヵ）年十二月十七日

（国立国会図書館所蔵）

拝啓　一昨日はわざ〳〵御来駕を辱ふし懇篤なる御注意に接し奉深謝候。又昨朝は書類御回送に接し拝見仕候。書類に表われたる処多くは事実に遠かり居る点多く、余り事情に通ぜざるもの〻材料かと愚考致居候。御約束により返送仕候間御査収被下度候。種々の事件にて近日閉口続きに有之御同情願度候。然し誠意事に当り此難関を突破致す確信を以て努力罷在候。草々不具

十二月十七日朝　　岩崎小彌太

小川平吉様

〔註〕㊧小川平吉殿　親展　㊨岩崎小彌太

51　小川平吉宛　（大正九）年十二月十八日

（国立国会図書館所蔵）

拝啓　鉱業会社総会に就きて色々御心配被下難有奉謝候。本日の総会に於て二三の極めて愚問を相発し候もの有之候も大したる事も無之、至極平穏に決了仕候間御安意被下度奉願上候。種々御心尽し感謝之至りに不堪、不取敢書中御礼申述度、猶近日拝芝万縷可仕候。草々不具

十二月十八日　　岩崎小彌太

小川平吉様侍史

〔註〕㊧麹町区内幸町一丁目五　小川平吉様　親展　㊨十二月十八日　神田駿河台　岩崎小彌太

52　中村春二宛　（大正十）年十二月二十九日

（成蹊学園史料館所蔵）

御手紙難有拝見仕候。先日は色々と御話合出来仕合せ仕候。来春は今村〔繁三〕氏と三人相会し、胸襟を披て御談合相願度く存居候。就ては先日御話の実務学校を他人に譲り存続の儀は其節迄御話の進行は被致ざる様願度候。三人熟議の上と致さでは又々誤解を生じ候恐も有之、其辺御如才不被在とは存候も御注意御願申上置候。小生は年初箱根に行き、七八日頃は帰京可仕候。心機を一転して愉快の迎春あらん事祈り候。草々不具

十二月廿九日　　岩崎小彌太

中村兄侍史

〔註〕㊤池袋　中村春二殿　親展　㊦十二月廿九日　駿河台
岩崎小彌太

53　関屋貞三郎宛　（大正十二）年十月二十八日

（国立国会図書館所蔵）

拝啓　秋冷相催候処尊堂御揃御清福奉賀候。却説今回の大震災につきては、御職掌柄多大の御心配相成候事と恐察仕り候。小生京都滞在中の病気に就き早速御見舞状被下、御好情感佩仕り候。病気の経過意外に宜敷速かに全快仕り、一週日程前帰京仕候間、乍憚御休神被下度奉願上候。早速拝趨御礼可申述の処、帰来用事輻輳し未だ其意を得ず、欠礼罷在候段御海容被下度奉願上候。不取敢書中御礼耳。草々不具

十月廿札《八》日　　岩崎小彌太

関屋貞三郎殿侍史

震災前日御来函之節之写真御覧に入れ候。

〔註〕㊤赤坂区表町四番地　関屋貞三郎殿　侍史　㊦十月廿八日　芝区高輪南町　岩崎小彌太

54　小川平吉宛　（大正十四）年三月十三日

（国立国会図書館所蔵）

拝啓　其後御無沙汰に打過居候処、尊台益々御清福奉賀候。小生儀も永らく病気引入罷在候処、近来健康恢復し外出し得る様相成候間、乍憚御休心被下度候。病気中度々御見舞に接し御厚情奉謝候。一度拝趨御面会相願度と存候も、御多忙中御迷惑と相考え差控え罷在候。不悪御諒承願度候。却説新聞紙上にて散見致し候処によれば、近日農商務省分解して二省と相成候由の処、三士忠造君は同省次官として民間の評判も頗る良好に且よく実業界の事情にも通暁致され居り、一省の大臣としては最も適任の人と相信し候処、御承知の通り小生も同氏と永き友人として是非大臣たらしめ度く希望致し居り候。貴下も同君とは御懇親の間柄なる事小生も能く承知罷在り、旁今回の新大臣任命に就きて同君の為め一臂の力を添えられ度く熱望仕り候。三士君自身は余り自薦の運動など為す人柄にも無之、小生としては余計な御世話かとは信じ候も友情として坐視するに忍びず、平生の御懇親に甘え御依頼致し候次第に有之候。不悪御諒承御尽力の程懇願仕り候。右は拝芝の上御願致す可き筋合とは相考え候も、議会開会中御多忙の折柄書面を以て申上候。此れ又御諒

承願上候。草々不具

三月十三日　　　　　　　　　　　岩崎小彌太

小川平吉殿侍史

〔註〕㊤小川平吉殿　親展　㊦麻布区飯倉片町　岩崎小彌太

（国立国会図書館所蔵）

55　渋沢栄一宛　大正十四年十二月十一日

（『渋沢栄一伝記資料』）

拝復　益御清勝奉賀候。陳は予而御配慮被下候同愛会に係る事業報告並会計報告提出有之候趣にて、右写各壱通御送付被下正に落手仕候。御手数奉謝候。尚乍此上御配慮之程奉希候。草々敬具

大正十四年十二月十一日　　　　岩崎小彌太

子爵渋沢栄一殿

〔註〕㊤大正十四年十二月十一日〔以上朱書〕　岩崎小彌太男来状

渋沢栄一伝記資料刊行会編『渋沢栄一伝記資料』三一巻、竜門社、一九六〇年、六八八頁

56　小川平吉宛　大正十五年八月二十三日

（国立国会図書館所蔵）

拝啓　残暑之折柄尊堂御清栄奉賀候。却説先日上京之節拝晤之栄を得度く存候処、未だ御帰京無く其意を得ず遺憾に奉存候。小生月末頃には一度帰京之心組罷在候も、例の件に就き御用有之候はゞ青木菊雄氏在京之筈につき、同氏と御打合せ被下度候。木村〔久寿彌太〕氏も廿六七日頃には帰京被致候事と存候。当地両三日来晴曇相半し冷気を覚え候。不取敢用事耳。草々不具

八月廿三日　　　　　芦之湖畔　岩崎小彌太

小川平吉殿侍史

上京之者に托し東京にて投函せしめ候。

〔註〕㊤麹町区内幸町　小川平吉殿　親展　㊦箱根　岩崎小彌太　年代は消印による

57　小川平吉宛　大正十五年十月二十日

（国立国会図書館所蔵）

拝復　御申越之儀拝承仕候。例之件は木村〔久寿彌太〕氏え申遣し置候間、同氏と御打合せ願度候。若し御上洛之節猶滞在仕候際は拝顔致度く存居候。然し多分は行違ひに帰京之事と相成可申事と存候。其際は東京にて拝顔

可致候。京都は朝夕中々に冷気を覚え初候。不取敢用事迄。草々不具

十月廿日　　岩崎小彌太

小川平吉殿侍史

〔註〕(表)東京麹町区内幸町　小川平吉殿　親展　(裏)十月廿日
京都にて　岩崎小彌太　年代は消印による

58　渋沢栄一宛　昭和二年三月十八日

（『渋沢栄一伝記資料』）

拝復　時下益御清康之段奉慶賀候。陳は有馬頼寧氏後援会に対する当方寄附金之義、昨年末を以て終了致候処、猶一ケ年丈従前通り継続方縷々御来示之趣敬承仕候。就ては上半期分金五千円也御指図の期日迄に払込為致可申候間、左様御了承被下度。右貴酬迄如此御坐候。謹言

昭和二年三月十八日

三菱合資会社　岩崎小彌太

子爵渋沢栄一殿

〔註〕渋沢栄一伝記資料刊行会編『渋沢栄一伝記資料』三一巻、竜門社、一九六〇年、七〇五頁

59　関屋貞三郎宛　昭和二年八月十七日

（国立国会図書館所蔵）

拝啓　炎暑之候尊堂益々御清適大賀至極奉存候。小生其後無事静養罷在候間、乍憚御休心被遊度候。却説先日は珍らしき菓物《ママ》沢山御贈与被下、御厚情深謝之至りに不堪奉存候。時節柄御多忙の折柄御心に掛けられたる御友情、一しほ難有頂戴仕候。小生其後追々と元気相加候間、九月帰京候節は拝芝親しく御礼申述度く相楽居り候。先は右不取敢御礼迄。草々不具

八月十七日　　小彌太

関屋貞三郎様侍史

〔註〕(表)東京市麹町区紀尾井町三の一　宮内次官々舎　関屋貞三郎殿　侍史　(裏)封　八月十七日　相州箱根　岩崎小彌太　年代は消印による

60　関屋貞三郎宛葉書　昭和二年八月二十五日

（国立国会図書館所蔵）

軽井沢より之端書難有拝見、充分御静養を祈る。
小生当地滞在中山中暦日無之、日々運動三昧に暮し居候。
御令閨によろしく御鳳声被下度候。

八月廿五日　箱根芦之湖畔　岩崎小彌太

〔註〕(表)信州軽井沢二〇六〇　関屋貞三郎様　年代は消印による

61　渋沢栄一宛　（昭和二）年九月八日

（『渋沢栄一伝記資料』）

拝啓　時下益御清穆奉賀候。陳は有馬頼寧氏後援会之義、所期之目的を達し七月末を以て打切の事と相成候趣、同氏来翰写相添御来示敬承仕候。同会に付ては兼々種々御高配之段奉深謝候。右不取敢如此御坐候。謹言

九月八日　岩崎小彌太

子爵渋沢栄一様

〔註〕渋沢栄一伝記資料刊行会編『渋沢栄一伝記資料』三一巻、竜門社、一九六〇年、七一六〜七一七頁

62　関屋貞三郎宛　（昭和二）年九月十一日

（国立国会図書館所蔵）

拝啓　秋冷相催候処尊堂御清適奉賀候。先日は軽井沢より御消束難有拝見仕候。小生其後益々快方御安神願度候。却説岡山産桃数回御送附被下、御厚情感謝に不堪候。其節早速御礼状差出可きの処無性罷在恐縮仕候。今朝湖水にて釣らせ候鱒少々御覧に入れ候。珍らしき品には無之候も、御風味被下候はゞ光栄に不堪候。近日帰京の上拝芝万縷可仕候。不取敢御見舞迄。不具

九月十一日　小彌太

関屋様侍史

山風にあほつ御廉や秋隣

〔註〕(表)麹町区紀尾井町　関屋貞三郎殿　平安　(裏)封　九月十一日　箱根見南山荘　岩崎小彌太

63　岩崎久彌宛葉書　昭和三年一月二日

（三菱史料館所蔵）

御健康を祝し奉る。京の春は長閑に有之候。

小彌太

〔註〕(表)神奈川県大磯　岩崎久彌殿　年代は消印による

64　関屋貞三郎宛　昭和三年八月十九日

（国立国会図書館所蔵）

一書拝呈仕候。其後は御無沙汰勝に打過居候処、尊堂益

々御清福奉賀候。小生目下当地に滞在中に有之候処、連日降雨勝にて閉口罷在候。却説昨日は美事なる桃沢山に御恵贈被下、御厚情有り難く深謝仕り候。山中不便の場所柄故殊に珍しく賞味仕り候。御令閨へも宜敷御礼御伝声願上候。荊妻よりも特に宜敷申出候。近日天候も一定可致と存候間、御間暇之節是非御一遊被下度奉願上候。先は右不取敢御礼耳。草々不具

八月十九日　　　　小彌太

関屋様侍史

〔註〕㊤麹町区紀尾井町三の一　関屋貞三郎殿　侍史　㊦八月十九日　神奈川県箱根　岩崎小彌太　年代は消印による

65　関屋貞三郎宛　（昭和三）年十二月十九日

（国立国会図書館所蔵）

拝啓　寒気相加候処尊堂御清福奉賀候。却説京都にて御染筆之陶器出来上り候に就き、御送附申上候。御請け見給わり度候。其他甚だ粗末之品乍ら、京都にて一度御試用相願候鍋、向寒之折柄何かの御用に相立ち候事をやと差出候。御試用被下候はゞ幸栄に有之候。何れ拝眉を期し縷々可申上候。不取敢書中用事耳。草々拝具

十二月十九日朝　　　　岩崎小彌太

関屋老台侍史

〔註〕㊤関屋貞三郎様　侍史　㊦十二月十九日　岩崎小彌太

66　三好重道宛　（昭和四）年一月四日

（『岩崎小彌太書翰集』）

新年之御慶目出度申納候。京都は元日以来雪降り東山之風景格別に有之候。昨日松平〔恒雄〕之出発を神戸に送り候。元日夜当地に送別会を催し、十五年振の痛飲を試候。今朝久方振之晴天に就き、大久保〔利賢〕氏と山科に初手合を試候。明日は鳴尾行之予定。遥に御健康を祝候。不具

一月四日　　　　小彌太

三好兄侍史

新玉之年を迎えし京之宿　友うちよりて語る楽しさ

〔註〕㊤東京市牛込区市谷仲之町五七　三好重道殿　侍史　㊦一月四日　京都市南禅寺下河原町　岩崎小彌太

67　関屋貞三郎宛　（昭和四）年八月二十五日

（国立国会図書館所蔵）

拝啓　残暑之候益御清適奉大賀候。先日御来遊之際は何之風情も無之失礼仕候。御帰京後尊書に接し、今又珍しき菓〔ママ〕物御恵送を辱ふし、御厚情深謝に不堪候。小生其後日々勉強罷在候も差したる上達を不見候。御再遊相楽しみ居候。不取敢御礼申上度如斯に御坐候。頓首

　八月廿五日　　小彌太

関屋様侍史

〔註〕㊕東京市麹町区紀尾井町　関屋貞三郎殿　平信　㊢〆
八月廿五日　相州箱根　岩崎小彌太

68　野村駿吉宛　（昭和四）年九月十二日

（ＪＸＴＧホールディングス所蔵・三菱史料館寄託）

拝啓　先日一書差上候処御覧被下候事と存候。其節申上候ゴルフクラブ〔ママ〕の儀、赤星六郎氏と相談の結果同氏が先般帰朝之際求められたるクラブと同様之Walter Hagenのもの宜敷かる可しと決定致し候。貴台は其物御承知との事につき、好都合と存じ御願申上候。

一、wood club は“De Luxe”の Steel Shaft の三本 matched & registered せるもの、Shaft の長さは四十三インチ、Weight は十四オンスにて有之候（六郎氏のは medium weight なりし由、小生のは Heavy weight の方可然との事）。

一、Iron Club も Walter Hagen“De Luxe”の set にて Steel Shaft 九本のもの、Weight は medium、Shaft の長さは Wood club と match したるもの Registered sets なり（weight は六郎氏のものは medium weight なりし由、小生も同様にて可然との事）。

右一揃御買求めの上至急御送附願度候。

六郎氏は San Francisco の Philfront Incorporation にて買い求めし由、右は貴台充分御承知との事故まちがいはなしと存候。

右クラブ用として皮製の bag 一本御求め願度候。皮製の可成軽く丈夫なるもの旅行用として入用に有之候。同時御購入御送附願度候。

今回六郎氏滞在中一週日計り教示を受け大きに上達致し候。新クラブ入手の上は一段之進歩を見んかと楽しみ居候。

仕事上の事は堤〔長述〕氏より御聴取願上候。

不取敢用事耳。草々頓首

九月十二日　　　　　　　　　　箱根にて　小彌太

野村駿吉殿侍史

〔註〕㊟野村駿吉殿　親展

69　阿部充家宛　（昭和六）年一月十日

（国立国会図書館所蔵）

拝啓　益御清祥奉賀候。陳は今春目出度古稀御迎へ相成、其御記念として永明寿禅師垂誡註解御上梓相成候趣を以て御恵頒に預り、難有御礼申上候。篤と拝読可致、先は書中右御礼申上度如斯御坐候。敬具

一月十日　　　　　　　　　　岩崎小彌太

阿部充家殿

〔註〕㊟麻布区三軒家町四〇　阿部充家殿　㊟緘　東京市麻布区鳥居坂二番地　岩崎小彌太

70　関屋貞三郎宛葉書　昭和六年四月十七日

（国立国会図書館所蔵）

御手紙難有拝見益々御清適奉賀候。小生入洛以来無事養生罷在候間、御安心願度候。名句沢山拝見感吟仕候。小生の駄句二三御覧に入れ候。御笑覧願度候。令閨によろしく御鳳声願上候。

四月十七日　　　　　　　　　　小彌太

関屋貞三郎様

法隆寺にて

夢殿の内ほの明し春の雨

舦をうつ漣や芦の角　　巨陶

〔註〕㊟東京市麹町区紀尾井町三の一号　関屋貞三郎様　年代は消印による

71　諸橋轍次宛　（昭和六）年四月二十一日

（『岩崎小彌太書翰集』）

四月十二日附尊翰難有拝見仕候。北平行御旅行無事御終了御帰京之段、大賀至極奉存候。書籍購入も出来候由、喜悦に不堪候。永楽大典の方は、機会を得て輸入も出来可申に急ぎ候要も無之と存候。白松に就ては、御多忙中色々御尽力を辱ふし奉謝候。殊に白松の植木迄御持参被下候由、帰京之上拝見之儀相楽居候。小生入洛以来元気段々相加り居り候。御安心被下度候。洛内外之花も既に散り、若葉漸く芽出し来り居り、京都之好期節と相成来

り候。然し種々の催物にて相当混雑致し居候。日々散策等に取まぎれ、御返書遅延候段御海容被遊度候。今日は朝来降雨閑居罷在候。不取敢御返書迄。不具

四月廿一日　小彌太

諸橋先生侍史

駄句二三御覧に入れ候

法隆寺にて

夢殿の内ほの明し春の雨

奈良にて

散る花や静に坐す盧舎那仏

このあたり人影も無し山つゝじ

72 関屋貞三郎宛葉書 （昭和六）年四月二十三日

（国立国会図書館所蔵）

拝啓　其後御健祥奉賀候。静岡より珍しき品御送与奉謝候。又名池拝見此又奉謝候。小生其後追々宜敷候。御安意願上候。駄句御覧に入れ候。御笑覧願候。

四月廿三日朝　小彌太

奈良にて

散る花や静に座す盧舎那仏

陽炎や飛火の野守今は無し　巨陶

〔註〕㊟東京市麹町区紀尾井町三の一号　関屋貞三郎様

73 諸橋轍次宛 （昭和六）年八月二十六日

（『岩崎小彌太書翰集』）

華墨難有拝見仕候。東京之残暑猶甚敷候処、益々御清適奉賀候。小生登山後無事御安心願度候。何か学校之問題にて御奔走之趣、炎熱之折柄御労苦拝察仕候。当地は幸に月初以来好天気続きにて仕合せ仕候も、昨日より霧立籠め来り秋冷相催候様相成候。今年の御来遊もむつかしき由、残念千万に奉存候。却説当見南山荘中に茶席新築致し候処、何か適当の命明《名》致し度と存候処、御撰定相願度候。抹茶席の事故庵と申し候事適当かと存候。古人の詩にして山及湖等と関係あるものゝ中より御撰定願度と存候。御多忙中甚だ恐縮千万に有之候も、御閑暇之折御一考煩し度と奉願上候。小生は九月中旬頃迄滞在之予定罷在候。若し時日ある際は御一遊願度候。右不取敢御返書を兼御願迄。草々不具

八月廿六日　小彌太

諸橋先生机下

74　**諸橋轍次宛　（昭和六）年九月八日**

（『岩崎小彌太書翰集』）

尊書拝見仕候。東都之炎暑も大分薄らぎ候由、当地も秋冷頓に相催し時々冷気相覚え候も、小生無事御安心願度候。学校問題等御多用中、茶席之命名に就而御申越被下奉謝候。此昧庵と申し候もの宜敷様存じ候が、白居易之詩之意味小生に不明、殊に第三句之意味不訳候間、乍御手数御示しにあづかり度候。此昧庵《しまい》と発音致し候て差支え無之候や、此れ又御指示願度候。小生本月中旬頃迄は滞在之予定罷在候。右不取敢御礼申上度、再度の御願迄。

草々不具

九月八日　　小彌太

諸橋先生侍史

75　**岩崎久彌宛　昭和八年七月五日**

（三菱史料館所蔵）

拝啓　益御清祥奉賀候。陳ば此度俊彌次女淑子を養女として貰受候事に致候間、御承知置被下度。尚同人将来何卒宜敷御願申上候。不取敢右御披露申上度如斯御座候。

敬具

七月五日　　岩崎小彌太

同　孝子

岩崎久彌様

同　令夫人

〔註〕㊕本郷区湯島切通町壱　岩崎久彌様　㊤緘　東京市麻布区鳥居坂町二番地　岩崎小彌太　年代は消印による　本文は印刷「五」「岩崎久彌」「同令夫人」のみ墨書

76　**永原伸雄宛　昭和八年九月十七日**

（三菱史料館所蔵）

拝啓　益々御清適奉賀候。昨日三輪〔光明〕氏之来訪に接し、各務〔謙吉〕氏之意見其他種々報告に接し申候。其後考慮相重候処、目下の如く全部の株式保有者たる銀行に於而消極的態度を持する間、到底円満なる目的遂行は困難と相考え候間、寧ろ此際此問題は打切りと致し候方可然と愚考致し候。左様御了承願度候。何れ帰京之上万事可申上候。三輪氏えも今朝手紙にて右の趣申遣し置候。総理事理事銀行会長えも貴台より其旨御伝え置願度候。色々と御配慮之段は感謝に不堪候。当地昨日午後よ

り降雨、冷涼相覚え候。最早下山の時機とも思われ候。右不取敢用事耳。不具

九月十七日朝　　　　　　小彌太

永原兄侍史

病葉のしきりに落ちて秋涼し

〔註〕㊤東京市麹町区丸之内三菱合資会社　永原伸雄殿　親展　㊦封　九月十七日　相州元箱根　岩崎小彌太　年代は消印による

77　永原伸雄宛葉書　昭和九年八月十一日

（三菱史料館所蔵）

先日は遠路御来駕奉謝候。其後万事進行中の由、昨朝木村〔久寿彌太〕氏の手紙にて承知、安心致し候。木村氏にも不日面会出来る事と期し居候。東京は中々暑き由、貴台も永々の御苦労推察に不堪、少々片付き候上は御静養切に希望致し候。今日は天気悪敷閉口罷在候。

八月十一日朝　　　　巨陶

老鶯や八里の嶮岨今いづこ

〔註〕㊤東京市麹町区八重洲町　三菱合資会社　永原伸雄殿　年代は消印による

78　三好重道宛　（昭和九）年八月十七日

（『岩崎小彌太書翰集』）

一書拝呈仕候。連日好晴下界は定め而炎暑甚敷ことゝ恐察罷在候。却説永原〔伸雄〕氏より之消束に依而、理事諸君も順次御休養被下候由、安心仕り候。何卒充分の御休暇祈上候。貴台も不日御休養と承知致し候が、例之六百万円処分之儀小生も其後之成行承知不致、甚だ指出がましく候が、事情之許す限り可成早く適当之御発表可然と存居候。貴台御休暇前、今週中に何分之発表願置候はゞ安神と存候。成蹊の方には校長等にも充分御話し置願度く存候。高橋錬逸氏之儀は、御打合せ通り財務依嘱致し度と存居候が、万事は小生帰京の上にて宜敷とは存じ候も、若し必要あらば同氏え御洩し願候ても宜敷候。先日申上候通り、万事御委せ致し置候上、斯様之指図致し候事甚だ失礼とは思ひ候も、此れが凡夫之浅ましさと御一笑被下度候。今度の休暇は何れへ御出掛けに候や、例之航海は如何相成候や、御出先より名句御郵送願度、鶴首相楽しみ居候。今朝帰京之者に托し、思ひ出で候事申し進候。可然御取計願上候。不具

八月十七日朝　　小彌太

三好兄侍史

船田〔一雄〕氏によろしく御鳳声奉願候。日々茶の稽古に没頭致し居候。

峠涼し雲の峰より吹く風に

追伸　社内分譲株プレミヤムに相当するものゝ所分之儀は、御打合せ之通り社員之為めに使用の事として同時意志表示可然と存候。為念。

79　船田一雄宛　（昭和九）年八月二十日

（三菱史料館所蔵）

尊書拝読。残暑之候益々御壮健奉賀候。小生無事御休神願度候。万事終了之由、御高配万謝に不堪候。世評之如何は暫く措て、只良心之満足を得候事うれしく思居候。数旬に亘る御配慮感銘に不堪候。三好〔重道〕永原〔伸雄〕氏帰京出社之節は宜敷御伝声奉願候。週末御休養之際佳句続々御示し願上候。右不取敢御返書耳。不具

八月廿日朝　　巨陶

船田兄侍史

峠涼し雲の峰より吹く風に

好便に托し此書持参致させ候。乱筆御免。

〔註〕(表)東京三菱本社　船田一雄殿　侍史　(裏)封　八月廿日朝　元箱根　岩崎小彌太

80　山室宗文宛　（昭和九）年八月二十三日

（『岩崎小彌太書翰集』）

華墨拝見。秋冷相催候処貴台御清適大賀至極奉存候。小生無事御安意願度候。軽井沢え御休養相成候由にて絵端書頂戴、難有拝受仕候。玉句感吟に不堪候。小生旬日来茶之けいこに専念罷在、ゴルフの方は時々運動に相試居り候程度なるも、相当上達致したる自信を得申し候。次回御手合之節は充分之御用心必要と存候。九月に入り候はゞ仙石原え御同行致し度と楽しみ居候。近句二三御笑覧に供し候。

老鶯の鳴くこととしきり秋近き
夕霧の湖うづめ去る端居かな
秋風の萩にはことに強しとも

御叱正奉煩候。不取敢御返書迄。不具

八月廿三日朝　　巨陶

山室兄侍史

先般はゴルフクラブの修理に就き色々御配慮を煩し奉謝候。工合先づ宜敷方に有之候。御手数多謝。諸君によろしく。

81 **山室宗文宛　（昭和九）年九月四日**

（『岩崎小彌太書翰集』）

拝啓　天候不良秋冷相催候処、尊堂御清祥奉賀候。小生無事悠々相暮居候間、御省念被遊度候。却説今回は関西方面迄御足労相煩し候由奉謝候。其際神戸より例之牛肉御送附被下、昨朝確に拝授仕候。何時も乍ら御厚意感謝に不堪候。当地近来天候不良閉口罷在候。今朝も日のさして雨の降り居る有様に有之候。来十一日之御来山は楽しみ居候。其節は天候も恢復に向ひ可申と期待罷在候。不取敢御礼申上度、如斯御坐候。草々不具

九月四日朝　　巨陶

山室雅兄侍史

山荘の今日咲き初めし野菊かな

82 **永原伸雄宛　（昭和十）年八月一日**

（三菱史料館所蔵）

拝啓　今朝函根に向け出発仕候。留守中宜敷願度候。昨日退社の折御面会の期を逸し残念に存候。先日は御あづかりの横浜船渠報告御返送致し候。御落手願度候。暑気益増加候模様、御自愛専一に願度候。不取敢用事耳。不具

八月一日朝　　小彌太

永原兄侍史

〔註〕㊳本社　永原伸雄殿　親展　㊮〆　八月一日朝　鳥居坂　岩崎小彌太

83 **永原伸雄宛葉書　昭和十年八月五日**

（三菱史料館所蔵）

拝啓　昨日は炎暑之折柄遠路わざ〳〵御来訪被下奉謝候。御影にて其後之詳報を得安神致し候。此後とも何分宜敷願上候。諸兄にもよろしく。不取敢御礼迄。

八月五日　　小彌太

湖の宮の夕づく森やほとゝぎす

〔註〕㊳東京市麹町区丸之内　三菱合資会社　永原伸雄殿
年代は消印による

84　永原伸雄宛　昭和十年八月十日

（三菱史料館所蔵）

一書拝呈仕候。秋立ちしとは言へ東京は中々御暑き事と察し居候。日々御出社御苦労千万に奉存候。当地両三日来頓に秋めき来り、小生等健康に消光罷在候間、御安意被遊度候。山中悠々の生活日時の去来も忘れたる有様、御影にて又々健康を加へたる様の次第、御憫笑被下度候。却説横浜船渠の儀無事進行罷在候由、鳥居坂より電話の序に御伝言被下難有奉存候。八日新聞紙上の発表も見、其後の模様も順調と推察致し居り候処に御伝言を得、重ねて安神致し候。細目につき種々御苦労相掛け居りたる事と察し候が、今後とも何分宜敷御取計願度候。斯波〔幸四郎〕氏へは別に消束も不仕候間、宜敷御伝声被遊度切望仕り候。当地今朝来降雨、明日の日曜日は雨の予報を得閉口致し居候。諸事一段落の上は御来遊の上、一日御清遊被下度希望致し候。串田〔万蔵〕三好〔重道〕船田〔一雄〕氏等にも宜敷御伝声願度候。不取敢御伝言の御礼迄。草々如斯御坐候。不具

八月十日朝　　小彌太

永原兄侍史

いつとなく端居の場所も立りて　　巨陶

御一笑被下度候。

〔註〕(表)東京市麹町区丸の内　三菱合資会社　永原伸雄殿　親展　(裏)八月十日　函根芦の湖畔　岩崎小彌太　年代は消印による

85　岩崎久彌宛　昭和十年九月三十日

（三菱史料館所蔵）

一書拝呈仕候。秋冷之候高堂益々御清適大賀至極奉存候。小生帰京以来用務多端、不依存御無沙汰罷在候段、御海容願上奉〔ママ〕候。淑子縁談につきては、羽野〔友二〕氏より序を以て上申致し候通り決定、無事準備相進居候間、御放念被遊度候。御帰京後詳細申上度くと心組致居候。却説献上屛風之第五隻図、堂本印象に依頼致したるもの漸く出来致し候に就き、保管致し置候。御帰京後一度御覧相願候上にて献上之手続致し度と存居候。例によりて其以前陳列し関係之人々に見せ候必要有之候。御帰京之日時御決定相成候はば御洩し相願度、それによりて色々準備相整度と存居候。当地昨今漸く天候定まり秋晴を見る仕合に有之候。御地は定めて朝夕之冷気も相加候事と遥

察罷在候処、御身体御大切に被遊度く奉祈上候。乍末筆御姉上様〔岩崎寧子〕に宜敷御鳳声奉願上候。不取敢用事耳。乱筆御容赦願上候。不具

九月卅日　　小彌太

茅町御兄上様侍史

〔註〕(表)巌手県雫石村小岩井農場　岩崎久彌様　親展　(裏)緘　九月卅日　東京市麻布区鳥居坂　岩崎小彌太　年代は消印による　但し消印には「10・9・29」とあり

86　舟越楫四郎宛　（昭和十）年十月一日

（『岩崎小彌太書翰集』）

芳書難有拝見仕候。秋冷之候尊堂益々御清福奉賀候。却説十月八日明昭会御開催之由、御招待を辱ふし奉謝候。当日欣然参加、久方振勇姿を拝し度と相楽居り候。不取敢貴答迄。不具

十月一日　　小彌太

舟越兄侍史

87　永原伸雄宛葉書　昭和十一年五月五日

（三菱史料館所蔵）

五月五日

久しく御無沙汰致し候。旅行の御様子は既に御聴被下候事と存し候。京都に休養之後昨日神戸を視察、当所に一泊致し候。今日大坂巡視京都に帰るつもり。事業場の巡視久し振りなりしが、進歩改善のあと暦《マヽ》然大きに愉快に有之候。

小彌太

〔註〕(表)東京市麹町区丸の内　三菱合資会社　永原伸雄殿　年代は消印による

88　森本政吉宛　（昭和十一）年八月四日

（『岩崎小彌太書翰集』）

拝啓　東都は其後暑気厳しき様伝承仕候処、貴君益々御健祥奉大賀候。小生登山以来無事相暮し居候間、御省念給り度候。却説諸橋〔轍次〕先生に御願致し候儀、早速御送附を煩し御手数之段奉万謝候。同氏へは貴下より宜敷御礼願上候。当地ごるふ場も状況追々と良好と相成候間、其中御来遊願度候。羽野〔友二〕氏は未だ御在京之事と拝察仕り候。宜敷御鳳声奉願候。取急御返書迄。頓首

八月四日　　　　　元箱根見南山荘　小彌太
森本兄侍史

89　**舟越楫四郎宛　（昭和十一）年八月十一日**
（『岩崎小彌太書翰集』）

拝復　極暑之候尊堂益々御健勝奉大賀候。小生無事相暮居候間御省慮給り度候。玉川大花火御知せ被下、確に拝承仕り候。不在中参上難致残念千万奉存候。次回何等かの好機を得て拝見致度と希望罷在候。昨日三橋〔信三〕君来山之際相話置候が、近日折を見て林〔雅之助〕君と貴台と三君御揃にて泊りかけにて御来遊相願度候。弊荘のごるふ場も出来上り、老人には最も好適之ものにつき、是非尊具御持参御光来待上候。林君も十二日頃には帰京との事。貴方にて御打合御都合御一報奉煩候。万事は拝眉の上万縷可仕候。不具

八月十一日　　　　　元箱根　小彌太
舟越賢兄侍史

90　**舟越楫四郎宛　（昭和十一）年九月九日**
（『岩崎小彌太書翰集』）

拝啓　御帰京後は残暑猶厳敷候由之処、御左右将而如何候。却説御約束之膏薬早速御送附を煩し、御手数之段奉感謝候。以御影今朝は大分軽快相覚候間、御省念被遊度候。何れ不日拝晤之期を得御礼可申述候も、不取敢書中御礼耳申上度如此御坐候。不具

九月九日　　　　　小彌太
舟越兄侍史

91　**永原伸雄宛　昭和十二年一月五日**
（三菱史料館所蔵）

拝啓　二日より当地に来遊罷在候。気候頗る温和保養致し居候。貴台伊勢旅行例によりて無事御終了相成り候事と奉察候。米国よりの電信御送附被下拝見仕候。先方の申出差支え無之儀と存候。小生十一日には帰京可致、万事其上にて御打合致し度と存居候。関〔義長〕氏えはよろしく御鳳声奉祈り候。不取敢御返書耳。不具

正月五日　　　　　小彌太
永原兄侍史

〔註〕㊤東京市麹町区丸之内　三菱合資会社　永原伸雄殿親展　㊦正月五日　伊豆国熱海　岩崎小彌太　年代は

消印による

92　森本政吉宛葉書　昭和十二年一月九日

（三菱史料館所蔵）

拝復　当地着以来連日客来に忙殺せられ愉快に暮し居候。貴下患部も次第に御快方之由奉賀候。小生十一日には帰京之予定致し居候。

揚げきつてたゆたふ羽子や羽子日和

正月九日朝　　巨陶

〔註〕㊤東京市麹町区丸之内　三菱合資会社　森本政吉殿

年代は消印による

93　森本政吉宛　（昭和十二）年二月三日

（『岩崎小彌太書翰集』）

拝啓　今朝来天候恢復し好都合、庭前之梅花見頃に有之候。同封之もの英国へ追加注文致し度候間、可然御取計願度候。不取敢御依頼耳。頓首

二月三日朝　　巨陶

森本君机下

雪すくに雨となりたる冬桜

94　斯波孝四郎宛　（昭和十二）年二月二十六日

（『岩崎小彌太書翰集』）

華墨難有拝見仕候。余寒尚料峭に有之候処、尊堂益々御清福大賀至極奉存候。今回重工業会社重役会無事終了致し候由、御通知に接し慶賀致し候。重役賞与金分配に関し御提案之趣旨拝承致し候。至極適当の案と御同意致し候間、可然御分配被遊度候。乃ち御提案に記名の上御返送致し候間、御査收被遊度候。小生静養も意外に永引恐縮千万奉存候。然し非常に良好に有之候間、近く帰京可致候。拝晤之期相楽しみ居候。時節柄御多忙之儀と拝察致し居候。常務の諸賢にも貴台よりよろしく御鳳声奉煩候。先は右不取敢貴答迄、草々如斯御坐候。不宣

二月廿六日朝　　於熱海陽和洞　小彌太

斯波老兄侍史

95　森孝三宛　昭和十二年三月四日

（成蹊学園史料館所蔵）

拝啓　陳は昨夜独逸大使閣下拙邸へ御招待に付ては、態々御越被下何角と御手伝頂き恐縮に存候。御蔭を以て諸

事誠に好都合に相運候段奉深謝候。右不取敢書中御厚礼申上度、時下折角御自愛奉禱候。敬具

三月四日　岩崎小彌太

森孝三殿御侍史

〔註〕(表)淀橋区下落合二の七三三　森孝三殿　御侍史　(裏)東京市麻布区鳥居坂町二　岩崎小彌太　年代は消印による

〔別紙〕飯野浩次書翰　森孝三宛　昭和十二年三月三日

昭和十二年三月三日

拝啓　昨夜は久方振に御温容に接し奉り、何とも嬉しく存候。其際は外にて種々御力添に預り御懇情厚く御礼申上候。陳は御尋の邦人列席者は左の通り

一、三菱合資総理事　串田　万蔵氏

二、旭硝子会社
日本化成工業会社）　会長　山田三次郎氏

三、三菱鉱業
日本化成工業）　常務　池田亀三郎氏

四、三菱石油会社常務
三菱商事会社取締）　平井　澄氏

五、三菱商事会社機械部
大阪支部長　飯野　浩次

に御坐候。日本化成工業と申すは最近独乙Z・Gの特許譲受、九州黒崎にて肥料其他の科学工業を経営せんとしつゝある新設会社に御坐候。右不取敢御返事まで。謹言

浩次

森様侍史

イリス、ヒルマン　帝国生命館
クルツプ、レムチ　中通八号館
独逸染料ベヤワルド　中通二号館
独乙大使　火曜日十二時
アーレンス　ボツシユ　八重洲ビルディング月曜日以後なら何時でも。

〔註〕東京鉄道ホテル用箋

96　舟越楫四郎宛　（昭和十二）年五月二十五日

（『岩崎小彌太書翰集』）

拝啓　其後如何御消光相成候や。小生先日来箱根滞在致

し居、去る廿三日御来遊を楽しみ居候処多少御不快御引籠之由伝承、失望致し候。其後之御様子如何にや、大したる事無しと承知安神は致し居候も、御見舞申上候。小生昨日当地へ下山、今午後帰京之筈に致居り候。何れ御全快の上は貴姿を拝し得ると楽しみ居候。不取敢御見舞迄。不具

五月廿五日　　　　小彌太

舟越兄侍史

97　森孝三宛　昭和十二年六月十六日

（成蹊学園史料館所蔵）

拝復　初夏之候益御清福之段奉賀候。陳は御令息には御無事伯林へ御到着之趣、慶賀此事に存上候。本日は御著書御恵頒に預り御芳志奉深謝候。篤と拝見可致、右不取敢御礼申上度如此御座候。敬具

六月十六日　　　　小彌太

森孝三殿侍史

〔註〕㊇淀橋区下落合二七三三　森孝三殿　侍史　㊤東京市麻布区鳥居坂町二　岩崎小彌太　年代は消印による

98　赤星陸治宛　昭和十二年八月九日

（三菱史料館所蔵）

拝啓　秋立ち候とは申せ残暑猶甚敷候折柄、尊堂御清適奉大賀候。地所会社総会無事終了の由、山室〔宗文〕氏より通知に接し候。貴下会長御退引後も従来の永き関係も有之、新会長を御援助被下、此上とも適当の御尽力願上度候。小生東京より持越しの風邪にて引籠勝に相暮し居候為め運動も不出来閉口罷在候も、昨今漸く軽快相加候間、其内御来山相煩しごるふ御相手致し度と相考へ居候。先は右不取敢御挨拶のみ申上度く、草々如斯御坐候。不具

八月九日朝　　　　小彌太

赤星老台侍史

〔註〕㊇東京市世田ヶ谷区深沢町二丁目六五〇　赤星陸治殿　平安　㊤緘　八月九日　元箱根見南山荘　岩崎小彌太　年代は消印による

99　永原伸雄宛　（昭和十二カ）年九月十六日

（三菱史料館所蔵）

拝啓　残暑猶太敷候処益々御清適奉賀候。小生登山以来

意外之御無沙汰恐縮千万奉存候。東都之暑気之噂をきゝて大に惶れを為し、不日帰京之積なれともまた決心致し兼居候。御足労相掛候儀、甚た恐縮乍ら十九日又は廿日御都合つき候様なれば御来山被下ましきや。緩々と色々御話も致し度く、殊に倉庫会社公開候につきて御意見拝聴致度と希望罷在候。御来駕之可否鳥居坂之方え御返事煩し候へば、電話転送致し可申候。不取敢御願迄。不具

九月十六日夜　　小彌太

永原老台侍史

〔註〕㊜東京市麹町区丸之内　三菱合資会社　永原伸雄殿

親展　㊟封　九月十六日　元箱根　岩崎小彌太

100　山室宗文宛　（昭和十二）年九月二十二日

（『岩崎小彌太書翰集』）

朶雲難有拝誦致し候。其後益々御清福之段大賀至極奉存候。山上の秋風も頓に相加候に就而は、小生も不日帰京之心組罷在候。拝晤の日も近き事と相楽しみ居候。御申越之懲罰之際は、小生も是非参加致し度と存居候。不取敢御返書耳、如此御坐候。頓首

九月廿二日　　於箱根　巨陶

山室兄侍史

わかせこは戦にゆきぬきりきりす

101　斯波孝四郎宛　（昭和十二）年十一月一日

（『岩崎小彌太書翰集』）

拝啓　先日拝借之御講演筆記御返送致候。御査収被下度候。平易簡明にして全体之主旨至極結構と拝見致し候。山本〔達雄〕氏之統制経済計画経済之批判御送り致し候間、御一読被下度候。国民経済に於ける利潤追及之必要性を論じたる点御参考と相成可申と存じ候。御読了の後は森本〔政吉〕に御渡し被下度候。小生昨日当地着以来咽喉之工合頓に宣敷相成候様相感じ候。四五日の静養にて全快可致と相楽しみ居候。不取敢用事耳。乱筆御免願度候。

十一月一日　　小彌太

斯波兄侍史

102　舟越楫四郎宛　（昭和十三）年一月四日

（『岩崎小彌太書翰集』）

拝啓　元日には御来駕を辱ふし奉深謝候。小生二日当地着、悠々休養罷在候。昨日林〔雅之助〕君と拝晤、八日正午迄に拙宅え御来駕相煩候事に打合せ致候間、左様御了承願度候。小生も七日には川奈の方へ出張、御相手致し度と心組罷在候。万事は林君より御打合致し候筈に有之候。先は右御案内申上度、如此御坐候。不具

正月四日朝　　巨陶

舟越殿侍史

103　岩崎久彌宛　昭和十三年一月十五日

（三菱史料館所蔵）

一書拝呈仕候。寒気日夜相加候処、益々御健祥に被在大賀至極奉存候。先日は罷出て終日御邪魔仕り、恐縮千万奉存候。以御影一日清遊を試み、種々御もてなしにあづかり、感謝之至りに不堪候。謹而御礼申上候。却説銀行会長瀬下潔氏旧臘小生迄辞意申出候処、其理由は同氏健康上之儀にも有之候間、承諾致し度と存じ居候。本月末之重役会に於而発表之取運と致し度く、御承知置願上候。兼而明治生命会長之儀につきても考慮罷在候ひしも、今回は単に銀行会長辞任之事にとゞめ、保険会長之儀はしばらく時日経過之後、改めて切出し候事穏当と相考へ、其様取計度と存居候。右は串田〔万蔵〕加藤〔武男〕両氏とも同意見に有之候。此又御了承相願度候。次回御上京をまちて御相談申上度とは存居候ひしも、瀬下氏へ承諾之返事取急ぎ候事情有之候に就き、甚だ乍失礼書中御報告申上候。不悪御諒承奉願上候。時下極寒之折柄御自愛専一に被遊度奉祈候。乍筆末御姉上様〔岩崎寧子〕え宜敷御鳳声奉願上候。草々頓首

正月十五日　　小彌太

茅町御兄上様侍史

〔註〕㊤静岡県田方郡伊豆長岡町　男爵岩崎久彌様　親展
㊦〆　正月十五日夜　麻布区鳥居坂町　岩崎小彌太
年代は消印による

104　永原伸雄宛　（昭和十三）年二月二十七日

（三菱史料館所蔵）

尊書難有拝見仕候。余寒猶厳敷候処、貴台益々御清栄之段奉賀候。小生休養之為来遊致し候処風邪に罹り、意外之永滞在仕り候。最早全快も近き候まゝ近日拝晤を期し居候。重工業賞与分配案之儀、斯波〔幸四郎〕君よりの

来翰に接し同意を表し置候。色々御配慮万謝仕り候。東京は当地よりも寒気甚敷候由に就き充分御自愛被遊度候。先は右不取敢貴答迄。草々不具

二月廿七日　岩崎小彌太

永原伸雄様侍史

〔註〕㊤東京市麹町区丸之内株式会社三菱社　永原伸雄殿　親展　㊦封　二月廿七日　熱海市咲見町陽和洞　岩崎小彌太

105　永原伸雄宛　昭和十三年八月三十一日

（三菱史料館所蔵）

拝啓　連日天候悪しく候処、貴下御清適大賀至極奉存候。却説昨日は折角御約束致し御来駕を楽しみ居候処、一昨日より不養生之結果顕われ腰を病み候為め、甚た御無礼千万とは相考へ候も、御招待御見合せ願ひ出候儀に有之、不悪御諒察奉祈候。然し数日以来天気も思わしからす、昨日は終日豪雨に終り候様の次第に有之、御見合願候事反りて仕合せなりしと自ら慰め居り候。何れ秋晴之折を見て重ねて御招待可申上候。小生の病気も大したる儀には無之候間、不日全癒可致候。不取敢御わび申上度如斯御坐候。草々不具

八月卅一日　見南山荘　小彌太

永原賢兄侍史

〔註〕㊤東京市麹町区丸之内　三菱社　永原伸雄殿　平信　㊦〆　八月卅一日　元箱根見南山荘　岩崎小彌太　年代は消印による

106　串田万蔵（および永原伸雄・三好重道）宛（昭和十三ヵ）年十月二十三日

（三菱史料館所蔵）

拝啓　秋冷相加候処益々御清祥奉賀候。小生入洛後微恙之為め旅行出発延期致し候処、最早全快致し候間本日出発下の関に向ひ候。九州より帰洛は九〔十一〕月初めと相成可申と存し候。最初の予定は五六日頃帰京之筈に致し居候処、先年より約束の千家に於ける茶儀十一月四五日頃施行之筈のもの十二日に延期致し呉れ度き由申し越し、迷惑とは存じ候も先方は老人の事もあり来春に延期せしむる事も出来難き事情あり、旁不得已出来得れば十二日迄滞洛致し度と存し候。一度帰京再入洛も相考へ候も、むしろ五六日頃坂神方面視察致し、引続き滞在致し候方便宜と相考へ、今の処其決意致し居り候。但し何か急用あれば

何時にても帰京可致候も、其積りにて万事宜敷願上候。三好君病気にて同行難出来、残念と存し候。老人は用心が専一と存し候。小生明廿四日一日馬関滞在、廿五日長崎に行く予定罷在候。京都は入洛当時は暑いなど申し居候も、昨今は朝夕冷気を覚え申候。東京は例によりて雑事彙集御苦労遥察罷在候。宜敷御差配願度候。不取敢好便に托し用事耳申上候。不具

十月廿三日朝　小彌太

串田様
永原様
三好様

〔註〕(表)東京本社　串田万蔵殿　親展　(裏)封　十月廿三日
京都　岩崎小彌太

107 三好重道宛（昭和十三年）十一月一日

（『岩崎小彌太書翰集』）

拝啓　其後予定の旅程を終て昨夜当地着致し候。明日は大阪より京都に行き一泊、三日京都発帰京之途に就き可申候。先便にて四日には出社可致様申上候も、三日夜熱海に一泊の上、四日夕刻帰京の事と致し度く、五日出社可致候。左様了承願度候。米国石油会社と商事及石油両社との間の問題につき、客来前に承知致し置度様前便申上候が、右は面会の際に全く不知に居りては工合悪しきに就き、問題経過之大要を承知致し居りたき意味に有之、若し平井〔澄〕氏より時々提出相成候様の書類に簡単に作成致し置き被下るれば仕合せと存じ居候。小生五日出社致し候際、右によりて御話承り度くと奉存候。重而御依頼致し候。同行の諸老皆元気御安心被下度候。永原〔伸雄〕君によろしく御鳳声奉煩候。草々不具

十一月一日朝　下の関　小彌太

三好兄侍史

108 森本政吉宛（昭和十四）年一月二十七日

（『岩崎小彌太書翰集』）

拝啓　厳寒之砌益々御健祥奉賀候。小生出発之際は御見送奉謝候。小生当地到着以来朝夕多少之運動相試み居り、至極清閑の養生致し居候。病感も追々と相去候様相覚へ候。佐藤〔要人〕博士頗る無事に苦しまれ居り、昨夜は一寸下痢致され候様にて、本日は小生治療に従事致し候。大した事にも無之候。御安心被下度候。其内御来遊を御

願可申上候。東京之方は無事の事と察し居候。何卒諸君によろしく。不取敢御礼迄。不具

正月廿七日　巨陶

森本兄侍史

109　赤星陸治宛　（昭和十四）年二月十五日

（『岩崎小彌太書翰集』）

拝啓　久しく御無沙汰致し居候。小生転地以来快方に向ひ候。御休神願度候。先日は蒲郡よりの端書難有拝見致し候。〔高浜〕虚子先生にもよろしく。今朝より雪降り出て候。熱海には珍しく候。

雪降るや世に遠ざかる思して

二月十五日　巨陶

水竹居殿侍史

110　諸橋轍次宛　（昭和十四）年二月十九日

（『岩崎小彌太書翰集』）

拝啓　余寒之尚甚敷候処尊堂益々御清福大賀至極奉存候。小生当地に静養以来日々快方に相向ひ居候間、乍他事御省念被遊度候。兼而御願致し置候御揮毫の儀、北村〔大作〕を通じて拝受仕り候。まことに美事なる出来ばへ、難有深謝致し候。早速石工に相命じ着手せしめ、一日も早く竣工せしめ度と存じ居候。文庫の方も御計画着々進行罷在候由、出来の上拝見致し候こと相楽しみ居候。本月末には小生も帰京致し度と存居候。何れ拝眉の上御礼可申述候。時下御自愛専一に被遊度奉願上候。匆々不具

二月十九日　小彌太

諸橋先生侍史

111　森本政吉宛　昭和十四年三月三日

（三菱史料館所蔵）

拝啓　春寒料峭之候貴台益々御清祥大賀至極奉存候。意外の御無音に打過候段御海容被下度候。却説小生儀来る七日帰京致し度と存候処、若し貴下御都合相付き候様なれば五日夕又は六日朝迎之為め御来臨被下ましく候や、其節金貳千円也百円札にて御持参相煩し度候。佐藤〔要人〕国手にも日曜日夕より来駕煩し度と存し居候。右は電話にて申遣し可申候。但し小生帰京之儀は其日の気分にて如何相成候やも不計候間、必要之者をのぞき御内分に願置候。右不取敢御依頼耳。不具

三月三日夜

小彌太

森本兄侍曹

〔註〕㊤東京市渋谷区桜丘町五九　森本政吉殿　平信　㊦封　三月三日夜　熱海市陽和洞　岩崎巨陶　年代は消印による

112　船田一雄宛　（昭和十四）年四月二十日

（三菱史料館所蔵）

朶雲に接し欣喜に不堪候。日々御快方との事、これ又大賀に不堪候。事業方面は予想以上の好績とのこと、祝賀致し候。小生一週日を熱海に過し昨夕帰京、御手紙拝見致し候。例により何等珍しくは無之候も、持帰り候野菜少々御覧に入れ候。其新鮮味を御風味給らば光栄不過之候。月末京都方面に旅行し、旧都の風光に接し度と相考居り候。暮々も御養生専一に被遊度奉願上候。右不取敢御見舞申上度如斯御坐候。荊妻よりもよろしく申出候。不宣

四月廿日朝

巨陶

船田雅兄侍史

還暦の身心脱落して花の春

御一笑被下度候。

〔註〕㊤船田一雄殿　平安　㊦封　四月廿日　岩崎小彌太

113　山室宗文宛　（昭和十四）年五月二日

（『岩崎小彌太書翰集』）

尊翰難有拝見仕候。其後御無沙汰致し候処、益々御清福奉賀候。小生入洛以来先づは無事静養罷在候間、御休心願度候。天候と休日続きの為め運動も出来兼居候処、昨朝久方振にて今村〔幸男〕を具して山科二週致し候。明朝も行かんかと考へ居り候。当りの悪しきは悲観に不堪候。七日今村君の都合よろしき由、小生も好都合に有之候。京都より茨木行の事と心得居り候。山田氏其頃九州よりの帰途来京之筈に有之、同行面白き事と存候。貴句面白く拝見致し候。今回のは監査済のものと拝見致し候。小生近来絵に親しみ居り近作無之候。

肱枕して見る青葉若葉かな

京に来て衣更ゆるや気も軽く

即興御一笑被下度候。不取敢貴答迄。不具

五月二日

山室雅兄

114 永原伸雄宛　昭和十四年五月二十五日

（三菱史料館所蔵）

拝啓　初夏之候益々御清福奉賀候。小生無事御省念被遊度候。出発前或は当地にて御話承り度と御話致し居候処、連日の好天気に恵まれ客来等意外に多く、殊に東京の方御多用の様子につき、つい其運にも到り兼候。小生本日出発熱海に下り明後日帰京可致候間、廿九日月曜日には拝晤致し可得と存し居候。違約の段御海容給わり度候。出発に際し不取敢御断迄。不宣

五月廿五日　　小彌太

永原兄侍史

〔註〕(表)東京市麹町区丸之内　三菱社　永原伸雄殿　平信　(裏)封　五月廿五日朝　元箱根見南山荘　岩崎小彌太　年代は消印による

115 船田一雄宛　（昭和十四）年五月三十日

（成蹊学園史料館所蔵）

華墨難有拝見仕候。時下初夏とは申乍ら冷気相覚え気候不順之折柄、御恢復如何と御案し致し居候処、次第に御良好に向わせられ候由、大賀不堪奉存候。小生予定の箱根滞在を終へ帰京仕候処に各務〔鎌吉〕氏の不幸に接し、種々心労を重ね居り候も大したる事無く過し居り候間、御省念被遊度候。時々静養無理は致さゝる心組罷在候。総会の為め十日頃迄に御帰京との事なれば、可成永く御養生被遊度く切望仕り候。用事の際は常務御呼寄可然と存し候。兎に角徹底的の御養生願度候。小生は酒を禁し烟草ものます、左程苦痛を感せさる様相成候。貴台も禁酒御励行相成様致し度熱望致し候。小生も近作一向無之御覧に入れかね候。玉句拝見の期一日も早からん事を祈り候。不具

五月卅日夜　　巨陶

船田兄侍史

〔註〕(表)神奈川県逗子町　船田一雄殿　貴酬　(裏)五月卅日　東京麻布区鳥居坂　岩崎巨陶

116 赤星陸治宛　（昭和十四）年六月十三日

（三菱史料館所蔵）

拝啓　初夏之候益々御清福奉賀候。御旅行より御帰京後拝晤之期無く残念に存候。小生数ケ月振にて来熱、静養

罷在候。漾人〔佐藤要人〕に托し気まぐれに句稿差出し候。〔高浜〕虚子先生によろしく願上候。

憩ふなり青葉若葉に埋もれて

御一笑被下度候。不日帰京親しく拝晤相楽しみ候。不具

六月十三日　巨陶

水竹居老兄侍史

117　**三好重道宛　（昭和十四）年八月十六日**

（『岩崎小彌太書翰集』）

拝啓　先日は遠路外人接待の為め御来駕を煩し奉謝候。其後運動に忙殺せられ御無沙汰罷在候。却説大谷〔登〕郵船社長より、九月八日の臨時総会に貴台を取締役に推薦の事に決し候由御話致し候由、右は各務〔謙吉〕氏逝去後大谷氏を重工業の重役として推挙し、貴台を郵船に取締役として推す事に大谷氏との間に約束致しありたるも、余り前広に御話し致し置き何等か故障生じ候様の事ありては不相済と考へ、適当之時機到る迄貴下には御話し致さゞりし次第に有之候。八月三日小生帰京の際、大谷氏と面会の際、若し必要ありと認むる時は、九月の臨時総会に推挙差しつかへ無しと話し致し置候。貴台への御話は小生失念致し居りたる次第に有之候。右事情御諒承の上御承諾相願度候。資格株之件は永原〔伸雄〕氏と御相談の上適当に願度候。永原氏にはかつて一寸話し致し置候間、同氏は承知致し居候。荘田の件も先日大谷氏に面会の折一寸話題に上り居り候。内部の事情大谷氏適当と認むれば小生異議無之候。小生廿日過一寸帰京可致、其節詳しく御話可致候。今日は銀行加藤〔武男〕鉱業河手〔捨二〕氏所用来山致され候。例のゴルフの会は九月に入りて実行の事に願度と存じ居候。不取敢御返書耳、乱筆御免願度候。不具

八月十六日夕　小彌太

三好老兄玉案下

118　**河手捨二宛　昭和十四年八月十九日**

（三菱史料館所蔵）

拝啓　先日は御来山難有奉存候。平生〔釟三郎〕氏より返書に接し、廿二日午前会見の事と致し候。御含置願度候。廿一日午前帰京、午後拝晤可致候。不取敢御知らせまで。不具

八月十九日　小彌太

河手老兄侍史

〔註〕㊤東京市渋谷区長谷戸町五二　河手捨二殿　親展
㊥封　八月十九日　元箱根見南山荘　岩崎小彌太
年代は消印による

119　三好重道宛　（昭和十四）年八月二十六日

（『岩崎小彌太書翰集』）

拝啓　小生予定通り帰山、山上清爽の気に接し居候。兼而御約束のゴルフ会、来月何時頃御都合よろしきや、諸君之御都合御打合願度候。多数の御出席歓迎致し候。明日斯波〔孝四郎〕山室〔宗文〕氏来山之筈に就き伝言致す可きも、不取敢書中御依頼迄。頓首

八月廿六日　　巨陶

三好兄侍史

120　三好重道宛　（昭和十四）年九月十日

（『岩崎小彌太書翰集』）

拝啓　先日来串田〔万蔵〕氏葬儀に就而は、種々御配慮御苦労千万奉存候。御疲労無かりし事祈り居候。小生一昨日登山し山上秋冷に接し居候。来る十六日の来会者御結定の上は、森本〔政吉〕を経て御通知被遊度候。右御願耳。不具

九月十日　　小彌太

三好兄侍史

121　今村幸男宛　昭和十四年九月十七日

（三菱史料館所蔵）

拝啓　残暑猶甚敷候処尊堂益御清福奉賀候。小生不相変山上に在り、廿日過には帰京之心組罷在候。先日は御来遊一日の清遊、時に思ひ出て愉快に相覚居候。園丁に関し御約束之植物少々試に御送り致し候。将して如何なりしや、若し不成巧の場合は再送致させ可申候。御遠慮なく御申越願度候。昨日ゴルフ大会を催し小生不相変不成績、然し好天気にて愉快に競技致し候。今秋関西にて貴下との競技相楽しみ居候。右御用事耳。不具

九月十七日　　小彌太

今村老台侍史

〔註〕㊤西宮市南郷町三五　今村幸男殿　平信　㊥封　九月十七日　元箱根見南山荘　岩崎小彌太　年代は消印による

122　**岩崎久彌宛葉書　昭和十四年十月三十一日**

（三菱史料館所蔵）

拝啓　秋冷相加り候処益々御清祥奉賀候。小生無事旅行罷在候。御放念被遊度候。今朝郵船欧州航路船大谷〔登〕社長により命名、無事進水致し候。絵端書御覧願上候。遥に御健康を祝し候。

長崎にて　小彌太

〔註〕㊤東京市本郷区湯島切通町一番地　岩崎久彌殿　侍史　㊧十月卅一日　長崎にて　岩崎小彌太　年代は絵葉書の記載による

123　**永原伸雄宛　昭和十五年二月十一日**

（三菱史料館所蔵）

拝啓　日々寒気厳敷候処昨日来御風気御引入の由、御用心専一に被遊度候。小生予定の通り明日出発熱海に出向き可申、十六日には帰京之つもりに有之候。三菱社重役会は十九日より廿三日迄之間に相願度と存し居候。三好〔重道〕氏には右の趣申残し置候。時下折角御自愛専一に被遊度奉願上候。出発に際し御見舞旁御依頼耳。不具

二月十一日　小彌太

永原老台侍史

〔註〕㊤市内玉川田園調布二丁目七〇三　永原伸雄殿　平信　㊧封　二月十一日　麻布区鳥居坂　岩崎小彌太　年代は消印による

124　**永原伸雄宛葉書　昭和十五年五月十日**

（三菱史料館所蔵）

拝啓　昨日出発の際は停車場に御出張奉謝候。小生今日予定通り午前午後に亘り熱田工場視察致し候。明日矢田工場電気工場に行く筈、話の順調に進行する事を祈り居り候。

五月十日夕　小彌太

〔註〕㊤東京市麹町区丸之内　三菱社　永原伸雄殿　年代は消印による

125　**永原伸雄宛　昭和十五年六月十一日**

（三菱史料館所蔵）

拝啓仕候。昨日予定之通り帰※熱致し申候。久方振にて心身の静養出来可申候。貴台連日御心労之際恐縮千万奉存

候。当地も連日雨御坐候も、さすかに草木に生色あり、海よりの風涼しく東京よりもさわやかに相成可申候。

物皆の乏しき世にも風涼し

何か御用御坐候際は無御遠慮御申越被遊度奉願上候。諸君にもよろしく御鳳声奉煩候。不具

六月十一日　小彌太

永原老兄侍史

〔註〕㊤東京市麹町区丸之内株式会社三菱社　永原仲雄殿　親展　㊦封　六月十一日　熱海市陽和洞　岩崎小彌太　年代は消印による

126　永原仲雄宛　昭和十五年八月一日

（三菱史料館所蔵）

拝啓　小生登山以来御無沙汰罷在候処、無御障御消光被遊候事と拝察奉賀候。出発前折悪しく風邪に罹り候為め、出社不能にて拝晤之期を失し残念に存候。

当地着以来涼しき為めか風邪軽快と相成、昨今は殆んと全快相覚え候。乍他事御省念被遊度候。先般来諸事多端、御多忙を極められ候事とて貴台御健康心に懸け候処、何時にても御都合にて休暇御静養被遊度、希望致し候。当地連日雲霧は降り候も、好天気を続け居り仕合せ致し居候。来る六日には上京、拝晤出来候事と楽しみ居候。草々不具

八月一日朝　小彌太

永原老台侍史

追伸　川井〔源八〕氏よりの電報にて談判好都合に終了の由、東京より知らせに接し御同慶と存候。暮々も御自愛専一に専祈候。

〔註〕㊤東京市麹町区丸之内　三菱社　永原仲雄殿　平安　㊦封　八月一日　元箱根見南山荘　岩崎小彌太　年代は消印による

127　諸橋轍次宛　（昭和十五カ）年九月二日

（『岩崎小彌太書翰集』）

華墨拝見仕候。残暑之候に候処、貴殿之御病気も御快癒に向わせられ昨今予後之御療養中との事、御親書に接し喜悦に不堪奉存候。今夏は気候不順にて御病気之御経過如何と御案じ申上居り候処、御書面に接し安心仕り候。此上とも気永く御養生被遊候て、御全快の一日も早からん事切望致し候。小生例年之通り見南山荘に静養罷在り、

時々用事にて上京致し居候。八月初旬は山上冷気を覚ゆる様の不順に有之候も、昨今は残暑にて相当暑気を覚ゆる時も有之候。下山の際は世上の塵埃に浸り候も、帰山白雲と共に悠々の生活を送り幸に頑健相過し居り候間、乍他事御省念給わり度候。静嘉堂の件遅々として進み居り候由、大なる故障は無しとの事に有之候。秋涼御健康回復之頃には万事落着可致と存じ候。小生も余り急かず時々催促致させ居候間、御安神被遊度候。時下気候不順之候に相向候間、暮々も御摂養専一に被遊度く暮々も祈上候。無理が大禁物に有之候。御用心被下度候。先は右不取敢御返書耳申上度、如斯御坐候。不具

九月二日　　小彌太

諸橋先生侍史

128　永原伸雄宛　昭和十五年九月五日

（三菱史料館所蔵）

御手紙難有拝見仕候。東京は残暑再来之由之処、尊堂多少御不快に被亘候由、充分之御養生被遊度切望致し候。数ヶ月多忙心労の事業に御尽力を煩し御疲労と被存候事と拝察致候処、充分御休養の程懇願致し候。小生来週之上京は大して用事も無之、未た決定致し候次第にも無之候間、其辺は御斟酌なく御休養被下度候。当地一両日温度登り、山上としては暑さ相感し居候。先は右不取敢貴答耳。不宣

九月五日　　小彌太

永原老兄侍曹

〔註〕㊟東京市世田谷区玉川田園調布二丁目　永原伸雄殿
平安　㊟封　九月五日　元箱根見南山荘　岩崎小彌太
年代は消印による

129　永原伸雄宛　（昭和十五）年十一月十二日

（三菱史料館所蔵）

拝啓　初冬寒気頓に相加候処貴下御清祥奉賀候。小生風邪意外に永引き、昨日漸く起床を許され室内に於て静養罷在候。兼而御依頼致し置候件、気に懸りて臥床致し居候様の次第に有之候。明日若くは明後日御来駕を煩し候上親しく拝聴致し度と存し候間、其節案文等御持参相願度奉存候。予め御依頼致し候。祝日両日は日本晴の好天気、神助と悦はしく存し候。何れ拝眉之上万縷可致候。諸君によろしく御鳳声奉煩候。不取敢用事耳。不具

十一月十二日　　小彌太

永原老兄侍史

〔註〕㊤三菱社　永原仲雄様　親展　㊦封　十一月一二日
　麻布区鳥居坂　岩崎小彌太

130　**小川平吉宛　（昭和十六）年一月三十日**

（国立国会図書館所蔵）

拝啓　昨日は御来駕を辱ふし奉謝候。其節御約束の精神科学研究所補助金御手許に差出し候間、御査収の上先方に御交附奉願上候。御手数の段恐縮千万奉謝候。先は右不取敢御依頼迄。草々不具

正月卅日　　岩崎小彌太

小川平吉殿侍史

〔註〕㊤小川平吉殿　親展　㊦正月卅日　岩崎小彌太

131　**赤星陸治宛　（昭和十六）年三月二十二日**

（三菱史料館所蔵）

拝啓　本格に陽春之候と相成候処、尊堂益々御健祥奉賀候。最早葉山より御帰京被遊候や。小生予定通り来熱、数日を静養の上本日帰京致し候。来週之初めあたりには又々御邪魔致し度くと相楽しみ居候。此数日夢の如く過し申し候。

春の海日ねもす霞み好き日かな
接木してとはに生き度き思かな
伊豆の海今日しも凪きぬ椿咲く

御一笑被下度候。草々不具

三月廿二日　　巨陶

水竹居老兄侍史

〔註〕㊤東京市世田ケ谷区深沢町二丁目六五〇　赤星陸治殿
　平信　㊦封　三月廿二日　熱海市陽和洞　岩崎小彌太

132　**小川平吉宛　（昭和十六）年四月十一日**

（国立国会図書館所蔵）

拝啓仕候。不順之候に候処尊堂益々御清祥奉賀候。小生一昨日当地に来り、明日出発九州地方旅行に出掛け可申候。出立前一度拝顔を期し居候も其意を得す失礼仕候。何れ月末には帰京可致候間、其後拝晤を相楽しみ居候。研究所補助金は月末無相違御手許に達し候様取計可申候。不取敢寸楮御挨拶迄如斯御坐候。頓首

四月十一日　　岩崎小彌太

小川平吉殿侍曹

〔註〕㊤赤坂区新坂町廿六蕃地　小川平吉様　親展　㊦封
四月十一日　熱海市陽和洞　岩崎小彌太

133　小川平吉宛　（昭和十六）年六月三十日

（国立国会図書館所蔵）

拝啓仕候。鬱陶敷ことに候処尊堂益々御清福奉賀候。本日は時間之都合にて拝晤を得す、残念千万奉存候。不日拝顔致し度と存居候。研究所本月分として別封差出し候。御手数乍恐縮千万先方へ御渡し願上候。今後之事は来月初め評議致し度と存し候間、其前御面談を希望致し居候。先は右不取敢用事のみ如斯御坐候。不具

六月卅日朝　岩崎小彌太

小川先生侍史

〔註〕㊤小川平吉殿　親展　㊦封　六月卅日　麻布区　岩崎小彌太

134　小川平吉宛　（昭和十六）年七月五日

（国立国会図書館所蔵）

拝啓仕候。暑気頓に相加候処尊堂御清祥大賀至極奉存候。却説先日御来談の研究所補助金の儀は年額弐万円とし参年間継続之儀昨日決定致し候間、左様御了承被遊度候。本月分よりと御承知願上候。方法其他につきては重ねて御打合可致候。他の方面御取纏め御尽力奉煩候。右不取敢御知らせ迄。草々不宣

七月五日　岩崎小彌太

小川平吉殿侍史

〔註〕㊤赤坂区新坂町二六　小川平吉殿親展　㊦封　七月五日　麻布区鳥居坂町　岩崎小彌太

135　岩崎久彌宛　（昭和十六）年八月十日

（『岩崎小彌太書翰集』）

一書拝呈仕候。御出発後天候不順に打続き居候処、皆々様御揃御健祥之段大賀至極奉存候。小生等不相変無事相暮し居候間、乍憚御省念被遊度奉願上候。却説御留守宅より前後二回に亘りて末広産鶏卵多数御恵送を辱ふし、深謝之至りに不堪奉存候。御影様にて非常の仕合致し居候。厚く御礼申述度候。兼而御配意相煩し居候淑子等夫妻新田丸にて九月中旬帰京之予定罷在候処、例之米国之態度急変の為め乗船に不安を生じ候結果予定をくり上げ

しめ既に桑港出帆、来る十六日頃横浜入港之事と相成申候。今日に到りては其後の船便は頗る危く相成、最後之便船に間に合ひ候様の次第と相成候。右様之事情にて、東京住宅之用意などにて孝子も忙殺せられ居り候様の有様、箱根行も自然延期致し居候。彼等帰京後、数日を見定めて登山静養致し度と相楽しみ居候。幸に東京は暑さの中にも例年よりは涼しく、仕合せ致し居候。只米作の事などひそかに心配罷在候。東京は下らぬ噂などにて物情騒然たるもの有之候間、何卒緩々と御静養奉祈候。御姉上様〔岩崎寧子〕によろしく御鳳声奉願上候。孝子よりも暮々もよろしく申出で候。殊に御贈物に対して御礼申上呉れと申出候。時下御自愛専一に被遊度奉願上候。草々不具

八月十日　　岩崎小彌太

茅町御兄上様侍史

136　赤星陸治宛　〔昭和十六〕年八月十九日

（三菱史料館所蔵）

拝啓　一両日来残暑殊に厳敷相成候処、御起居如何候や。この処少々多忙にて失礼罷在候処、用事一段落につき明後日より箱根に登山致し候事と致し候。出発前今明日中一度拝趨之つもりに罷在候処、色々片付け置く可き所用の為今其意を得ず、残念乍ら拝晤を不得離京致し候。留守中何卒充分御摂養被遊度懇願致し候。箱根にては多少作句など試み度くと存居候。荊妻よりも宜敷申出で候。暮々も身体御大切に祈候。草々不具

八月十九日朝　　岩崎小彌太

赤星水竹居殿侍史

追伸　ゴルフ道具頂戴に差出し候。御渡し被下度候。

〔註〕㊧駒沢　赤星陸治殿　侍史　㊥封　八月十九日朝　麻布鳥居坂　岩崎小彌太

137　赤星陸治宛　昭和十六年九月八日

（三菱史料館所蔵）

拝啓　秋風吹き初め候処、貴下益々御元気にて葉山之方へ御転地被遊候由、欣喜に不堪候。色々養生の練習は水竹居らしくて面白く候。精を出して御修養願度候。小生登山以来早くも二旬ならむとし、白雲と共に悠々たらむ事を力め居り候。これは現下小生にとりては最も必要之修養と自覚致し居候。読書少々散策運動居眠りを日課と

致し居候。安眠高臥対青山の境地を得むと努力致し居候。従而句作せず打過き申候。昨日より秋風らしきもの到り、頓に数句を得候。

昨日今日ふく秋風に山親し
秋風はどつと筧の音消して
萩叢に秋風を見る目のあたり
秋風はかくこそ吹けと薄原

御一笑被遊度候。廿日過る頃迄下山不致る決心に有之候。貴台も可成永く葉山に御養生被遊度候。先は右御見舞旁御無沙汰を謝し、乱筆如斯御坐候。草々不具

九月八日夕　　巨陶

水竹居殿侍史

〔註〕㊤相州葉山一色役場上　赤星水竹居殿　平信　㊥〆　九月八日夜　元箱根見南山荘　岩崎小彌太　年代は消印による

138　**赤星陸治宛　昭和十六年九月十二日**

（三菱史料館所蔵）

拝啓　其後益々御清福奉賀候。小生無事御省念奉願上候。今朝不計も払子到着、未だ貴翰に不接候も御好意と信じ奉謝候。不取敢一筆御礼耳。

払子多謝眼処にきかむ秋の声
さひしさに文書くことも秋の暮

御叱正を乞ふ。

九月十二日　　於見南山荘　巨陶

水竹居兄侍史

〔註〕㊤神奈川県相州葉山一色役場上　赤星陸治様　侍史　㊥封　九月十二日　元箱根見南山荘　岩崎小彌太　年代は消印による

139　**岩崎八穂子宛　（昭和十六）年九月二十日**

（個人蔵）

拝啓　秋冷之候益々御清福大賀至極奉賀候。小生猶山上に在り無事相暮し居候間、御省念被遊度候。却説今回温子殿無事女子御出生、大慶至極奉賀候。右に就而命名之儀御依頼によりて別紙に認め差上け候。恭の字の出所は何か温子に縁ある字を撰み度くと相考候結果、詩経小雅小宛之　温々恭人維徳之基　より採用致したるものに有之候。恭の字は支那にても婦人には極めて芽出度き字なる由伝承致し候。左様御承知願上候。

小生今暫く滞山帰京之心組罷在候。帰京之上拝晤万縷可
致候。不取敢御喜をかね御説明迄如斯御坐候。不具

九月廿日　　於箱根見南山荘　小彌太

八穂子殿御許

〔註〕(表)鎌倉二階堂　岩崎八穂子殿　御許　(裏)封　元箱根見
南山荘　岩崎小彌太

140 森本政吉宛　（昭和十六）年九月二十二日

（『岩崎小彌太書翰集』）

一書拝呈仕候。数日御来山御願にて愉快に相過し奉謝候。
今日午後皆々引上げ寂寥相覚え候。
客去つて芭にともる庵かなの感深きもの有之候。今日不
計も御恵送の広嶋葡萄難有落手仕候。今回の分は至極上
乗の出来にてつぶも大きく味も良く、今夜食に妻と供に
拝味致し候。連日拝味御厚情を謝し可申候。荊妻よりも
特に宜敷伝声申出候。小生数日中には帰京可致、親しく
御礼可申述候も、不取敢書中御礼のみ申上度、如斯御坐
候。不具

九月廿二日夜　　見南山荘　巨陶

森本兄侍史

141 永原伸雄宛　昭和十六年九月二十五日

（三菱史料館所蔵）

拝啓　秋冷相加候処尊堂益々御清勝奉賀候。却説昨日は
御帰京被遊候由にて御国産の菓物沢山留守宅の方に御持
参被下候由、申越し候。御好意深謝に不堪候。明日帰京
可致候間、帰京之上拝味致し度くと相楽しみ居候。小生
滞山も少々永引き冷気も相加候に就き、明日下山帰京可
致候。いつれ不日拝晤親しく御礼申述度と存居候。不取
敢書中御挨拶のみ申上度く、如斯御坐候。

九月二十五日　　小彌太

永原老台侍史

〔註〕(表)東京市世田ヶ谷区玉川田園調布二丁目七〇三　永原
伸雄様　平信　(裏)封　九月廿五日　神奈川県元箱根
見南山荘　岩崎小彌太　年代は消印による

142 永原伸雄宛　昭和十六年十一月十六日

（三菱史料館所蔵）

拝啓　寒気日々相増し候処尊堂御清適奉賀候。小生明日
出発九州旅行致し候。先日来拝晤之折を得す残念に存候。

武藤〔松次〕氏引入中之事とて何分宜敷御注意置願上候。小生十二月初帰京之予定罷在候。向寒之折柄御摂養専一に被遊度候。草々不具

十一月十六日　　小彌太

永原老台侍史

〔註〕(表)世田ヶ谷区玉川田園調布二丁目七〇三　永原伸雄殿　平安　(裏)封　十一月十六日　麻布区鳥居坂町二　岩崎小彌太　年代は消印による

143　森本政吉宛葉書　昭和十六年十一月二十四日

（三菱史料館所蔵）

拝啓　其後御健祥奉賀候。小生無事予定の視察致し居候。今日関門の見学終了、明日博多に向け出発致し候。一行無事御安心願度候。佐藤〔要人〕国手によろしく。

十一月廿四日夕

下関市阿弥陀寺町大吉楼　岩崎小彌太

〔註〕(表)東京市本郷区龍岡町十七　森本政吉殿　年代は消印による

144　岩崎久彌宛葉書　昭和十六年十一月二十七日

（三菱史料館所蔵）

拝啓仕候。益々御健祥之段奉大賀候。小生予定の通り関門各工場を視察し、昨日長崎着仕候。幸に好天気に恵まれ仕合を致し居候。三十日当地出発、船にて神戸に向け帰途につき候。遥に御健健《ママ》を祈り奉る。

十一月廿七日夕

長崎市今町五七平野屋　岩崎小彌太

〔註〕(表)東京市本郷区湯島切通一番地　岩崎久彌殿　年代は消印による

145　赤星陸治宛　（昭和十六）年十二月三十一日

（三菱史料館所蔵）

拝啓　歳晩匆々之際拝晤之機を失し、残念千万奉存候。其後御病気益々御快方之由伝承、安堵罷在候。寒気益相加り候折柄、充分の御加養切望に不堪候。皇軍の連勝に何となく明るき正月を迎へ得、御同慶に不堪候。小生元日より一週日熱海に静養致し度と存居候。正月に入りて拝顔相楽しみ居候。暮々も御身体御大切に被遊度候。不取敢歳末の御挨拶申上候。不具

十二月卅一日　　小彌太

水竹居兄侍史

開戦に際し小生の訓話御覧に入れ候。仮に御覧無くば御笑覧被下度候。時局柄小生も真面目に働き居候。

〔註〕㊤世田ヶ谷区深沢町二丁目六五〇　赤星陸治殿　侍史

㊦封　十二月三十一日　麻布区鳥居坂町二　岩崎小彌太

146　赤星陸治宛　昭和十七年一月二日

（三菱史料館所蔵）

謹みて新春を祝し奉る。日々御快方慶賀に不堪候。小生昨日当地着、閑静なる新春を楽しみ居候。元旦之駄句吉例によりて差出し候。一粲を博するを得ば幸福不過之候。八日帰京之心組致し居候。暮々も御摂養専一に被遊度候。不具

正月二日　巨陶

水竹居殿侍史

〔註〕㊤東京市世田ケ谷区深沢町二丁目六五〇　赤星陸治殿

平安　㊦封　昭和十七年正月二日　熱海市咲見町陽和洞　岩崎小彌太

147　大関勝江（家族）宛　昭和十七年一月十七日

（『明光春秋』）

拝啓　新春愈々御清穆慶賀の至りに奉存候。陳は大関勝江君毎々三菱事業の為御尽瘁之処、今般大東亜戦争の勃発により当分御帰国不可能と相成候事、已むなき仕儀とは乍申誠に御気毒に不堪、皆々様の御心痛如何ばかりにやと深くふかく拝察御同情申上候。素より所属会社に於ても政府当局と緊密なる連絡の下に万全の策を講じ居り候へば、決して過分の御心配は下さるまじく希望申上候。就ては御家族御見舞の印迄に何か御慰問品をとは存候へ共、時節柄其の意に任さず、依て乍少別封金参拾円御届申上候に付、何卒御莞留下され度候。寒気酷敷折から折角御加餐祈上候。

先は右御見舞旁得貴意度、如此御座候。敬具

昭和十七年一月十七日　岩崎小彌太

〔註〕明光会編『明光春秋　商事時代の思い出』明光会、一九七二年、三二四頁

148　松岡均平宛　（昭和十七ヵ）年一月二十五日

（三菱史料館所蔵）

拝啓　寒気日々相加候処益々御清適奉賀候。小生病気に就て度々御見舞を辱ふし、深謝至極奉存候。御影にて軽快に相成、本日海《〔ママ〕》熱の方へ転地致し候間、乍他事御省念被遊度奉願上候。何れ帰京之上親しく拝芝御礼可申上も、不取敢書中御厚礼申述度如斯御坐候。不具

正月廿五日　　　　　　　　　小彌太

松岡兄侍史

議会開会中定めて御多忙と拝察致し居候。御自愛専一に奉願候。

〔註〕㊤麻布区材木町二四　松岡均平殿　平安　㊮正月廿五日　麻布鳥居坂　岩崎小彌太

149　池田亀三郎宛　（昭和十七）年二月二十一日

（『岩崎小彌太書翰集』）

拝啓　余寒猶厳敷打続き候処、貴家益々御清福奉賀候。小生当地休養中不計も風邪に罹り意外之永滞在と相成候処、昨今ほとんど全快致し荊妻之病気も大きに軽快に相成候間、乍他事御安心被遊度候。東京之仕事のこと時に気に懸り候も、全癒之上帰京致し度と辛棒罷在候。昨日本社武藤〔松次〕氏と会見し、其際貴下よりの御伝言として新興人絹との合併問題報告に接し候。官辺の諒解を得速かに実行せられん事切望致し候。其他種々事業進行中と拝察致居候。不日拝顔親しく拝聴出来候事と相楽しみ居候。時節柄御自愛専一に奉願候。草々不具

二月廿一日　岩崎小彌太

池田兄侍史

〔註〕二月二十八日付の可能性あり

150　斯波孝四郎宛　（昭和十七）年二月二十五日

（『岩崎小彌太書翰集』）

一書拝呈仕候。余寒猶厳敷候処、尊堂益々御清祥之段大賀至極奉存候。小生風邪之為め滞在意外に永引き総会に際し在京不能と相成、自然貴下御退任に就親しく御挨拶仕候機を逸し恐縮に不堪奉万謝候。何れ帰京拝眉の上謝辞申述度と心組罷在候。永年之御尽力に対しては感謝の辞無之次第に有之候。病中の寸楮乱筆御推読被遊度候。万事は帰京拝晤之際に譲り候。草々不具

二月廿五日　　　　　　　　　岩崎小彌太

斯波孝四郎殿玉案下

151　三好重道宛　（昭和十七）年三月五日

（『岩崎小彌太書翰集』）

拝啓　不順之候尊堂御勇健大賀至極奉存候。小生風邪も御影にて全快致し候。荊妻之病気も軽快に相向候間、乍憚御休心被遊度候。今朝平井〔澄〕氏の訪問を得て会社の近状を審す事を得、仕合せ仕候。殊に石油会社南方進出につきて分系各社一致協力せられ居る態を拝承し、歓喜に不堪候。此様の機会に三菱の長所を充分に発揮し国家に報ずると同時に、三菱の真価を認めせしめ度きものと相考へ候。小生来週之初めには一度帰京致し度き心組罷在候。船田〔一雄〕氏風邪引入中との事、速に恢復を祈り候。草々不具

三月五日夜　　岩崎小彌太

三好老兄侍史

時節柄御自愛専一に被遊度候。

152　松岡均平宛　昭和十七年四月二十四日

（三菱史料館所蔵）

尊章難有拝見仕候。春寒猶未去不順之候に候処、貴家益々御清福之段奉賀候。小生儀初春風邪にて一月計は引入候も、其後頑健奮闘罷在候間御省念被遊度候。先日来度々御来訪を辱ふし候由の処、いつも懸違ひ拝晤之期を失し失礼仕候。先日の空襲につきて御見舞を辱ふし奉謝候。何等の被害も無之会社方面も無事、御安意願上候。空襲は覚悟の上、余り意にかけ居り不申候。これより警戒の方も厳重に相成候事と期待罷在候。京都は新緑之時節と相成、風光明媚之ことと拝察羨望に不堪候。この頃一寸多忙にて旅行も不出来、日々丸之内通致し居候。先は右不取敢御見舞の御礼のみ申上度、如斯御坐候。敬具

四月廿四日　　岩崎小彌太

松岡賢兄侍史

乍筆末令閨によろしく御伝声願上候。荊妻よりもよろしく申上候。

〔註〕㊤京都市上京区新烏丸頭町一七三　松岡均平様　貴酬
　　　㊦四月廿四日　東京市麻布区鳥居坂町二　岩崎小彌太
　　　年代は消印による

153　加藤恭平宛　（昭和十七）年八月二十三日

（『岩崎小彌太書翰集』）

華墨難有拝見仕候。近日御上京被遊候由之処、残暑猶甚

敷候折柄御苦労千万と奉拝察候。小生本月上旬以来当地に来り悠遊罷在候。幸に頑健乍他事御省念被遊度候。却説御恵贈之ベイコン一両日前拝受仕り候。今朝拝味仕候処其味極めて佳良、一寸内地の豚と異る様拝察致し候。物資欠乏之際御厚情感謝の至りに不堪、毎朝頂戴致す可く相楽しみ居候。いづれ来月帰京の上親しく御礼可申述候も、不取敢書中御挨拶のみ。草々如斯御坐候。不具

八月廿三日朝　岩崎小彌太

加藤恭平殿侍史

154　**岩崎久彌宛　昭和十七年八月二十九日**

（成蹊学園史料館所蔵）

謹啓仕候。残暑之候尊堂御揃益々御清福に被為渉、大賀至極奉存候。今夏以来永々御無音に打過候段、御海容被遊度奉願上候。毎々末広の鶏卵御贈与を辱ふし山上殊に調方罷在、御厚情感謝に不堪奉存候。且又先日は水瓜をも頂戴致し、これまた其味頗る佳良に難有拝味仕り候。重ね今年の出来ばへは頗る上乗なりしやに相覚え申候。重ね〳〵万謝に不堪奉存候。小生等登山以来既に二旬に成り候処、幸本年は天候の工合良好にて仕合せ致し居候。此両三日の暴風雨も大したる事無く打過き、再ひ秋晴の好気候を迎へ申候。御地も定めて天気都合よろしく、万事好都合に御暮し被遊候事と相察罷在候。時節柄何卒御自愛専一に被遊度奉願上候。御姉上様〔岩崎寧子〕に何卒宜敷御鳳声願上奉り候。孝子よりも宜敷申出候。先は右色々の御礼を兼ね残暑の御見舞迄。草々如斯御坐候。敬具

八月廿九日　岩崎小彌太

茅町御兄上様侍史

〔註〕㊇盛岡市外雫石村小岩井農場　岩崎久彌様　侍史
　　㊇八月廿九日　神奈川県元箱根見南山荘　岩崎小彌太
　　年代は消印による

155　**松岡均平宛　（昭和十七）年九月十九日**

（三菱史料館所蔵）

拝啓　近来秋冷頓に相加り候処、尊堂益々御清栄之段大賀至極奉存候。今夏中両度の御書翰を辱ふし候処、なにかと取紛れ御返書も不差上失礼仕候段、不悪御海容給わり度候。小生七月下旬より八月上旬の暑気にはさすがに

閉口致し、八月上旬より当地に籠居罷在候。行通不便の事とて今日に到る迄滞山罷在、山中暦日無き生活相営み居り御無沙汰に打過き申候。山上は特に秋冷激しく殆んと寒気を覚え候有様に付き、近日下山之予定罷在候。何時もかけ違ひ永らく拝晤之栄を失し居候処、其内御上京之折機会を得られ候事と期し居候。気候不順の折柄暮々も身体御大切に被遊度希望仕候。先は右不取敢御無沙汰御詫旁御見舞迄。乱筆御容赦被下度候。草々不具

九月十九日　岩崎小彌太

松岡均平殿侍史

〔註〕(表)京都市上京区切通河原町西入新烏丸頭町一七三　松岡均平殿　平安　(裏)九月十九日　神奈川県元箱根見南山荘　岩崎小彌太

156　諸橋轍次宛　（昭和十七）年十月十一日

（『岩崎小彌太書翰集』）

拝啓　今日は不計も玉摩《ママ》川にて拝晤、仕合せ致し候。其際御尋ね致し候事忘れ候間、寸楮御考慮を煩し度候。先日御願致し候開東閣由来之末尾に、

杯酒を旗亭に銜みて慇懃を接するの陋ありし云々

の陋の字少し強く感じ過ぎ候様愚考致され候処《は》、弊と云ふ字を以てこれに換へては如何に候や、或は他に御考も被被《ママ》在候や、御示しにあづかり度く願上候。先は右不取敢御願迄。草々不具

十月十一日夜　岩崎小彌太

諸橋先生玉案下

乱筆御海容願度候。

157　諸橋轍次宛　（昭和十七）年十月二十九日

（『岩崎小彌太書翰集』）

拝啓　珍しき好天気定めて御健祥之儀と拝察仕候。小生久方振に玉川に散策相試み予定致し居候。甚だ御手数乍ら、例により御願申上度候。小生総会説明之初頭に、今回の戦勝につき多少品良くふれ置候方よろしきかと存じ候間、御考慮の上別の紙に御認め願上候。草稿封入御手許に差出し候に付、御返却願上候。明朝九時半頃使者差出し候間、御出校の際は御申残し置奉願候。右不取敢御依頼耳申上候。敬具

十月廿九日午　岩崎小彌太

諸橋先生侍史

158 武藤松次宛　（昭和十七）年十一月二十四日

（『岩崎小彌太書翰集』）

拝啓　昨日は御寵招を辱ふし一日清遊、万謝之至りに不堪候。菊花之美事なる驚嘆之外無之、殊に御茶席にて御心入れの御もてなしを蒙り、感謝之辞無之候。荊妻も非常之悦びに耽り居り候。何卒令閨にも宜敷御鶴声奉願上候。いづれ帰京之上拝顔御礼可申上候も、不取敢旅行出発に際し一筆御礼申述度如斯御坐候。草々不具

十一月廿四日朝　　岩崎小彌太

二松庵殿侍史

追伸　成瀬氏に御面会の際は宜敷御鳳声願上候。

159 永原伸雄宛　昭和十八年一月十八日

（三菱史料館所蔵）

拝啓　土曜日当地来着静養罷在候。明日午前中に帰京可致候。電機会社株価之件先日は一割を標準として調査御願置候処、静かに将来之状勢を察するに或は原案通り八分を可とす可きかとも考慮致し参り候間、右を第二案として算出御調査置相願度候。万事は拝晤之際に譲候。幸に天候良好仕合致し居候。不具

正月十八日朝　　岩崎小彌太

永原兄侍史

〔註〕㊤東京市麹町区丸之内三菱合資会社　永原伸雄殿　親展　速達　㊥〆　正月十八日朝　熱海　岩崎小彌太

年代は消印による

160 森本政吉宛　（昭和十八）年二月二十一日

（『岩崎小彌太書翰集』）

華墨拝見、御申越之通り記名の上御返送致し候。孝子の印は小生書斎之金庫中に有之候間、貴台と高橋〔活一〕と御立合の上開扇被下度候。金庫のかぎは高橋にあづけ有之候。御手数の段恐縮千万に奉存候。地所の件は明日柳原〔敬吉〕出京為致可申候。不取敢御返書耳。不宣

二月廿一日午　　岩崎小彌太

森本兄

昨日より茶三昧に暮し居候。

161 森本政吉宛　（昭和十八）年二月二十三日

（『岩崎小彌太書翰集』）

拝啓　益々御壮健奉賀候。昨日電話に接し万事無事終了之御知らせ難有奉謝候。色々御配慮の結果感謝に不堪候。通知の儀廿三日は避け度き由申上候処、廿四日には出来候由、御発送願上候。林〔雅之助〕氏より友人へ通知之事昨夜電話有之候処、其調査依頼致置候。兎に角親族の方は出来次第御発送相成度候。友人の方は遅れ候ても差支無之候。熱海地所之件種々御配慮奉謝候。柳原〔敬吉〕帰京の上聴取致し候。これ又宜敷願上候。草々不具

二月廿三日夜　　岩崎小彌太

森本政吉殿

162　岩崎久彌宛　昭和十八年二月二十五日

（三菱史料館所蔵）

拝啓　時下益御清祥之段奉慶賀候。陳ば先年養女淑子を嫁がせ候林雅之助氏長男忠雄を今般拙家養嗣子として入籍仕候間、此段御通知申上候。尚同人夫妻之儀、将来何卒宜敷御指導之程奉願上候。右御披露迄如斯御座候。敬具

二月廿五日　　岩崎小彌太

男爵岩崎久彌様

〔註〕㊧本郷区湯島切通町壱　男爵岩崎久彌様　㊫東京市麻布区鳥居坂町二　岩崎小彌太　年代は消印による　本文は宛名を除き印刷

163　池田亀三郎宛　（昭和十八）年二月二十七日

（『岩崎小彌太書翰集』）

拝啓　日々春めき来候処貴下御清栄奉賀候。小生御影にて全快仕り元気に相暮し居候間、御省念被遊度候。関東州の旁会社設立迄進行仕候由、御多忙之儀と拝察仕候。小生も三月二日には帰京可致心組罷在候。不日拝晤を相楽しみ居候。却説御国産の雪菜御送与を辱ふし奉深謝候。当方へ取寄せ度々拝味、御厚情深謝罷在候。当地梅も盛を過ぎ春暖と云ふ可き気候と相成申候も、昨朝は雪など降り候様の有様にて面白き事に有之候。東京は殊に春寒料峭たることも候可く、御摂養専一に被遊度候。先は右遅ればせ乍ら御礼のみ如斯御座候。不具

二月廿七日　　岩崎小彌太

池田老台侍史

164　船田一雄宛　（昭和十八）年三月二十六日

（成蹊学園史料館所蔵）

華墨拝見仕候。春寒峭料之候尊堂益々御清適奉賀候。先日一書頂戴玉句満載相成居、暮春の降雪の貴下の詩情を動かすもの大なりしに驚駭仕り候。皆俳句として結構之出来と感吟仕り候中に、配給の酒云々の玉句最も貴意を得られたるものかと拝見致し候。小生に句無し。何かなと思案中日を過し、不思御返書不差出欠礼に打過候段、御海容被遊度候。恩贈の韮の茎両三日前難有拝受、例により毎晩拝味致し居候。今又五色素麺頂戴、重ね〳〵御厚情万謝に不堪候。御返句は他便に譲り不取敢御礼申上候。貴息わざ〳〵御持参被下候由、御目もじも不致失礼仕候。何所迄も春寒の相続き候事やら閉口に有之候。小生日に増し快方御案意被遊度奉願上候。妻よりもよろしく申上呉よとの事に候。草々不具

三月廿六日　岩崎小彌太

船田老台侍史

〔註〕（表）寿樹山荘　船田一雄殿　侍史　（裏）三月廿六日　鳥居坂　岩崎小彌太

165　松岡均平宛　昭和十八年六月二日

（三菱史料館所蔵）

拝啓　不順の気候打続き候処、尊堂御清福大賀至極奉存候。却説先日小生京都着之際は御訪問を辱ふし恐縮千万奉存候。折柄工場視察等の為め緩々御話の暇も無く打過き候段残念至極奉存候。帰京之途熱海に立寄り、数日静養の上無事帰宅仕候間、乍他事御省慮給わり度く奉願上候。爾来雑用に打紛れ御挨拶遅延仕候段御諒恕願上候。時下不順之候御自愛専一に被遊度候。草々不具

六月二日　岩崎小彌太

松岡老台侍史

〔註〕（表）京都市上京区上切通河原町西入新烏丸頭町一七三　男爵松岡均平殿　平信　（裏）六月二日　東京市麻布区鳥居坂町二　岩崎小彌太　年代は消印による

166　池田亀三郎宛　（昭和十八）年八月二十四日

（『岩崎小彌太書翰集』）

拝啓　最早御帰京相成候事と拝察仕候。長途炎暑中の御旅行御苦労千万奉存候。御無事御帰京之段祈上候。小生十六日登山以来、老人相応の修練を試み無事相暮し居候間、御省念被遊度奉願上候。却説例之神薬アモリジン小

生の愚弟に服用致させ候処、非常に工合良しとて請求致し越し候処、近来小生服用せざる為め小生の手許に無之候処、若し出来得れば少々御取寄相願度候。右御依頼申上候。近来東都に暑気再来之由、御自愛専一に被遊度奉願上候。先は右御願耳、草々如此御坐候。頓首

八月廿四日　岩崎小彌太

池田老兄侍史

167　石黒俊夫宛　（昭和十八）年八月二十四日

（三菱史料館所蔵）

一書拝呈仕候。残暑猶甚敷候由之処、貴下御健祥之段大賀至極奉存候。先日来休暇御引籠中と承知し、わざと通信さし控居候。小生登山以来天候頗る良好、日夕山霊の気に接し浩然の気を養ひ居候。時局下老人相当の修練を忘れす、早朝は散策、午前は諸橋〔轍次〕先生と読書、午後は木を伐り草を薙ぎ至極元気に暮し居候間、御省念被遊度候。都塵を去りて静かに瞑想すれば自己の修養の猶足らさるを知り候。孟子の有名之句

居天下広居　立天下之正位　行天下之大道　得志与民由之　不得志独行其道　富貴不能淫　貧賤不能移　威武不能屈　此之謂大丈夫

に再び接して我努力の未だ足らさるを痛感致し候。修養は一生の事業忽に為すを得すと存し候。

只今一酌を傾て不覚筆を走らせ下らぬ事申述候。御諒恕被下度候。皆さんによろしく、不宣

八月廿四日夜　岩崎小彌太書

石黒兄侍史

山中莫道無供給　明月清風不用銭　多謝々々。

168　石黒俊夫宛　（昭和十八）年九月四日

（三菱史料館所蔵）

拝啓　先日来御来臨を辱ふし奉謝候。昨日は予定通り宮の下に降り、都合良く用事相済ませ申候。却説南洋の小川〔平三〕氏空襲にて死去致され候由、意外之珍事に驚入り候。

小生は同氏真珠会社時代熟知致し居候人故、留守宅の方へ哀悼之意を表し置度候間、可然御取計願上候。永坂両人〔岩崎忠雄・淑子〕今朝着致し候。天候下り坂之気味に有之候も恢復の徴も相見え候。先は右不取敢寸楮御依頼迄如此候。不具

九月四日午　　　　　　　　　　　　　小彌太

石黒君侍史

〔註〕㊧三菱本社　石黒俊夫殿　平安　㊤封　九月四日　見南山荘　岩崎小彌太

㊤封　九月七日　神奈川県元箱根見南山荘　岩崎小彌太　年代は消印による

169　石黒俊夫宛　昭和十八年九月七日

（三菱史料館所蔵）

御手紙難有拝見仕候。東都は蒸熱猶甚敷候由之処、貴下御健祥奉賀候。小生無事御省念被遊度候。永坂両人〔岩崎忠雄・淑子〕登山以来幸に天候に恵まれ、夜雨降り朝晴るゝ有様にて仕合せ致し居候。種々の要件につきて御報告辱けなく奉存候。それ〳〵御配意を得好都合に取運び仕合せの儀に有之候。原田〔熊雄〕男爵には礼状色々取紛れ失念致し居候。早速小生より礼状差出し置候。柳沢本日日帰りにて下山、熱海に重工の連中と出逢候筈に候。其他色々と多謝々々。これより湖上に釣に出懸け候ところ、寸楮御容赦願上候。先は右御礼耳。不具

九月七日　　　　　　　　　　　　小彌太

石黒兄侍史

〔註〕㊧東京都麹町区丸之内　三菱本社　石黒俊夫殿　貴酬

170　石黒俊夫宛　（昭和十八）年九月十二日

（三菱史料館所蔵）

拝啓　先日は残暑多忙の際御来駕奉謝候。御影にて愉快に閑談を楽しみ候。其後秋晴両三日続き今朝は又々雨天と相成、一日籠居に暮し候。佐藤〔要人〕国手より小生の近状御聴取被下候事と信し候。此勧告に従ひ今暫く静養可致候。御送附之詩に点を附し差上け候。最初の四句は長詩の一節に有之候。皆寒山詩を愛し一節書抜き候ものに有之候。武藤〔松次〕氏並に中谷〔一雄又は芳邦〕氏の依頼のもの、帰京迄に揮毫可致候。不取敢御返し迄。不具

九月十二日　　　　　　　　　　岩崎小彌太

石黒君

北村〔大作〕帰京に托し此書差上候。

171　石黒俊夫宛　（昭和十八ヵ）年九月十四日

（三菱史料館所蔵）

拝啓　昨今秋頓に深まり行き候処、尊堂御清穆奉賀候。小生其後無事御省念被遊度候。却説下の関より依頼の扇子揮毫相試み候処、二本の中一本書き損し困却仕り候。余り上等ならず旧きものなるも、兎に角たのまれもの故代りの品に書き上げずばならすと存候。乍御迷惑何処か御さがし被下御送附願上候。扇子の長さは九寸五分計り有之、舞扇かと思われ申候。両面銀紙に有之候。榛原か何処かに残りもの無きやと存し候。御探し頼上候。貴台もかゝりあひのこと故不得已候。連日雨多く肌寒く相感し居候。御自愛祈上候。不具

九月十四日朝　　岩崎巨陶

石黒兄侍史

〔註〕(表)東京都麹町区丸之内二の四三菱本社　石黒俊夫殿親展　(裏)封　九月十四日朝　熱海市咲見町陽和洞　岩崎小彌太

172　石黒俊夫宛　（昭和十九）年一月四日

（三菱史料館所蔵）

元日の玉翰難有拝見仕候。貴家益々御健祥に御超歳被遊候段慶賀に不堪候。小生大年の日に当地着以来極めて清閑に馬齢相加へ候間、御省念被遊度候。元日永坂の両人〔岩崎忠雄・淑子〕来熱、散策等に暮し申候。元日東京之模様御知らせ被下難有奉謝候。小生の言志三菱全員結束の上に何等か貢献するを得ば望外之仕合せに有之候。文中の誤植は小生試刷拝見致し候際不気付打過き申候。校正と云ふ事は中々馴れねばむつかしきものと思われ候。東京之新年も定めて静かなりし事と信し候。当地三け日打続き晴天勝にて仕合せ致し候。今日は朝来曇り来り久方振の雨ならんかなど噂いたし居候。未だ読書も句作もせず無為に暮し居候。貴台の玉句いま少し工風を要し可申かと拝見仕候。其中拙作出来候はゝ貴覧に供し可申候。今日は四日にて御出社の事と存し候。いづれ後便万縷可致候。不取敢御祝詞に対し寸楮御挨拶申述度如斯御坐候。頓首

正月四日朝　　岩崎小彌太

石黒殿侍史

173　森本政吉宛　（昭和十九）年一月六日

（『岩崎小彌太書翰集』）

新春尊堂益々御清福御健祥之儀と拝察、大賀至極奉存候。

小生等無事馬齢相加へ候間、乍他事御省念被遊度候。例之問題にて正月早々御多忙の儀と拝察、恐縮千万奉存候。然し天気続の事にもあり、多少快打を試みられ候事と存候。小生は閑静の日を送り、瞑想散策に日夕相暮し、至極元気に有之候間、老人らしき正月を過したることを御一笑被遊度候。今回は当地に英姿を拝せさりし事残念に存候。十日頃帰京之心組罷在候。帰京之上は拝晤相楽しみ居候。石黒〔俊夫〕氏は明日来熱の筈、上村〔金治〕氏も同伴かと存居候。先は右不取敢正月の初消束申上候。不宣

正月六日　　岩崎小彌太

森本兄玉案下

174　池田亀三郎宛　（昭和十九）年一月二十九日

（『岩崎小彌太書翰集』）

拝啓　昨日旭化成両社合併総会終了致し候由、連日御尽力の結果として大した波瀾も無く無事終了の由、大慶に存上候。加藤〔武男〕氏の手紙に対しては御返事差出し置候。御聴取被下度候。小生大事の際病気引籠罷在、恐縮千万奉存候。然し御努力の効顕れ実を結ぶに到り候事、喜悦に不堪候。此後の両社渾然一体ならしむる事は、貴台練達の御指導によりて期して俟つ可しと存居候。充分の御尽力奉煩候。小生の病状は病歩遅々冬日の影のすさるごととでも可申か、恢復の思ふにまかせさるに焦慮罷在候。佐藤〔要人〕国手来訪に接し一書拝呈仕候。乱筆御推読願上候。関係の諸賢へは貴下よりよろしく御鳳声祈上候。不取敢御礼耳。敬具

正月廿九日朝　　小彌太

池田老兄侍史

175　石黒俊夫宛　（昭和十九）年二月十九日

（三菱史料館所蔵）

拝啓　春寒料峭之候益々御清適奉賀候。小生到着以来無事患部の工合も良好に有之候間、御省念被遊度奉願上候。封入の委任状御捺印之上宜敷御取計願上候。当地温暖梅など咲き出て仕合せ致居候。諸君によろしく御伝声奉願上候。先は右用事耳。草々不具

二月十九日　　岩崎小彌太

石黒兄侍史

追伸　上村〔金治〕君に越の雪毎朝楽しみ感謝致し居る由、御伝へ願上候。

176　山室宗文宛　（昭和十九）年三月十二日

（成蹊学園史料館所蔵）

拝啓　成蹊松岡〔梁太郎〕氏より今日手紙に接し候。貴下へ廻覧を願ふと記しあるにより御廻覧致し候。御覧の上御指揮願度候。重工業との御話合は如何相成居候や。実際に適当の使用方法なしとせば、やはり軍の教育方面に供するが第一策かと存し候が如何にや。松岡校長〔常務理事〕場合によりては理事氏と御協議願上候。高等女学校へ基本財産六万円を保証せる件先日御相談の致したる儀なるが、旧理事などに於て解決を早くすると望むものありとも相見へ候間、兎に角其金額を何れより支出するかは別として、此際早速支払の上御解決相願置度と存じ候。万事は松岡校長氏と御相談御尽力願上候。小生の病状は大分快方に向ひ候。自分の気の向くだけの面会等致し居り、未だ全面的に活動も出来難く心外に存じ候。成蹊の問題は何卒宜敷御願申上候。令閨の其後の御病状は如何にや、此病気の牛歩遅々たるにはまことに困つたものに有之候。充分御摂養祈上候。乱筆御免。不具

三月十二日夕　岩崎小彌太

山室宗文殿

〔註〕(表)山室宗文殿　親展　(裏)三月十二日　岩崎小彌太

〔別紙〕松岡梁太郎書翰　岩崎小彌太宛

昭和十九年三月十二日

謹て申上候。

過般来ヘルペスの御難症にて御引籠被遊、乍蔭御経過を御案じ申上候ばかりにて只々恐懼罷在候処、余程御軽快に赴かせられ候趣、末広君等と愁眉を開き申候次第に候。私も先年右腕に数十顆のヘルペスを発し悩みぬき候経験を有し候へ共、閣下の場合は面部と承り御案しに不堪候。私も班痕の消えるまでは二ケ月を要し申候。一日も早く御平癒被遊様奉禱上候。

―・―・―

色々御報告申上度義も有之候へ共、態と御遠慮申上居候。本日は重要なる案件につき書中にて奉得貴意候。

一、政府の非常措置に即応して校舎を如何に処置すべきかの件。

今般情報局発表の「決戦非常措置要綱」によれば、
1、原則として中等学校程度以上の学生生徒は、総べて今後一ケ年は常時これを勤労其他非常任務にも出動せしめ得る組織的態勢に置き、必要に応じ随時的活潑なる動員を実施す。
2、理科系のものはその専門に応じ、概ねこれを軍関係工場病院等の職場に配置して勤労に従事せしむ。
3、学校々舎は必要に応じこれを軍需工場とし又は軍用非常倉庫用、非常病院用、避難住宅用その他緊要の用途に転用。
とあり、私も予てよりこの事あるを期待し、且つ既に御報告申上置候通り隣接の中島飛行機にては当方の校舎を同社の工場に徴用のことに軍と諒解あるやに吹聴致居候につき、過日山室〔宗文〕理事と御打合の上、
一、校舎を三菱重工業の使用に提供して、中島などの侵入を防ぐこと。
二、万一避難民の収容等の申出ある時は、雨中体操場だけを使用せしめることに町長と諒解済みに候。
の方針にて、万一の場合には入口に「三菱重工業株式会社作業場」といふ看板を掲げることに致居候。右は山室氏より御話申上候こと〻存候。尚重工業方面とも同氏より話を願ふことに致置候。
然るに右は三菱重工業が機宜の処置を取り、且つ陸軍行政本部の指定をえ置くにあらざれば、中島より軍部を通じて当校舎の使用を申出づる場合は到底之を拒絶するをえずと存候。右焦慮罷在候処、昨日陸軍気象部教育隊（隊員五百余名を有す）の代表
安藤大尉
渡会中尉
富藤少尉
三輪見習士官
と会見、左の通り意見の交換を行ひ候。
1、学校休校の場合は理科館（延八百坪）を同教育隊の教育場並に作業場に提供可致事。
2、学校にて授業開始の場合は直に明渡に応ずる事。
3、同館内の諸設備は保護を全する事。
4、学園内の秩序は軍隊の力にて維持する事。
5、理科の生徒は出来うる限り同隊に動員して、学校と協力する事。同生徒は寄宿舎二棟に収容す。従って右二棟も軍の管理下に置く。

6、本館半分を隊員の宿舎に提供する事。
7、右隊員及び生徒の食事は其の材料は全部軍にて支弁する事。
8、食堂の半分は食糧営団の非常用食糧貯蔵に提供する事。

右は昨日高橋〔練逸〕理事と土田〔誠一〕校長在校中につき二氏と諒解を遂げたる上に会見致候次第に候。其仲の校舎につきては、三菱重工業にて使用の事相叶候はゞ誠に仕合と存申候。右は陸軍行政本部と本日又は明日先方にて打合を行ふ筈に候。一日一刻の猶予を許さず、山室氏より重工業と重ねて御打合の上応急の対策願度存居候。私は数日可成現場を離れずに対策に腐心致度と存候。尚私の助手として幹事二名を置くことに致候間御了承被成下度（末広、上原）。尚学園内に臨時作業部を設くることに致候。万一の場合可成御心配を煩はさざる心懸け度と存候次第に候。

二、成蹊高等女学校へ基本財産としての六万円を転貸又は保証せるものを如何に処置すべきかの件。

右につき愚見を山室氏へ申上置候。此際従来の行懸りを一擲して先方財団に寄附の手続を完了することが賢明なる義と存候次第に候。右基本財産は既に虚偽の申告に有之、当財団の理事が保証し居ることが早晩監督官庁の探知するところとなれば誠に面白からざる問題を惹起するは当然にして、昨年頃より学園内にも右の事実を知ってゐる者があり候。此際是非御断行に御指図被下様不堪懇願之至候。

長々と申上げ御引籠中不堪恐懼之至候。山室〔宗文〕理事へ御廻覧被成下、同理事より重工業当局と具体的実行方法御協議の上弊方へ何分の御指揮願へれば仕合に存候。

敬白

三月十二日　　梁太郎拝

岩崎理事長御中

〔註〕欄外に「昭和19年3月12日」と記載。書翰中の傍点は朱書

177　諸橋轍次宛　（昭和十九）年三月十六日

（『岩崎小彌太書翰集』）

拝啓　大寒之折御病気御全快奉賀候。小生も快方に向ひ居候間御省念被遊度。今日午後一時半若しくは明朝十時

頃親しく御目に懸り御相談致し度き儀有之候処、御都合如何にや。昨夜より電話申上居候処故障らしく相通し不申候間、寸楮御願申上候。宜敷願上候。草々不具

三月十六日朝　岩崎小彌太

諸橋先生侍史

178　諸橋轍次宛　（昭和十九）年三月十八日

（『岩崎小彌太書翰集』）

拝啓　昨日は御微恙御引入中にも不関御加筆の上貴稿御返送にあづかり、難有万謝仕り候。貴稿のまゝ〔四〕九月一日三菱本社々報に載せ発表致し度存居り候。社報に掲載の場合に告示とするも堅過ぎて不面白存じ候間、三菱化成工業株式会社の（始業）に際して

に当りて

に就きて

と標題を付し度くと存し候か如何にや。合併の事故（創業）（創始）などより始業と致し候方宜敷かと愚考致し候。何か良き御考もあらば御示し被遊度願上候。度々御手数煩し恐縮千万に奉存候。時下気候不順の際充分御加餐願上候。小生も日々快方に向ひ候間御休神願上候。郵便甚だ遅れ候間使者を以て申上候。若し御返書を得ば幸甚に候も、御電話によりて再び使者差出し候ても宜敷候。先は右重ねて御依頼迄、如此御坐候。敬具

三月十八日　岩崎小彌太

諸橋先生侍史

179　石黒俊夫宛　（昭和十九）年三月二十二日

（三菱史料館所蔵）

拝啓　昨日は休憩中御来臨を煩はし奉謝候。其節御話致したる儀、数字の詳細にふれては到底此後どふなる事か訳分明ならざる儀にて研究の価値無かる可し。小生御話の原則を明瞭に致し置くものにて宜敷か（反りて其方宜敷）かと存じ候。如何なるものにや、御参考に申上候。今日は好天気これより続き候事と存し候。然し朝は寒き事に候。草々不具

三月廿二日　岩崎小彌太

石黒兄侍史

〔註〕（表）本社　石黒俊夫殿　親展　（裏）三月二十二日朝　鳥居坂　岩崎小彌太

180　武藤松次宛　（昭和十九）年五月六日

（『岩崎小彌太書翰集』）

拝啓　其後御無沙汰に打過候処、貴下御病気漸次御軽快の趣伝承、安堵罷在候。昨冬御無理願上候結果かと恐縮に存居候。今回は少し気永に御摂生被遊度希望に不断候。適当之機会に転地御療養被遊候も一策かと愚考罷在候。兎に角気楽に期間を附せず御摂養の上、充分の御回復祈上候。会社の方は船田〔一雄〕氏も出勤致し居り、小生も不断接触を保ち居りて其内時々出勤も致さむかなど相考へ居り候間、御安神被遊度候。陽春と申すより初夏之気候と相成、万物生々の気満ち来り、病気も退散近きにありと被存候間、御気永く充分御摂養願上候。先は右不取敢御見舞旁御勧め迄、如斯御坐候。頓首

五月六日朝　　岩崎小彌太

武藤老兄侍史

御病中御返書には及び不申候。

181　武藤松次宛　（昭和十九）年五月二十三日

（『岩崎小彌太書翰集』）

拝啓　気候不順之折柄、御摂養専一に被遊度切望に不堪候。石黒〔俊夫〕氏を通じ色々御申越相成候処、此際は万事御気に懸けらるゝこと無く、只管御養生に専念せられたく願上候。貴下の如く幾十年を会社の為めに尽し枢機に参じたる方の半年や一年休養せらるゝこと、少しの御遠慮に不申及候。其つもりにて一際小生に御一任の上、緩々と御養生願上候。小生も近来軽快と相成日々出社罷在候間御休神被遊度候。石黒氏より口頭にて小生の伝言可申述候も、御見舞旁寸楮如斯御坐候。草々不具

五月廿三日夜　　岩崎小彌太

武藤二松庵殿侍史

取急ぎ乱筆御免被遊度候。

182　石黒俊夫宛　（昭和十九）年五月二十四日

（三菱史料館所蔵）

拝啓　先刻御話致し候丸薬、佐藤〔要人〕氏より武藤〔松次〕夫人宛手紙に封入し御手元に差上け候。明日好便にて御届願上候。誠に少々差上け候。若し好結果なれば御遠慮無く御申越被下候様御伝へ願上候。不取敢用事耳。頓首

廿四日夜　　巨陶

石黒君侍史

〔註〕㊤石黒俊夫殿　用事　㊦封　五月廿四日夜　岩崎小彌太

183　石黒俊夫宛　（昭和十九）年六月一日

（三菱史料館所蔵）

拝啓　先刻は電話に接し御手数奉謝候。武藤〔松次〕氏急逝哀悼之至りに不堪候。御申越通り小生帰京は差控へ可申候間、諸事宜敷願上候。船田〔一雄〕氏へも寸楮御願致置候。人世朝露の如し可悼。先は取急ぎ御依頼迄。草々不具

六月一日　小彌太

石黒君侍史

わびしさや小雨ふる日の更衣

184　石黒俊夫宛　（昭和十九）年六月六日

（三菱史料館所蔵）

一書拝呈仕候。初夏気候不順之折柄、貴下御健祥之事と遥察奉賀候。小生悠々の身暦日無く早くも旬日に近き候処、連日余り晴れ上る事無く時々日を見るの有様に有之候。今日初めて海上遥かに展望を得たる様の次第に有之候。専心養病を主とし無為之日を送り居候間、御省慮被遊度候。武藤〔松次〕氏逝去の前後、色々と御配慮御多忙なりし儀と察申し候。其他諸事御多忙と推し居候。斯る際申上候は心無き業とも思われ候も、思ひ出で候まゝ申述候。それは宮内省へ自働車差出し候儀に有之、先日宮相〔松平恒雄〕に面会の節の事、貴台に御伝へ致し置候通りに有之、宮内省にて希望あり、先方より話し致し初め居るやも不知との事にて、貴下の方へは未だ話無しとの事なりしとか、今以て話し無しとせは何等か小生の間違かとも思われ候処、事宮内省に関する事故打すて置ては不相済と存候まゝ、一度貴台より主馬寮の方へ御尋被下ては如何にや。方法は如何様にても御都合宜敷方に致して差支へ無之候。車も一度点検せられては如何にや。若し点検せらるゝ様なれば、高橋〔活一〕に御命じの上、予め其用意為致度候。甚だ御面倒之事申上げ候も、一寸思ひ出で気に懸り候まゝ申進じ候。宜敷御取計願上候。淑子土曜日より滞在、今日帰京につき御手紙を托し申し候。乱筆御免被遊度候。先は用事耳如此。草々頓首

六月六日　小彌太

石黒兄侍史

185　石黒俊夫宛　（昭和十九）年六月十三日

（三菱史料館所蔵）

拝啓　今回は御来訪を得、久方振の閑談一掬の清風をもたらしたる様にて難有奉謝候。其節色々未熟の御話致し候。貴下限りに御聴捨被下度候。明日鎌倉の老人来熱の筈。変つた話もある事と存候。今日は梅雨入りの天候、さすがに蒸し暑く感し申候。

　雲照りて松に風無きついりかな

先は御来駕の喜を表し度寸楮如此。不具

　六月十三日午　　岩崎小彌太

石黒君侍史

林〔雅之助〕君の切符手渡しの儀宜敷願上候。

〔註〕㊤東京三菱本社　石黒俊夫殿　親展　㊦六月廿六日　熱海陽和洞　岩崎小彌太　封筒は別書翰（215）のもの

186　諸橋轍次宛　（昭和十九）年六月十八日

（『岩崎小彌太書翰集』）

拝啓　梅雨欝陶敷天候打続き候処、尊台御健祥に被為在候や奉伺候。小生当地に転地静養二旬にして健康大に恢復仕候間、乍他事御省念被遊度奉願上候。警戒警報発令以来、当地方は至極静穏にて静寂さを増し候様相見候。東京は定めて色々御配慮の事多かる可しと遥察罷在候。小生も健康大きに恢復致し候間、不日帰京常態に復し度くと心組罷在候。いづれ帰京の上は拝顔の上万縷致し可申候。玉川文庫の方異状無之事と察し居候。先は右不取敢御無沙汰御詫旁近状御知らせ迄。草々不具

　六月十八日朝　　岩崎小彌太

諸橋轍次先生侍史

187　石黒俊夫宛　（昭和十九）年八月二十四日

（三菱史料館所蔵）

拝啓　残暑厳敷候処御清祥奉賀候。小生予定通り昨日当地着致し候。途中かなり暑さ激しく当地もあまり涼しひとは難申候も、先づ〳〵静養出来候事と存じ候。出発前申上候事怠り候が、随時随題の年月の処は、若し九月なれば暮秋、十月なれば小春と致し候ては如何と存し候。一寸気附き候まゝ申進し候。両三日落付かずは夏の熱海

の良一寸申上兼候。不取敢用事耳如斯。不具

八月廿四日朝　　岩崎小彌太

石黒君侍史

〔註〕(表)東京都麹町区丸之内三菱本社　石黒俊夫殿　平信
(裏)封　八月廿四日夜　神奈川県元箱根見南山荘　岩崎
小彌太　封筒は別書翰（167）のもの

188 石黒俊夫宛　昭和十九年八月三十日

（三菱史料館所蔵）

拝啓　残暑猶甚敷候処貴下御清康奉賀候。小生其後無事悠遊罷在候間、御安意被下度候。健康も大きによろしき方に候。当地の暑さは大体東京と大差無く、只風涼しく凌き易く候。松籟颯々裏専ら読書に耽り居候。却説電話にて御願申上候通り高橋〔活一〕の儀に就而は無理な注文、可成便宜となる様御尽力願上候。いよ〳〵となれば北村〔大作〕根津などの老骨の助けをかる外無しと存し候も、それにしても高橋何等の形に於て協力出来得る位置におく様御心配相願度候。妻よりも呉々も御依頼致し度しと申出て候。近来何時も無理な注文のみ申出て恐縮千万に存居候。東京は不相変暑気厳敷候由、呉々も御自愛専一に被遊度候。小生当地滞在一週日を過き候。今の世に静養は忸怩たる次第乍ら、今暫らく健康恢復を計り滞在致度と存居候。泣露千般草吟風一様松此時迷径処形問影何従などの気分を養も亦要ありと存し居候。先は右不取敢御依頼耳申上度候。乱筆御判読被下度候。草々不具

八月卅日午　　岩崎小彌太

石黒兄侍史

〔註〕(表)東京都麹町区丸の内四の二　三菱本社　石黒俊夫殿
親展　(裏)緘　八月卅日　熱海市咲見町　陽和洞　岩崎
小彌太　年代は消印による

189 森本政吉宛　（昭和十九）年九月一日

（『岩崎小彌太書翰集』）

拝啓　残暑厳敷候処貴家益々御健祥大賀至極奉存候。小生転地以来旬日を閲し候。其間頗る閑静なる日を送り無事無為に暮し居候間、御休心被下度候。本日は震災記念日に際会し往事を追懐致し居候。二十年間毎年箱根山上に於て箱根神社に参拝致したるもの、今年は其運に到り難く残念千万に存居候。今朝は使者を派し代参として出

征社員の武運長久祈願の祭事を営せ申候。毎年東京より何人か参列致し呉れしが、今日は当地に於て極めて静寂に我等夫婦にて往時を話し合ひ居候。往事茫々として夢之如し、桑田変じて海となるの譬の実にまことなる事を感じ申候。世界は廿年にして形勢一変し、当時の友人今は仇敵として戦ふ。思へば面白きものと見れば見られ申候。昨今東京之暑さは如何にや。当地来着之当時は天候悪しく雨打続き候も、其後天候恢復し暑さは東京と不異覚え申候。然し海上より吹上る涼風さすがに涼しく、凌ぎ易く相暮し居候。東京の皆々苦熱の地に奮闘せらるゝを見て、小生静養に暮す事内心忸怩たるもの有之候。健康は段々と恢復致し来り候。其中満身の英気を蓄へて帰京出来可申候。時節柄充分御自愛の程希望に不堪候。記念日に際し、貴台を数年に亘り箱根に迎へたる事を思ひ出で一書差出し候。御判読被下度候。草々不具

九月一日　　岩崎小彌太

森本政吉殿侍史

（三菱史料館所蔵）

190　石黒俊夫宛　（昭和十九）年九月一日

省冠　今日震災記念日に際し往時を追懐し一書を裁し候。昨年貴下を箱根に迎へ箱根神社に参拝せしか、今年は実行し難く残念に存し、今朝柳原〔敬吉〕を代参として派し、出征社員の武運長久祈願の祭事営ませ申候。昨年迄廿年間連続して夏は山上に在り、其間記念日に迎へし人々の故人となれるものなど思ひ出で感慨無量に有之候。これやらの詩に

四時無止息　年去又年来　万物有代謝　九天無朽摧
東明又西暗　花落又〔復〕花開　唯有黄泉客　冥々去不廻

これも一面の実相、人をして泣かしむ。然し

歳去換愁年　春来物色鮮　山花笑緑水　巌樹舞青煙
蜂蝶自云楽　禽魚更可憐　朋遊情未已　徹暁不能眠

あながち悲観の要無しと存し候。

今日夫婦にて静かに往時を追懐し、清閑なるまゝくだらぬ事書き連ね申候。留守中色々の事御配意を煩し恐縮に存候。暑さの折柄御自愛専一に願上候。草々不具

九月一日　　岩崎小彌太

石黒兄侍史

191　石黒俊夫宛　（昭和十九）年九月三日

（三菱史料館所蔵）

拝啓　昨夕御投函之速達今朝確に落手拝見仕候。御多忙の御様子、残暑厳敷折柄御同情に不堪候。高橋〔活一〕等之件、種々無理の御高配感謝の至りに奉存候。中谷〔一雄または芳邦〕氏御来話之件秘書役より通知有之、未だ返事不致候処御手紙に接し了承仕り候。是非新監査役〔鈴木春之助〕と同伴御来駕願度候。半日清爽の海気に接せらるゝ事もよろしかる可しと存上候。先刻鳥居坂へ電話之序に申し遣し候も、為念書中貴意を得申候。日時御確定の上は高橋を経て御知らせ給はり度候。皆さんによろしく御鳳声祈上候。不取敢用事のみ。草々不具

九月三日朝　　岩崎小彌太

石黒俊夫殿玉案下

（三菱史料館所蔵）

192　石黒俊夫宛　（昭和十九）年九月十五日

冠省　今朝函根之松坂屋主人来訪、昨年箱根山に於て飛行機献納の為め寄付金を村民に割当て、小生には寄付を乞ひ候時、小生反対を表明し吾立場を明瞭に致し置き、附合として弐千五百円寄付に応し置候事御記憶に相成候事と信候が、今回知事〔近藤壌太郎〕より右の如きは不都合なりとて拒絶せられ立消となり、村民寄附に対しては割もどしする事となりたりとて、村長の代理として松坂屋主人寄附金を持参し、且謝罪の意を表し来り候。麻布区寄附の如きも同様之性質のものと思われ候。御参考に御耳に入れ置候。但し知事は先日交迭したる先の知事らしく候。斯の如きは政府の方針として中央に於て決定せらる可きものと愚考致し居候。東京の使者帰京に際し一書差出し候。御判読願度候。不具

九月十五日　　巨陶

石黒兄侍史

追伸　昨日宿子の儀御願申上候処、余り御心配は被下まじく御心懸け置願上候。いづれ帰京の上の事と致し候。小生湿疹も大きに快方に向ひ候。最早入湯も致し居り、此分なれば不日全快可致候。御省念願上候。

（三菱史料館所蔵）

193　石黒俊夫宛　（昭和十九）年九月十八日

粛啓　今朝は秋晴と相成心地良き気候と相成候処、貴下御清康奉賀候。却説兼而武藤〔松次〕氏より依頼のもの

不出来乍ら出来致し候間、御送附申上候。御点検之上差支へ無しと御考慮被成候はゞ、武藤氏の方へ御渡し被遊度候。一つは武藤氏の訃報に接せし折の俳句を記念として色紙に認め、一つは武藤氏在任中の勤勉を示し子女の戒と相成候意味にて書認め申候。語は左伝中よりにて、人間は勤勉なれば万事が成就するの意と解せられ度く候。中谷氏の色紙は色紙欠乏致し候間、帰京の上認め可申候。小生の湿疹は益々良好に有之候。御省念被遊度候。右用事耳御依頼仕候。草々不具

九月十八日朝　　巨陶

石黒兄玉案下

〔註〕㊡東京麹町区丸之内三菱本社　石黒俊夫殿　平安
㊟封　九月十八日　熱海陽和洞　岩崎小彌太

194　森本政吉宛　（昭和十九）年九月二十一日

（『岩崎小彌太書翰集』）

拝啓　其後御無沙音に打過し候処、貴下御清康奉賀候。小生無事御省念被遊度候。昨日池田〔亀三郎〕社長の来訪を得て貴社の現状を詳にし得、仕合せ仕候。諸君奮闘之事只感謝之外無之候。総会後貴下御出張之計画もあるやに承知仕り候。時下御苦労千万奉存候。右に就而思ひ出で候が、忠雄儀其後勉強致し居候や否や。同人の仕事の内容等小生より尋ねたる事も無之候も、相当役に立ち居り候や。今の時世には率先難局に当るの気魄を養生するの好機と信じ候間、此際九洲辺に何等か用事を以て或期間出張せしめられ度くと希望致し候。然して何か難しき仕事に当らしめられむ事希望致し候。職務の都合もある事とは信し候も、思ひ出で候まゝ小生の希望申進じ候。池田社長と御相談の上可然御引廻し願上候。常務諸兄には貴台よりよろしく御鳳声願上候。小生病気軽快と相成候まゝ、不日帰京拝光を期し居候。右御依頼迄。草々不具

九月廿一日朝　　岩崎小彌太

森本政吉兄玉案下

195　石黒俊夫宛　昭和十九年九月二十一日

（三菱史料館所蔵）

拝復　秋晴好適の気候貴下御壮健奉賀候。銀扇二本確に落手仕候。慎重に揮毫相試可申候。御手数万謝仕候。昨日池田〔亀三郎〕氏来訪、久方振に事業の報告に接し愉

快に一日を暮し申候。小生湿疹益々快方、帰京之日も不遠候。いつれ拝晤を楽しみ居候。先は右寸楮御返し迄。不具

九月廿一日午　岩崎小彌太

石黒老兄玉案下

〔註〕㊤東京都麹町区丸之内二ノ四　三菱本社　石黒俊夫殿親展　㊦封　九月廿一日　熱海市咲見町陽和洞　岩崎小彌太　年代は消印による

196　石黒俊夫宛　（昭和十九）年九月二十五日

（三菱史料館所蔵）

粛啓　船田〔一雄〕氏書翰の件に就而御休養中御手数を煩し奉謝候。又今朝は廿六日御来熱願上候処御快諾を得、難有存上候。全く私用の為に有之、恐縮千万乍ら当地の事につき御相談致し度く御願申上候次第に有之候。宜敷願上候。〔岩崎〕忠雄帰京に際し寸楮事情開陳如此。

九月廿五日　巨陶

石黒君侍史

197　石黒俊夫宛　（昭和十九）年（　）月（　）日

（三菱史料館所蔵）

拝啓　先日は暑さの折御来駕奉謝候。今日は久方振の雨天に四圍の草木生気を帯来り候。却説武藤〔松次〕氏夫人より依頼の書の大きさ失念致し候。御示し願上候。小さきものと覚え居候ま、当地にて書認め度くと存居候。御面倒相願度候。

庭に萩少々咲き出で、夜は虫の声しげく相成候。さすかに秋の来るを覚え申候。寸楮用事耳右迄。不具

岩崎小彌太

石黒兄侍史

〔註〕武藤松次は昭和十九年六月死去

198　小磯国昭宛　（昭和二十）年一月十五日

（三菱史料館所蔵）

謹啓　新春之御慶先以御祝辞申上候。時局下日夕政務御精励に拘らず、御座右御障もあらせられず珍重之至りに奉存候。陳は先般来一度拝光親しく貴意を得度存居候へども未だ其の機を得ず、仍て茲に乍略卑書を捧呈して御賢慮を煩し申候。実は近時軍需事業官営之議世論の一部に相見え候へども、右は予ねての御高説にも有之候通り

到底現下の国情に即せざるものに有之、政府にをかせられても万御採用なきは勿論の事と安堵致し居候。然る処右とは別事ながら最近我重工業会社の郷古〔潔〕元良〔信太郎〕の二氏に対し、航空総局長官遠藤〔三郎〕中将閣下より航空関係事業の一部を軍需省に於而管理経営せらるべきやの内案の御相談有之候由、右に対し二氏よりは熟慮の結果早速該案の将来する役員職員の不安混乱、随而事業上に及ぼす不測の能率低下等詳細に亘りて実情を同長官に具申せる由、此亦極秘にて小生に報告有之候。小生の見も全く二氏同様に有之、現下国家危急の際生産遂行上に支障を生ずるが如き処置は実行すべからざる義と確信致居候。且少くとも三菱の事業に関する限り、今日内議の如き御処置を受くるは寧ろ心外の感も有之候。多年事業の育成に苦心し殆ど全生命を賭して斯業に従事致し居候職員技術者に対し、突如其の抱負と矜持とを失はしむるは、年来之が統率の任に当り居候小生の立場として洵に忍び難きもの有之候。よし私情は暫く之を措くとするも、生産増強の責を負ふ小生としては国家の為め真に深憂に堪へざるもの有之候。且又企業を国家的に運営するの議に対しては、愚見は必しも軍官の管理下に官営の形態を取るを要せずと存候。寧ろ民営は其儘として、只此に従事するものゝ指導精神を確立するこそ最も我国古来の民風良俗に適順する所以にして、然かも動もすれば外来の社会主義的傾向に堕せんとする近時の風潮を阻止するに足る良策とさへ愚考致し居候。政府の御施策は固より多面に有之べく候へども、要は民人をして喜んで其の職域に奉行せしめ、而して民営の能くせざる部面に於て政府の力を行使せらる可きものかと存候。官権の尊ぶべきは論を待たざれども、企業の性質と歴史とを無視して万事に官営の優越を信ずるは一部官僚の偏見に可有之、『自ら用ふるものは小なり』との古人の言にも味ふべきものあるを覚え申候。閣下の高明必ず這般の御洞察は有之事とは存じ候へども、履霜堅冰を思ふの杞憂、邦家生産の前途の為め敢て忌憚なき卑見を具陳申上候。此等の事若し幸に御寸暇を頂き得候はゞ、拝晤更に親しく縷述申上度何分の御明示切に希望に不堪候。不取敢右愚衷のみ如此。時下寒威熾烈の節、邦家の為呉々も御自愛御自重を奉祈上候。頓首敬具

正月十五日

岩崎小彌太

小磯国昭様侍史

尚々別封「随時随感《題》」坐右に献呈仕候。右は従来小生配下社員にのみ告示いたし居候愚見に候へども、三菱の奉じ来れる精神と伝統とは此に相尽き可申候。若し御侍史を通じてなりとも御一覧の栄を得ば幸甚と存候。再拝

〔註〕㊤小磯国昭様　親展　㊦封　正月十五日　岩崎小彌太

199　船田一雄宛　（昭和二十）年三月十六日

（成蹊学園史料館所蔵）

昨夕華墨に接し難有拝見仕候。春寒厳しき際之御滞京御苦労千万奉存候。然し明日御離京之由、湘南温暖之処に今少しく御静養祈上候。昨日理事会之様子御報告に接し難有奉存候。斯る大事は方針確定の上は理事会之同意を得、協力者に対し候事願はしく奉存候。協議会にも三橋〔信三〕氏より御報告被下候由、至極結構と奉存候。貴台御帰庵之速ならん事祈上候。小生軽快に向ふ様相感し候。御休神被遊度候。空襲騒き時々病室を煩し候。来るものは来るとして、余り狼狽振りは世間に見せ度く無きものに有之候。暮々も充分の御静養を乞ふ。先は貴答迄如斯候。不具

三月十六日夜　　岩崎小彌太

船田老兄侍史

病後始めて毛筆を採りて試書仕候。御判読被下度候。

〔註〕㊤三菱本社　船田一雄殿　貴酬　㊦三月十六日夜　鳥居坂　岩崎小彌太

200　岡野保次郎宛　（昭和二十）年三月十七日

（『岩崎小彌太書翰集』）

拝啓　余寒猶厳敷候処、貴下益々御健康御奮闘之段奉賀候。度々の空襲下日夜復旧疎開等に御尽力之儀と拝察、感謝罷在候。小生も幸に頑健に日々出社々務を鞅掌し、乍不及涓埃を邦家に致さんものと駑馬に鞭ちつゝ有之候。御安意被遊度候。却説先日拙宅御来訪之際御話有之候小生の拙作、常に心懸け居候も多忙之為め延引と相成居候処、寸暇を得て戯作仕候もの試に拝送、責を塞ぎ度存候間御受納被遊度候。日夕御多忙之際、御一笑之資とも相成候はゞ満足此上無く相感じ候。此様な時世には忙中の閑懐も必要と存じ候。暮々も御自愛専一に被遊度切望に不堪候。辱知之諸君にもよろしく御鳳声願上候。不取敢寸楮如斯候。不具

三月十七日朝　　岩崎小彌太

岡野兄侍史

201 元良信太郎宛　（昭和二十）年四月一日

（三菱史料館所蔵）

一書拝呈仕候。春寒料峭之候益々御清祥奉賀候。先日御来駕を辱ふしてより早くも数旬を閲し候処、一度御面談相願度存候間、時局下御多忙の儀とは拝察致し候も御繰合せの上御足労相煩度奉願上候。時日は来週初め午前十時頃より若くは午後一時半頃より小生には好都合に有之候。適当の日時御示し被遊度候。秘書役又は石黒〔俊夫〕君を通して御知らせ煩し奉り候。拙宅之電話思ふ様に通ぜす寸楮得貴意候次第に有之候。万事は拝顔の上万縷可致候。頓首

四月一日夕　　岩崎小彌太

元良信太郎殿侍史

〔註〕(表)三菱重工業株式会社　元良信太郎殿　平安　(裏)四月一日夕　麻布鳥居坂町　岩崎小彌太

202 諸橋轍次宛　（昭和二十）年四月二十日

（『岩崎小彌太書翰集』）

冠省　先日は貴翰に接し奉謝候。其後事変多く其儘と相成居り、御返書も不差出無礼仕候。御近火御混雑と拝承仕候も電話不通の為め御左右御伺不出来、此に欠礼申上候。小生方も同様最も近火にて相当混乱を来し居り、御同様うるさき次第に有之候。若し御差支へ無くば一度拝晤御願致度と存居候処、明日午前九時半頃には如何に候や。電話不通之折柄十時過迄御待可申上候間、右之御都合付き候様なれば御枉駕願度候。若し御都合悪しき際は重ねて御願可申上候。昨日玉川の方に出懸候処異状無之候。御安意願上候。いづれ拝顔之際万縷可申上候。不具

四月廿日朝　　岩崎小彌太

諸橋先生侍史

203 岩崎孝子宛　（昭和二十）年六月一日

（『岩崎小彌太書翰集』）

拝啓　六〔五〕月卅一日は午前八時半南禅寺出発、桂の工場へ行く。此日朝来天気良く午後は暑さを覚ゆるばかりなりし。桂を視察し太秦の工場へ行き、昼食は嵐山の千鳥にてしたゝむ。嵐山は旧時の如く風光明媚なり。河鹿も鳴きほとゝぎすも一声を聴く。昼食の後北山朱〔ママ〕学院等の辺

に諸施設を見てあるく。高等工業学校を訪ひての後午後五時帰宿す。今夜は久田〔宗也〕宗匠を夕食に御招きして石黒〔俊夫〕氏と三人にて会食す。伊勢の話などして興ずる。食後久田氏持参の茶箱を開き二服御馳走になる。茶箱は了々斎の手紙にて張りたる一閑作、久田宗匠の好なり。手紙の文句に戦に関する文字あり、時節柄面白きものなり。宗全の茶碗は小ぶりにて結構なりし。元贇焼のかへ茶碗も面白きものなりし。茶入れは春慶の境焼なり。おとなしき心にて結構なりし。一夕を閑話に過し十時過寝る。今朝は八時半発大坂に行く。

六月一日朝　小彌太

孝子殿

御自愛祈り入り候。

（『岩崎小彌太書翰集』）

204　岩崎孝子宛　（昭和二十）年六月一日

六月一日午前八時四十分頃南禅寺を出発して大阪に向ふ。京都を離るゝ頃より警報あり。間も無く空襲警報到る。敵機の紀州方面又は土佐方面より来るの報頻々たり。途中車を駐めて景勢を観望するに大坂を襲撃するものゝ如し。已む無く一時引き返す事として南禅寺に帰る。それより情報しきりに到る。毎々明かに大坂に火災を起こしつゝあるものゝ如し。大坂との通信断絶し情報を得るに道なし。数度空に爆音を聴き、一度敵機の二十機計りの編隊を南方四十五度計りの処に認む。退却中のものと推せられたり。京都の人心恟々たり。午前十一時半頃警報解かる。大坂の情報知るよしもなけれど、西国街道を進み大坂の北に出で、池田を経て宝塚に到れば夕刻到着出来可しと考慮し、其決意を為す。大坂は火災中通過困難を予想したればなり。昼食後元良〔信太郎〕氏名古屋より到着す。午後二時四十分頃出発し淀より高槻を経吹田に出で、それより池田を経中山を通過して二時間十五分計りにて目的の宝塚に着す。此地山間静隠なり。大坂の諸氏より情報を聴取す。明日は予定の通り神戸に向ふ筈。遥に御健康を祈る。

六月一日夕　宝塚ことぶぎ〔ママ〕にて　小彌太

孝子殿

（三菱史料館所蔵）

205　石黒俊夫宛　（昭和二十）年六月九日

〔第一信〕

拝啓　旅中は種々御高配拝謝仕候。無事御帰京相成候事と察し候。御疲労中種々所用を托し、又々御配意恐縮に奉存候。宜敷願上候。一昨夜は豪雨有之候も、昨日より晴天に相成候。小生の腰痛は漸次に良好に向ひ候も未た外出は不致、専ら養生に力め居り候。御打合せの電話は昨日より東京線は故障の為めとて不通、今朝も不通との事に有之候。何時復旧するやは郵便局にても返答せず、已を得ず使者を以て聯絡相計り候。不便不一方候。箱根の方も専用道路は一般の使用禁止と相成居り候。小田原経由の外無く此れ又不便に不堪候。今朝成蹊松岡〔梁太郎〕氏来り箱根に向ひ候由、箱根拙宅のの《ママ》今後の使用を予想して依頼致し居候。当方より御願申上置候儀万事宜敷願上候。左に二三の希望を開陳ある様思われ候。御多忙中甚だ御迷惑乍ら、一度直接充分に御話し願上候。此事の為め当方によび寄せ候ては、手少き際不便と存し候まゝ御依頼致し候。

一、文庫の内部点検し、将して如何の状態にありやも地所藤村〔朗〕氏等と御相談願度候。小生帰京の上迄相待ち候事（又は小生妻の帰京）は余り永引き候様にも思われ候が如何にや。これも現場の状況による事故、当方にては何とも決し難く候。此辺宜敷御さはひ願上候。平生使用致し居候岡本帰京致し居候様なれば好都合と存じ候も、帰京の日時も不明の様子故いつまでも待ち兼候様にも思われ候。

一、長嶋〔永嶋忠雄〕氏は長女を喪失し気の毒千万に存じ候。小生留守中度々鳥居坂の方を見廻られ尽力あり候由、特によろしく御鳳声願度候。

一、使用人も落付き居候事と存じ候。兎に角万事に気を付けそれ〳〵働き候様御指揮願度候。従来不充分の点多々有之候も、都下大変の際人情不得已ものも有之可申候。よく指導して働かす外無しと存し居候。彼等の立場も同情し親切に致しやる積り有之候。安神して働き候様御さしず願上候。

一、当方との聯絡益々不便と相成可申候処、先日御願致し候定期乗車券当地の手続を終へ、貴台に御願致し候様柳原〔敬吉〕申居り候処。

一、運転手清水一昨日上京、昨夜帰熱致し車庫並に自働車部分品の様子明瞭致し候。只今の処不自由は無き様子に有之候。部品も或物は焼失せしも、タイヤ其他当面の必需品は助かり候由、仕合せ致し候。

一、金上に取片付げ命〔ママ〕し置候もの、どの程度実行致し候や不明に有之候。然し既に喪失せしものにつきては不得已、別に責め候ても致し方無しと存候。又事情もある事と存し候間、問題には可不致候も、今後は命を受けたるものは即日実行することにつきやかましく不申ては不相成と存じ候。又言われずとも自己の責任をはたす心懸必要と存じ候。此点一度貴台より直接御話し相願置度候。高橋〔活一〕にては遠慮も致し、又高橋の方年下にもあり。言ふ事をきかぬ点も若し手続き出来き獲得出来候はゞ、右を利用して誰れか会社の若き人にて、貴台又は《及び》永嶋氏と近き気のきゝたる人を当分当方に御派遣の上、当方より日勤為致候事不相出来候や。小生宅にて畑の方にもと北村〔大作〕の宿泊したる部屋一つ離れて利用出来候間、其処に寝る事出来可申候。寝具は用意出来候由に候。食事も其のくらひは出来可申候。但し家族との疎開の意味には無之候。当地よりの日勤は多少苦労と思はれ候も、此頃伊藤《東》辺よりも日勤するもの多き由、朝六時過熱海仕立の汽車にて至極便利の由に候。夕刻は少し早く退出して帰宅、充分と思はれ候。右の事出来候はゞ当分の間にてもよろしく、小生と東京との連絡頗る好都合と思わ《は》れ候。御考慮奉煩候。

思ひ付き候数件取急き認め申上候。御取捨の上宜敷願上候。御帰京後色々御多端の儀と拝察致し候。充分御用心の上御奮闘祈上候。右不取敢御依頼の件のみ申述候。不具

六月九日朝　　陽和洞　岩崎小彌太

石黒俊夫殿侍史

〔第二信〕

同封之書翰認め終りし時電話に接し無用の処多かりしを覚え候も、兎に角差出し候。御読了の上御取捨願上候。今夜着の私送便は小生明朝拝見可致候。むし暑き日打続き何となく倦怠を覚え候。

老の身の老をかこつや梅雨の宿　　巨陶

石黒俊兄侍史

〔註〕(表)東京三菱本社　石黒俊夫殿　親展　第二便　(裏)緘
六月八日　陽和洞　岩崎小彌太　封筒は別書翰の可能性あり

206　元良信太郎宛　（昭和二十）年六月十日

（三菱史料館所蔵）

拝啓　三旬に亘る旅行中色々と御配慮を煩し、御影にて無事当地着致し候儀万謝に不堪候。静岡にて御分袂後之様子は、岡野〔保次郎〕氏等より御承知被下候事と拝察仕候。老骨腰病を生じ直に上京の運に到り難く、乍不本意閑居静養に力め居候。然し日々良好に相向候間、御省念被遊度奉願上候。旅行中御打合せ致し候事項に就而は、各会社と御打合せの上着々御実行被遊され度候。本社としては、平井〔澄〕氏に右の旨手紙にて申遣し置候。東京空襲の余波未だ不治、能率悪しき儀と推察致され候。今朝来又々帝都方面敵機来襲の情報を聴き、災厄の少無ならん事祈り居り候。小生留守中重工業会社罹災の諸賢多く、御同情に不堪候。宜敷御伝声奉煩候。いづれ帰京拝晤之期の近からむ事を切望致し居候。先は右旅中の御挨拶旁御依頼迄、草々如此御坐候。不具

六月十日朝

岩崎小彌太

元良信太郎様侍曹

〔註〕㊧東京三菱重工業会社　元良信太郎殿　㊤六月十日朝

熱海市咲見町陽和洞　岩崎小彌太

207　石黒俊夫宛　（昭和二十）年六月十一日

（三菱史料館所蔵）

冠省　昨日は早速御返書に接し拝謝仕候。鳥居坂焼跡の状況詳細御報告被下、状況を詳にし得候。善後之処置に関し色々御配意万謝に不堪候。残品処理につき朝戸〔順〕氏並に製鋼等の協力を得られ候は仕合せに有之候。モートル其他機械類にて将して如何に使用し得るや、玉川箱根等にて揚水其他に利用出来得るものは利用も致し度くと存し候。其他は勿論会社有要の方面に戦力化致し度くと存し居候。兎に角現物又は適当の安全の場所に保管し一時御あづかり願置度と存し候。文庫開扉の日時につき御来示拝承致し候。可成早く相運び候様御尽力願上候。大村氏引挙げ候後の利用も考慮致し度と存候が、高橋〔活一〕とも御相談御考へ置も願度候。小生上京の際は兎に角玉川を利用致し候外無之とも相考へ初め候も、会社への往復の燃料が問題に有之候。且又玉川はいつも弁当持参で出掛け候処とて炊事場の用意無しとの事、これ等を当方にて必要のものだけ工面して持参致さんかと相考へ居り候。荊妻も一度は文庫開扉内部のもの箱根、

熱海等へ分散せしむる必要上、且つは当方へも永き滞在の積にて参り居らず、旁用意の為上京致さでは不相済候処、やはり玉川へ同行するとせば其用意もあり早急には到り兼候につき、当面の用意だけして小生一人旅の積りにて上京、玉川に宿泊用事を終へんかと考慮を廻らし居候。今日は柳原〔敬吉〕は余り永く静岡に不沙汰致し居り候間、小生命じて藤元氏初め世話になりし人々に挨拶の為め出張為致候。先刻電話の際は不在にて小生電話し、不馴とて途中断絶失礼仕候。中谷〔一雄又は芳邦〕よりの送品其他色々御送附奉謝候。妻よりもよろしく。御帰京草々御多忙の際、小生私用色々御配慮を煩し恐縮至極奉存候。何卒御気付の点よろしく願上候。〔岩崎〕忠雄明日切符入手次第帰京致し度と申居候。猶色々気付き候点は伝言可致候。此手紙は御申越の重工私送便に托送を試み候。都合良く行く様なれば時々利用可致候。

只今も空襲警報発令中に有之候。真上を小形機数編体通過せるを目げき致し候。まことにうるさき限りに有之候。時節柄暮々も御自愛専一に被遊度奉願上候。先は右不取敢寸楮近状御知らせ旁御依頼迄。不具

六月十一日　　岩崎小彌太

石黒君侍史

腰部は日々軽快に向ひ候。未だ充分歩行出来ず候も不日全快可致、御安意願上候。

追伸　此手紙認め終りて一寸外出、少しく登山を試み候処、さしたる痛も無く喜び候。御心配被下ましく候。書余忠雄に伝言致し可申候。

〔註〕㊤東京都麹町区丸之内三菱本社　石黒俊夫殿　親展
㊦封　六月十一日　熱海市咲見町陽和洞　岩崎小彌太

208　岡野保次郎宛　（昭和二十）年六月十二日

（『岩崎小彌太書翰集』）

拝啓　時下益々御清康奉賀候。小生旅行中色々御配意万謝に不堪候。今日運転手帰名に托しつまらぬ物差出し候。あいにく農園に良き物出来居らず、ほんの志に不過候。荊妻より令夫人に何か差出し候由。是れもつまらぬもの、御用に相立ち候はゞ仕合せと申し居候。宜敷御伝願度候。服部〔譲次〕吉田〔義人〕其他の諸君によろしく御鳳声願上候。小生旅行につき不一方御心配相懸け恐縮致し居候。先は右取急ぎ寸楮如斯御坐候。不具

六月十二日朝　　岩崎小彌太

岡野兄侍史

小生腰部心経痛日々軽快に向ひ居候。御安神被遊度候。不日上京を計画罷在候。

209　岩崎輝彌宛　昭和二十年六月十三日

（個人蔵）

貴翰拝読仕り候。去る二日付之御書面九日夕当地着仕り候。其間約十日を要し居り参り、郵便物の相遅れ候に就而何とか東京を経て急送御返書の途無きやと考慮致し居候処に荏苒数日を経過致し、結極今日やはり郵送の外無きを観念仕り此書相認め候。小生旅行留守中東京は空前之御変災重り来り、御同様邸宅焼失の災厄に罹り洵に不便至極に存じ候。戦時中の事不得已儀には候へども、敵機之挑梁概〔慨〕嘆に不堪候。然し御互い怪我も無く生存致し多少とも御奉公出来候事、望外之仕合せと存居候。小生留守中熱海の方へ御使者被下候由、御厚情万謝仕候。小生も上京仕事にかゝらねばならずと相考へ候も、帰着早々坐骨心経痛を病み起居意に任せず、不本意乍ら閑居静養今日に及び候。然しこれは長途の自働車旅行之結果にて老骨疲労も相加り候為めにて、日々快方に相向い居候間、御省念被遊度候。上京之際何れに宿泊を定む可きかにつきても目下尽策、考慮致し居候。交通不便燃料不足の際、其撰定容易に無之閉口致し居候。小生旅行中は数々の平時にては味ひ得ざりし経験も致し候。空襲の為め度々旅程を乱され、地方の人々に非常の心配相懸け候も、無事旅行目的の一半を相済せ、六日夕無事当地に帰着致し候。東京との交通文通意の如くならず、諸事漫々たる進行をたどり居り候。当地も時々空襲に際し敵機上空を通過致し候も、今日迄の処平穏無事に相暮し居候。御地の模様は如何にや、御案じ致し居候。鶏、バターの件につき御手紙難有奉謝候。入手の方法つき候らはゞ今にても頂戴に出し度と考え候も、鳥居坂は混乱の状態にあり、当地も人少なく困ったものに候。其内方法を講じ御願可致候。先日御使の際御送附被下候分は、小生帰着後難有拝味致し居候なるも、時世故落付きたる気分に力め、臣子の本分を尽す様致さずば不相成と相考へ居候。東京の方目鼻相落き候際は早速御知らせ可申上候。小生旅行日記の一節御慰に封入致し候。右にて御推察願上候。すみ子殿〔岩崎須美〕には暮々もよろしく。孝子よりも宜敷申上候。子女一同元気のことと推察喜び居候。先は右不

取敢御返書耳。草々不具

六月十三日朝

岩崎小彌太

輝彌殿玉案下

〔註〕㊤神奈川県高座郡大和町下鶴間立川養鶏場　岩崎輝彌殿　貴酬　㊦六月十三日朝　熱海市咲見町陽和洞　岩崎小彌太　年代は消印による

210　森本政吉宛　（昭和二十）年六月十五日

（『岩崎小彌太書翰集』）

一書拝呈仕り候。空襲頻発之際、貴下無事西方より御帰京奉賀候。小生も御承知の通り去る六日無事当地帰着仕候間、御休心願上候。石黒〔俊夫〕氏を通じ貴句沢山拝見の光栄に浴し奉謝候。いづれも白玉の佳句大きに感心仕り候。小生の句も封入御覧に入れ可申候。事業上の報告、満州に関するもの及内地曹達事業に関するもの、池田〔亀三郎〕社長より御報告に接し候。重役諸君此変転多き世相に対し御苦心の儀と拝察仕候。何分宜敷願上候。森本貫一君戦災に罹られ候由、同情に不堪候。同病相あはれむとでも申す事か、賀集〔益蔵〕君には西方にて岐阜尼ケ崎にて世話に相成候。何れも宜敷御伝声願上候。小生も早々上京し色々と始末も致し度と存じ、石黒氏に色々計画相たのみ居候。不日目鼻つき候事と存じ候。それとは別に一日御来談被下度候。九州方面の事情を明にしたしと相考へ居り候。拙句は別に認め封入致し置候。先は右不取敢御投句に対し御礼迄。草々不具

六月十五日

岩崎小彌太

森本政吉殿侍史

〔別紙〕

五月十六日帝都を発し関西に向け旅立ち、興津水口屋に在りし折。

風立ちて波かづくかに明易き

静岡を過きて丸子の里にしばし車を駐めて憩ふ。

青梅や昔はありしとろゝ汁

五月十九日天龍川をこへし頃空襲に遭ふ。前路進みがたく引き返し、数日の後西下す。左与の中山を越ゆる折。

夏山をふたゝび越ゆる命かな

小夜の中山にて夜泣石と言ふ石を見て。

石古りて今を昔の若葉かな

五月廿六日岐阜に着く。長良川の辺に鵜匠守とかの家にて、一子相伝の料理と言ふを味ふ。

二刻《ふたとき》の河風涼し鮎料理

鵜匠守より鵜の話をきく。

せゝらきやつきぬ鵜匠の長話

話半にして東都より報あり。今朝の空襲にて自邸全焼せりと。

住み馴れし幾年月の鵜籠かな

この夜長良川のほとりに宿る。

水鳥の浮巣に帰る羽音して

翌朝所懐。

ひるかほのあすさく花の蕾かな

桑名に宿れる時月よし、古をしのびて。

宮さして渡す七里や夏の月

伊勢路をへて京へ入り、南禅寺畔の庵に入る。

衣更へて端居楽しや東山

嵐山に憩ひし折時鳥を聴く。

一声は物思へとやほとときす

211　石黒俊夫宛　（昭和二十）年六月十七日

（三菱史料館所蔵）

貴書難有拝見仕候。昨日は警報発令、東京は何にかと御多端之儀と遥察仕候。佐藤〔要人〕国手来熱、小生四大少しく不調の処最早旧に復し候。御省意被下度候。警報以来当地殊に静穏に有之候。北九洲化成之工場の模様将して如何にや、後報を待ち居候。小生も来週には帰京致し度と存居候が、警報中之自働車旅行如何かと案し居候。然し来週は解除と相成候事かと推し居候。昨日午後は天候良く佐藤氏と散策なと出来候も、今朝来本格的の霖雨模様となり籠居の已む無き有様に候。徒然読書の際、

林葉飄風瑟々鳴　虚窓唯見一燈明
人間多少功明夢　化作山房夜雨声

面白き詩と思われ候。如何。其後句作無くうつら〳〵と居眠り居り候。先は右御手紙に対し御返事まで。草々不具

六月十七日夕　　巨陶

石黒君玉机下

212　石黒俊夫宛　（昭和二十）年六月十七日

（三菱史料館所蔵）

一、年たけての歌は新古今集巻十にある西行の歌に有之候。

あづまの方へ相知りたる人のもとへまかりけるに、さやの中山見しことの昔になりたりける思ひ出でられて、

年たけて又こゆへしと思ひきや命なりけりさやの中山

とあり候。西行は初め円位と云ふ名なり、後西行と改むと云ふ。此あづまの方へ知人を訪ふと云ふのは藤原秀衡のことであると云ふ。

芭蕉には中山に関して句多き様子なり。

二十日あまりの月かすかに見えて、山の根際いとくらきに、馬上に鞭をたれて数里、いまた鶏鳴ならす、杜牧が早行の残夢、小夜の中山に至りて忽驚く。

馬にねて残夢月遠し茶のけむり

小夜の中山にて夏の日あつかりければ

命なりわつかの笠の下涼み

風瀑餞別

わすれずは佐夜の中山にて涼め

又

また越む佐夜の中山初鰹

など見当り申候。

地名字書には佐益中山《サヤノナカヤマ》とあり、古歌には

甲斐か根をさやにも見しかけれなく横ほりふせるさやの中山

旅人の草の枕におく太刀のさやの中山けふやこえなむ

旅ひたちし日数をかぞふればさやの中山早こえぬらむ

などあり。刀に関しての伝説面白く拝見致し候。

一艸山和尚の詩面白く拝見致し候。

程明道先生の

閑来無事不従容　睡覚東窓日已紅　万物静観皆自得

四時佳興与人同

道通天地有形外　思入風雲変態中　富貴不淫貧賎楽

男児到此是豪雄

の境地を得度くと望み居候。

再ひ俗事に返りて、

一小生のラヂヲの電池四角な大きな方が不良と相成候様

なれば、右を入手御届願上度候。序に円き小さき方も願上度候。当方にてはラジヲあるも帰京の途上右があれは頗る好都合と存し候。
其他は高橋〔活一〕に伝言致し可申候。暮々も御自愛祈上候。不具

六月十七日夕　　　岩崎小彌太

石黒君玉案下

追伸　小生より御礼を言ふ可き人多し。御会の節それ〳〵よろしく御伝へ願上候。

213　中谷芳邦宛（写本）　（昭和二十）年六月十七日
（三菱史料館所蔵）

華墨難有拝見仕候。時局重大の折柄、貴下益々御勇健之段奉大賀候。先日御上京中なりし由の処、小生折悪しく関西方面旅行中にて終に拝光の栄を失し候事、遺憾至極奉存候。兼而御計画之工場も建設終り操業の運に立到り候由、御努力之効果相顕れ候事と喜悦罷在候。小生旅行も種々の件に遭遇し平時に於而は味ひ得ざる体験も得、頗る愉快に日程を終了仕候。留守中自邸焼失の為め一たん当地に落付き、旅の疲れをも養ひ、将来の画策をも致し居候。不日上京出来候事と存居候。平生御心に懸けられ色々珍しき品々御送り給はり、深謝に不堪次第に有之候。国歩艱難の際事業上御苦心多き事と推察致し、充分御自愛の上御努力願上候。先般懇書拝受致し難有奉謝候。其節御返書を相考へ居りつゝ多端に取紛れ其儘と相成、失礼申上候。今回重ねて貴書に接し恐縮致居候様の次第、不悪御諒恕被遊度候。先は右不取敢貴答旁御挨拶迄。草々如此御座候。頓首

六月十七日　　　岩崎小彌太

中谷芳邦殿侍史

追伸　荊妻より御送品に対し万謝の意を表し宜敷申上度と申出候。小生旅中の句稿一節認め差出し候。御一笑を得ば幸甚。

214　野口松一宛　（昭和二十）年六月十七日
（三菱史料館所蔵）

拝啓　時局重大之際、貴下益々御勇健御奮闘之段、大賀至極奉存候。今回小生旅行前自動車に関し不一方御配意を煩し、御影を以て長途の旅程を無事終了、去る六日当

地帰着仕り候。又小生不在中邸宅全焼の際は御見舞品等御贈与被下、留守の者一同大きに難有存し居候。且又焼失後之取片付等につき石黒〔俊夫〕氏を通し重ねて御依頼に及び、玉川及鳥居坂等に対し御親切なる御申越に接し万謝の外無之候。小生帰着後心経病を発し静養加療罷在候処、不日上京致し度と準備罷居候。其内拝顔親しく御礼可申述候も、不取敢書中御挨拶のみ申上度、寸楮如此御坐候。不宣

六月十七日　岩崎小彌太

野口松一殿玉案下

〔註〕(表)東京器械　野口松一殿　平信　(裏)封　六月十七日
熱海市陽和洞　岩崎小彌太

215　石黒俊夫宛　（昭和二十）年六月二十六日

（三菱史料館所蔵）

一書拝呈仕候。昨日は予定の通り鶴間を経て帰熱仕候。途中何等之故障も無く、只空襲を恐れ午前中にて切挙け、午一時当地着仕候。当地は万事無事、昨夜は久方振に警報無之安息仕候。小生東都滞在中は何に角と御高配を煩し感謝の辞無き次第に有之候。大分尊宅を荒し恐縮に奉存候。却説今朝電話にて御話申上候通り、国宝其他美術品之一部疎開を実行致し度くと存し種々考慮致し居候処、結極陶器漆器の一部は箱根を適当と相考へ、其実行につきて野口〔松一〕氏松岡〔均平または梁太郎〕氏の協力を得度くと存候につき、両氏に当方へ御足労相願度と存し居候。これも今回小生当地滞在中に方針相立て度と存し、両氏には甚だ御迷惑と存し候も御願致したる次第に有之候。宜敷願度候。又鳥居坂の倉前の仕事は御願致したる通り藤村〔朗〕氏へ御願の儀御依頼致候。これも来月に入りては暑くもなり妻の上京も難儀と相成候間、可成至急出来候様御尽力願上候。時下向暑之候暮々も御健康御注意祈上候。永嶋〔忠雄〕君には貴下よりよろしく御鳳声願上候。乱筆御判読願上候。不具

六月廿六日朝

忠雄帰京に際し此書を托し候。

上京の際に
五月雨《さみだれ》や破れし障子も其まゝに
傘焼きし悔《くひ》ひし〳〵と五月雨《さつきあめ》

御一笑被遊度候。

〔註〕(表)東京麹町区三菱本社　石黒俊夫殿　親展　(裏)封　箱

根見南山荘　岩崎小彌太　封筒は別書翰のもの

216　船田一雄宛　（昭和二十）年六月二十七日

（成蹊学園史料館所蔵）

拝啓　欝陶敷気候打続き候処、其後御健祥奉賀候。小生一昨日予定の通り帰熱仕り候間、御休神被遊度候。帰来京坂神及中京地方に空襲ときき事業場の安否気遣われ申候。今回の東上により鳥居坂焼跡の始末之方針を決定し得、仕合せ仕候。然し其実行は思ふに不任、焦慮のみ仕居候。会社各方面も益々多事、只諸賢の健在を祈り居り候。一週日にして用意出来候筈に就き、其上再度上京可致候。其節は今少しく長期の滞在を期し居候。何卒諸兄によろしく御鳳声奉願候。先は右近況御知らせのみ。草々不具

六月廿七日　　　　　　岩崎小彌太

船田老兄侍史

先日東京に上れる際石黒氏邸に仮宿す。

五月雨《さみだれ》ややれし障子の其まゝに

傘焼きし悔ひし〱と五月雨《さつきあめ》

御憫笑被遊度候。

〔註〕㊤三菱本社　船田一雄殿　親展　㊦六月廿七日　熱海市　岩崎小彌太

217　元良信太郎宛　（昭和二十）年六月二十七日

（三菱史料館所蔵）

謹啓　再度長途の旅程に上られ候由拝承、御苦労千万に奉存候。小生儀健康恢復致し候に就而先日上京仕候処、丁度御留守中にて拝晤之期を失し残念千万奉存候。種々の事情上永滞在も致し難く離京致し候。本拠を失ひ不都合日を追ふて深刻に有之候。上京の間に重工業の重役には郷古〔潔〕氏と面会、大要之経過聴取致し候。其他原〔耕三〕氏より一度木質工業の話を承り候。今日に到りてやっと官の許可を得たる様子、時間の空費不相変の次第にて困つたものに有之候。造船工場の木製飛機製作の儀、との程度迄進行し居るや承知致し度と存し候も、折悪しく玉井〔喬介〕常務も不在にて詳細を聞し難く残念致し候。艦本之態度積極的ならずとのうわさを耳にし候が将して如何に候や、此緊迫せる際積極果敢の決意こそ望ましく候。鉱業会社の地下施設に積極協力の件は軌道に乗りたる様観取致し候。遅きに失したる様思われ候も、

従来通りと致し置たるよりは促進出来候事と期待致し候。只官の誠意ある協力望ましく候。京都の会合の成果も幾分見る可きものある様思われ候。同様の会合を随時随処に実行し協力の実効を挙け度きものに有之候。滞京中軍需大臣〔豊田貞次郎〕に面会致し度くと存候処、折悪しく先方旅行の都合ありて其運に不致〔ママ〕遺憾に存し居候。次回上京の際は先方より是非面会致し度しとて約束致し置候。小生次回の上京は不明なるも出来るだけ早く致し度と相考へ居候。一日も早く拝眉の上種々御打合せ致し度と存居候。其他京坂神中京度々空襲の報をきゝ肝を冷し居り候。従業者の労苦察するに余りあり、洵に同情に不堪候。先は右好便に託し近状御知らせ旁御挨拶迄、如此御坐候。不具

六月廿七日　　岩崎小彌太

元良老兄侍史

〔註〕(表)東京三菱重工業会社　元良信太郎殿　親展　(裏)六月廿七日　熱海陽和洞　岩崎小彌太

218　石黒俊夫宛　（昭和二十）年六月二十七日

（三菱史料館所蔵）

拝啓　昨日電話にて御依頼之件、本日御返事に接し候事と期待致し居候。此多忙の際野口〔松一〕氏松岡〔均平または梁太郎〕氏に御足労を煩し候事恐縮には存し候も、帰来美術品全部疎開に決行致し候事、日本文化資料保護の見地より小生の義務なりと考慮致し候に就而、両氏の助力によりて軍との関係を円滑にし、箱根を利用致し度と考慮の上御願したる次第に有之候。両氏と会見の上実行の可否能否を検考致し度と存居候。今日これより電話の節御願致し度存し居候が、金上に玉川に日勤し国宝其他重要なるものの置き換を命し置候処、御承知の如き同人の性格故日々其進行の様子を報告せしめ度と存候。甚だ御面倒乍ら同人に御申付け被下、夜簡単なる報告書を作成し、朝出勤の際貴台又は永嶋〔忠雄〕氏に呈出し、取纏めて好便の際小生に御届被下候様願上度候。

鳥居坂の方は時局下進行心もとなく存し居候が、今日も手紙にて藤村〔朗〕氏に依頼致し候。妻の上京の一日も早からむ事望み申候。昨日忠雄上京に際し一書差上け置候。御入手被下候事と存候。本日は柳原〔敬吉〕を静岡の方へ見舞旁無沙汰の詫に差出し置候。大空襲以来同人初めての出勤にて不相済存居候も、当方無人にて致方無

之候。明日使者にて此手紙差上げ候。御返事は同人に御托し願度候。昨今鬱陶敷天気にて心地悪しき限りに有之候。東京も定めて同様と存し候。御用神専一に被遊度候。長嶋〔ママ〕上村〔金治〕氏によろしく。先は右迄。不具

六月廿七日　岩崎小彌太

石黒俊夫殿玉案下

〔註〕(表)東京三菱本社　石黒俊夫殿　親展　(裏)封　六月廿七日夜　熱海市　岩崎小彌太

219　諸橋轍次宛　（昭和二十）年六月二十七日

（『岩崎小彌太書翰集』）

拝啓仕候。帝都大戦災に際し御左右御心配申上居候処、御無事之由承知安堵仕候。小生関西旅行中にて拙宅焼失の報に接し候も、兎も角旅行の目的は終へ今月初め当地帰着仕候。少しく健康を害し荏苒加養罷在、去る廿一日数日間上京後途を策し来り候。滞在中一度玉川へも出懸け候も拝晤之期を失し、残念千万奉存候。本拠を失ひし不便は日を追ふて相加り、公私とも何等か方途相立て度くと存居候。玉川在住も考慮の一つとして計画罷在候も、未だ永住するや否やは確定不致候。それにつきて文庫の書物取片付け方依頼致し置候処、先日玉川へ参り候際貴下御所有の書籍は他へ御譲渡し相成候やに噂致し居候に就き、或は小生取片付けを命じ候結果御迷惑を来し候事もやと恐れ居り候。目下の情勢下万善の策を立つる事至難の業に有之、只最善を尽し置く外無之と存居り候。小生旅行中各事業場に於て諸員殆んど戦災に不罹ものまれに有之候にも不関、皆死力を尽して奮闘罷在候。奉公の大義に徹するは此時に有りの気慨を持し居り候。小生も一日も早く上京、指揮相覚度くと画策罷在候。在京中尊翰に接し候も寸暇無之、御返事も不申上失礼仕候。一昨日帰熱仕候間、甚だ遅延乍ら御返書のみ差上げ候。御判読被遊度奉願上候。草々不具

六月廿七日夜　岩崎小彌太

諸橋先生侍史

好便に托し此書面差上げ候。

220　石黒俊夫宛　（昭和二十）年六月二十九日

（三菱史料館所蔵）

尊書難有拝見。種々御配意によりて鳥居坂無事進捗候段難有奉存候。卅日には甲文庫は少なくとも開扉相成候由

につき、七月一日又は二日に上京之筈に候。御含置願上候。孝子宿泊の儀につき御申越奉謝候。決して斟酌など致し居候にては無之、当人仕事の都合より申候もの、申出通り実行させて可然と存候。鳥居坂に多数の人間が居る事故、滞在中出来るだけの事を致す覚悟にて居ればよろしく候。一たん実行し非常に不都合を感し候際は遠慮なく尊宅使用可致候。小生は貴宅に願候外無之候。小生と妻とは全然別箇の行動致し候つもりに致し居候。小生の自動車及燃料は先度の様に御用意願置度候。野口〔松一〕松岡〔均平または梁太郎〕氏昨日来邸、万事打合せ出来好都合に有之候。揮毫の件其内実行可致候。草々不具

六月廿九日朝　　岩崎小彌太

石黒兄侍史

荊妻上京の事は仕事の都合上他に対しては秘密に願上候。

221　松岡均平宛　（昭和二十）年七月一日

（三菱史料館所蔵）

華墨難有拝見仕候。昨今梅雨鬱陶敷天候打続き居候処、尊堂御勇健奉賀候。小生身体の故障も除去せられ候て先月中旬上京、用事相済ませ申候て一旦帰熱仕り候。明日再度上京之上社用相はたし申度と存居候。会社も先度の空襲にて重役以下戦災に罹るもの多数に有之、小生地方巡回の前後に於て各地の所長以下多くは全焼の厄に罹り居り候にも不関、一同益々奮励努力致し居候儀は洵に喜ばしく存居候。小生もいま一段落後仕末相付き候はゞ旅行視察の旅にのぼり度くと計画罷在候。然し老年の事とて無謀な事も不出来ず〔ママ〕と自重は致し居候。緊迫せる情勢下力めて綽々たる余裕を持するをば最も必要なることと存じ居り、御来示の通り俳句を通して自然と親しみ、自然の懐に入りて人生を達観し得る様努力致し候も中々につむ〔ママ〕かしきことに有之候。程道明〔明道〕先生の

万物静観皆自得
四時佳興与人同
道通天地有形外
思入風雲変態中

など首肯せしむるもの有之候。

熱海に長き旅より帰着せし折。

いづる湯の伊豆につきけり花蜜柑

熱海にてしばし静養せる時に。

どくだみの花にあかるし木下闇
夏蕨野山に狩りて客を待つ
人来れば動く心や雨安居
声高《ことだか》や麦刈る手もといそがしく
甘藷押すや曇またるゝひるさがり

六月中旬上京、全焼の自邸の焼け跡に立つ。夜月よし。
　愛惜の物皆焼けて月涼し
石黒〔俊夫〕総務部長宅に宿る。
　五月雨《さみだれ》や破れし障子の其儘に
　傘焼きし悔ひし〳〵と五月雨《さつきあめ》
再び熱海に来る。
　草とりの腰うちのべて海を見る
梅雨之節時々リヨウマチに苦しむ。
　老の身の老をかこつや梅雨の宿

御申越により試に書き連ね申候。御一笑被遊度候。明日上京奮闘努力可致候。当分多忙御消束の暇も無之と存候。時局下御自愛専一に祈上候。先は右不取敢貴答耳。匆々
敬具

七月一日朝　岩崎小彌太

松岡均平殿玉案下

〔註〕㊤神奈川県二宮町中里一六〇乙　男爵松岡均平殿　貴酬　㊦七月一日朝　熱海市咲見町陽和洞　岩崎小彌太

222　森本政吉宛　（昭和二十）年七月二十五日

（『岩崎小彌太書翰集』）

拝啓　連日空襲下鬱陶敷天候打続き居候処、尊堂御勇健之段大賀至極奉存候。一昨日は遠路わざ〳〵御来臨を辱ふし候処、折悪しく小生療法を誤り激痛後の臥床中にて仰臥之儘寸時御高姿を拝し候のみに終り、洵に失礼の至り平に御諒恕披遊度候。御帰東後佐藤〔要人〕国手来診被下候処、余り悪化もせず養生続行罷在候間、乍他事御安神被遊度候。老人の病気の事にてはか〴〵しく軽快に向はず焦慮罷在候も、今回にこりて気永く養生の方針と致し候。此非常時局之際御転任之義、洵に御苦労千万に存居候も、御元気の態を拝し安堵仕候。御家族方にも御旅行等定めて御心労多きことと拝察、御同情申上居候。何卒充分に御用心の上御旅行被遊度切望に不堪候。小生も必ず軽快致し、此時局に渾心の御奉公致し度くと期待罷在候。御来訪之際御帰宅に際し珍しき品皆別に頂戴仕候由、難有万謝仕候。妻も短時間にて何の御もてなしも

出来難く、残念に存居候。次回御上京之際は緩々と御高話拝聴致度と存居候。工場方面の事何分宜敷願上候。又関門北九州地方の知人には何卒よろしく、御序之節御伝声奉願上候。先は右不取敢御礼旁御挨拶のみ申上度、如斯御坐候。不具

七月廿五日　　岩崎小彌太

森本政吉殿玉案下

223　石黒俊夫宛　昭和二十年七月二十六日

（三菱史料館所蔵）

再伸　苗場自働車に托せられし書状類難有拝受仕り候。

一、名古屋方面の事情服部〔譲次〕氏の書状にて詳にし得候。困つたものに有之候。

万金膏難有拝受致し候。御尽力感謝の外無之候。

一、箱根の本家は小生及必要の場合永坂〔岩崎忠雄・淑子〕等の為め確保せざるを得ず候。道路に近き「離れ」と称する客室は常に問題と相成候につき、場合によりては会社又は成蹊の者の疎開家族の為めに使用せしむるも一策かと存し候。野口〔松一〕氏と御相談の時御考慮願上候。其家の一部に静岡の品物保管中に有之候。御承知と相信し候も、門も全く別と相成居り只庭続きとなり居るのみに有之候。或は貴台野口君と御暇の節御視察願得れば仕合せと存じ候。

其他の件色々御尽力万謝〳〵。不具

七月廿六日午後

石黒君玉机下

〔註〕㊤東京市麹町区丸之内三菱本社　石黒俊夫殿　親展
㊦封　七月廿七日朝　熱海市咲見町陽和洞　岩崎小彌太　年代は消印による　封筒は別書翰（224）のもの

224　石黒俊夫宛　（昭和二十）年七月二十七日

（三菱史料館所蔵）

拝啓　日夜御配意を得奉謝候。小生兎に角無事御安念願上候。服部〔譲次〕氏送附の万金膏今朝より用初め候。奏効顕るゝ事必然と期待致し居候。金上勉強致し居候由、これも習慣に有之候。勉強する様なれば一週一度ぐらひは休暇を与へられ度候。美術品の疎開も考慮中なるも、昨夜の電話にて蘇聯の事御知らせにあつかり奉謝候。大変化の前途逆睹を許さず候。小生の病気昨朝より稍好転の様子に有之候。時々御報らせ可申上候。

医師の事色々御配慮万謝に不堪候。永嶋〔忠雄〕佐藤〔要人〕氏の尽力多謝々々。

病気軽快の上一度上京致して決定せずでは相かなわずと存し居候。兎角色々の事御高配多謝に不堪候。野口〔松一〕氏にも色々世話に相成候。よろしく御伝声願上候。

不具

七月廿七日朝　　　　岩崎小彌太

石黒兄侍史

永嶋君にもよろしく

追伸　名古屋服部氏の手紙難有拝見致し候。皆さんに色々心配懸けて相済まず候。

只今箱根行トラツクの件電話有之候も、多分必要無之と思ひ候も、一両日形勢を見ての上にてよろしくと存し候。如何。

225　岡野保次郎宛　〔昭和二十〕年七月二十七日

（『岩崎小彌太書翰集』）

拝啓　先日東京にて一寸拝晤致し候翌日激しき腰痛を起し、焼跡之倉庫之一郭に一週日計り臥床しあり、十七日病を推して当地に来り爾来養生罷在候。今度は不断多少の疼痛あり、大分苦しみ居候。天候も連日欝陶敷、これも快癒の邪魔致し居候事と存じ候。東京にて今少し話し度き事ありしも其儘と相成、残念千万奉存候。其後貴地方空襲激下、御奮闘之段御察し致し居候。昨日石黒〔俊夫〕より手紙にて、服部〔譲次〕氏の周旋にて万金膏を届け呉れ候。早速今朝より使用し初め候。必ず効果あることと楽しみ居候。数日使用の後、将して効果を生じてより服部氏に親しく御礼を言ふつもりに致し居候。

先日東京にて病臥に取紛れ、御心入れの自転車二輪御送附被下候御礼を申述候事遅延致し、恐縮に存候。戦災焼失後の拙家には大きに役立ち、仕合せ致し居候。甚だ乍遅延御礼申述候。当地に静養し在りても色々気に懸り、只焦慮のみ致し居候。戦局益々急迫定めて御苦心多き事と察し居候も、例の頑張りの出し処と御奮闘祈上候。服部〔譲次〕氏吉田〔義人〕氏初め御部下の諸君によろしく御鳳声奉煩候。小生も腰が立つたら早速上京、勉強致し度と存居り候。これも年のせいかと苦笑に不堪候。人間健康が何よりに候。御用神の上御努力願上候。先は右御見舞旁御礼耳申述度、如此御坐候。不具

七月廿七日朝　　　　岩崎小彌太

岡野兄侍史
令夫人によろしく。荊妻も元気に致し居候。

226　石黒俊夫宛　（昭和二十）年七月二十九日

（三菱史料館所蔵）

一書拝呈仕候。明日柳原〔敬吉〕上京につき、今朝予め此書認め申候。連日の空襲定めて御配意多き儀と拝察仕候。小生の病状其後悪化の様子も無く、次第に快方に向ふにはあらずやと相考へ居り候。夜中の方疼痛を感し安眠し得ず閉口罷在候。気永く致し候外無くとあきらめ居候。三菱総力本部会合毎週火曜日を定日と致し候由、其際の簡単なる議事録作成の上御示し被遊度願上候。閑居療養中不断に事業の進行の事気に懸り居候段、右の儀宜敷願上候。柳原より当地の近状御聴取願度候。相当空襲に対し人心恟々たるもの有之候。柳原初め一同人少無き〔ママ〕処を良く注意致し呉れ居候。小生は療養を主とし連日連夜の警報を雲烟過眼致し居候。種々の事御配意を煩し奉謝候。重ねて謝意を表し候。
諸兄には貴下よりよろしく御鳳声願上候。草々不具
七月廿九日朝　岩崎小彌太
石黒君玉案下
野菜果実等大量に盗まれ唖然と致し候。
盗まれて残りし茄子をいつくしむ
ぬすつとも採らぬ胡瓜のまかり様
盗人の採り残したる茄子の味　呵々。

227　石黒俊夫宛　（昭和二十）年七月三十一日

（三菱史料館所蔵）

昨日小形機来襲騒かしき限りに有之候。此方面相当物情騒然たるものありしも、何事も無く打過き申候。爆音は相当のものに有之候。敵機すぐ近傍の海に墜落せしとか、一形爆弾が落ちたとか申し居候も、何れも真相不明に有之候。爆弾のことは無根に有之候。柳原〔敬吉〕は夜中十一時過度々乗り換へて小田原に着し、同所より徒歩で荷物か携へ真鶴まで出で、今朝四時の汽車にて七時頃帰宅致し候。大分苦労致し候様に候も、若き者は元気にて心強く候。小生病気につき今朝御電話致し、又々御配慮を煩し恐縮千万に有之候。苦しい時の神たのみとで〔ママ〕申す可きか。
一、鳥居坂の動力室設備調書難有拝見致し候。右の中小

生所用のもの及（重に当地箱根用にて極少数のものと存し候。柳原に調査致させ居り候）をのぞき鳥居坂地下室を本社にて使用の時必要のものあればそれを留保し、其他は全部戦力化する為め重工の東京機器の方へ譲る事に致し可申候（但し無償）。其手続き等は貴下に御一任致し候。

東京機器には色々の事にて世話と相成居り、且今後も面倒相懸け候事と存候間、其代償と言ふ訳には無之候も右様決定致し度と存居候。但し同所に使用せざる分は他の生産部門にふり当て候もよろしく候。

二、鳥居坂倉庫に目下保管中の刀剣類及国宝の屏風は、一たん玉川の方へ移し候方よろしからむかと相考へ居候。如何にや。金上の方用意出来候はゞ運搬等野口〔松二〕氏と御打合せ御実行願度候。

一、又鳥居坂にある食器の中古きもの（古九谷、古伊万里等）も一先玉川へ移し置きては如何かと存じ候。これも場所等の関係つき候は同時御命し被下度候。

一、此等実行の場合目録等充分整理し置く様金上に御厳命願置候。

一、其他新しき美術品（新画等）も有之候も、これは後廻しに致し可申候。

一、玉川より他に疎開の事は爾後の問題と致し度と存し居候。中々手廻り兼候。

序上動力室設備及美術品運搬の二件思ひ出て候まゝ御願申上候。小生病気の為め上京意に任せず、此等の点上京の上自ら処置不出来、甚た御面倒の至り乍《ながら》書中御依頼申上候。宜敷御願申上候。

此手紙は好便の際托し候積に致し居候。近日御手許に達するつもりに有之候。諸賢によろしく御鳳声願上候。草々不具

七月卅一日朝　岩崎小彌太

石黒君侍史

美術品を玉川に集めず鳥居坂に置くも一法なるも、やはり父母の墳墓の地に集め置く事良しと考へたる次第に有之候。

〔註〕(表)東京三菱本社　石黒俊夫殿　親展　(裏)封　七月卅一日　熱海市陽和洞　岩崎小彌太

（三菱史料館所蔵）

228

大久保繁雄宛　（昭和二十）年七月三十一日

拝啓　今朝石黒〔俊夫〕氏よりの報告に接し、先日の空襲によりて川崎工場被害甚大なる事を承知し、遺憾至極奉存候。殊に多少なりとも死傷者を出し候儀洵に御同情に不堪、返す〴〵返すも残念千万に奉存候。善後之御処置対策等に就而御配慮多き事と遥察罷在候。小生先日来当地に在りて病気療養中、親しく御慰問も出来得ず打過し候事千載の恨事に有之、何卒部下諸員に対しては貴台よりよろしく御鳳声被遊度奉願上候。猶多年養成し来りたる人材多きことにも有之、何等か御奉公の道ありと相考へ申候。破壊は現下の状勢下不得已儀に有之、我等は不屈不撓の心魂を堅持して涓埃を邦家に捧ぐるの外無之候。小生儀病気軽快次第上京致し度と焦心罷在候も、老軀の病気思ふに不任閉口罷在候。不取敢御見舞のみ申上度、乱筆如斯御坐候。草々不具

七月卅一日朝　　岩崎小彌太

大久保賢兄侍史

追伸　川崎工場は敵側も熟知の場所にもあり、相当重く見たるものと思はれ候。此際此工場を失ふ事いかにも国家の為遺憾千万に存じ候。

229　元良信太郎宛　（昭和二十）年八月三日

（三菱史料館所蔵）

拝啓　数日前御来駕被下候御意向之由拝承仕候処、丁度病気工合悪しき際医師に診察をもとめ居候為め御手紙頂戴致し度申上候処、昨日坂口〔康蔵〕博士の来診を終へ候。別に異状も無之候。明日以後何時にても御面晤出来候間可然願上候。小生も久方振拝顔之上色々御話うけたまはり度と相考へ居候。只時々空襲あり、殊に小形機の来襲などありて途中御迷惑相懸け候事を懼れ居り候。余程時を見定めて御実行願度候。佐藤〔要人〕国手帰東に際し御手紙を托し候。乱筆御推読願上候。先は用事耳。不具

八月三日　　岩崎小彌太

元良老台侍史

〔註〕㊤東京三菱重工業会社　元良信太郎殿　親展　㊦八月三日朝　熱海市　岩崎小彌太

230　池田亀三郎宛　（昭和二十）年八月五日

（『岩崎小彌太書翰集』）

拝啓　昨今夏らしき気候と相成候処、尊堂益々御清康之

段奉賀候。空襲激化各工場の難に遭ふもの多く、心外之至りに有之候。諸員の罹災者に対しては同情に不堪次第に有之候。又貴台初め御一統の御腐心遥察罷在候。八王子の研究室も焼失致し候由、やっと出来上りたる処を残念千万に奉存候。岐阜工場の焼失はことに小生にとり感慨深きもの有之候。五月訪問の際美しき工場との印象深かりし事とて、殊に残念に存申し候。鶴見の被害は比較的少なくて相済候由、不幸中の幸と存居候。斯様の際小生当地に閑居罷在候事まことに焦心に不堪次第に有之候も、急速の治癒は望み難く自然と落付き候を相待ち居候。留守中事業上につき種々御配慮恐縮千万奉存候。宜敷御尽力之程願上候。貴社には相当事局柄重大なる問題があり、小生も気に懸り居り候も、諸賢の御尽力により万違算無き事と安神罷在候。黒崎の移転其他進行致し居候事と存候。御序の節其片鱗御報告に接し度奉願上候。御来臨を願ふには此頃の小形機の来襲などうるさきもの有之、一昨日も当地停車場の汽車をやられ怪我人を出し候様の仕末にて、余り御来駕御勧めも難致し候。書面にて結構に候間、会社の近状時に御報らせにあづかれば仕合せに有之候。小生不在中にも不関総力本部を作成、御尽力相願候事と存じ候。専ら航空方面を主とする様な事と相成候も、それのみに不止三菱として総力を結集し、此重大事局に貢献し得る様致し度と存候次第に有之候。充分御協力被遊度奉願上候。それにつけても小生病気引入罷在候事洵に不相済候。御諒恕願上候。吾地は物情騒然たるもの有之候。強制疎開など初め候為め人心落付かず困入り候。然し何処も同じ事とあきらめ居り候。先は右不取敢好便に托し一書を致し、御無沙汰御詫旁御見舞迄。草々不具

八月五日朝　岩崎小彌太

池田老兄侍史

231　石黒俊夫宛　（昭和二十）年八月十日

（三菱史料館所蔵）

貴翰拝見仕候。近日暑気相加り、此分にて続けば作物に幾分の好影響あることと相楽しみ居候。貴下御病気とて驚入候も、大事に至らず安神仕候。小生の方は御承知の通り徒らに焦慮して医者を困らせ居候。

総力本部会議々事録あの程度にて充分に有之候。只如何通行し居るやが承知致し度き次第に有之候。特種之点は

平井〔澄〕氏其他当該社長の報告を相待ち可申候。今日使者東京に出懸け候由に就き、一書を裁し候。小生の手紙に一々御返事には不及候。思ひ付たる事申上候間、適当に御処置願上候。
立秋の日に
　ことさらに薄茶のみけり今朝の秋
御一笑被遊度候。諸君によろしく。暮々も身体大切に願上候。不具
　八月十日　　岩崎小彌太
石黒兄玉案下

232　石黒俊夫宛　（昭和二十）年八月十二日

（三菱史料館所蔵）

拝啓　種々御報告万謝仕候。大変之際不在不相済候。然し行く可き道は定まり居り候。小生不相変苦しみ居候も、漸次良くなるへくと存居候。古人の句に
　上行くと下ゆく雲や秋の天
御推読被遊度候。不具
　八月十二日朝　　岩崎小彌太
石黒君侍史

〔註〕(表)東京三菱本社　石黒俊夫殿　親展　(裏)封　八月十二日朝　熱海市　岩崎小彌太

233　石黒俊夫宛　（昭和二十）年八月十八日

（三菱史料館所蔵）

拝啓　種々御配意奉万謝候。十四〔五〕日放送を通して陛下の玉音に接せし際は涙の滂沱として止まるを得ず、爾来沈思黙想に相暮し居候。小生の病気外見には軽快と相成候様なるも、自覚は不断の疼痛あり、時々の激痛に難義罷在候。早く快気の上飜身跳躍を期し度くと養生罷在候。日々電話にて色々御配意難有奉謝候。乃ち好便に托し一書御礼申述度候。草々不宣
　八月十八日　　岩崎小彌太
石黒君玉案下
　天も啼け地も泣け秋の一葉して

234　船田一雄宛　（昭和二十）年八月十八日

（成蹊学園史料館所蔵）

拝啓　今日平井〔澄〕氏御来訪に際し一書差上候。十四〔五〕日放送を通じ陛下の玉音に接し、涙の滂沱たるを禁じ得

ず候。爾来謹慎し沈思黙考に日を送り居候。不可能を可能ならしめむとして渾身の努力を傾倒し来りたるも、事此処に到りては今更乍ら心身の疲労相覚申候。腰部不断の疼痛は昨今多少軽快に相向候も、時に激痛に悩まされ難義罷在候。早く健康恢復の上飄身跳躍を期し度く、今暫く大自然の慈愛の懐に抱かれて休養の上、専心療養致度候。斯る大事の際永く不在致候事洵に不相済候も、御諒恕被遊度願上候。万事は平井氏と談合可仕、何卒諸兄には貴台より宜敷御鳳声被遊度切望仕候。時下諸賢の御健康と御奮闘を祈上候。先は右不取敢右迄。草々不具

八月十八日　岩崎小彌太

船田老台侍史

〔註〕㊤東京三菱本社　船田一雄殿　御直披　㊦八月十八日
岩崎小彌太

235 石黒俊夫宛　（昭和二十）年八月二十二日

（三菱史料館所蔵）

冠省　今朝突如米兵進駐交通杜絶の報に柳原〔敬吉〕連絡の為め差出し候。今日貴下御来訪を得ざる事残念千万に候。小生としては取急ぎたる用事も無之候も、其後色々情報を得度と存じたるに不過候。万事は諸賢の御協議により万違算無しと安心の上、専心加養罷在候。小生も此両三日軽快に向ひつゝある様自覚致し来り候。全快も不遠と楽しみ養生に力め居候。留守中万事よろしく願上候。取急ぎ近状御知らせ耳。不具

八月廿二日　岩崎小彌太

石黒君侍史

236 元良信太郎宛　（昭和二十）年八月二十四日

（三菱史料館所蔵）

拝啓　時局急転それにつけても種々御心労多き事と拝察仕候。益々御勇健之段奉賀候。小生の病気も此両三日漸く多少軽快に趣くの自覚を得、早く全治致し度くと専心養生に相力め居候。此重大事局に際し親しく拝顔御打合せ出来得ざること洵に不相済衷心慙愧罷在候も、諸賢の御努力を信し候こととし閑居養生罷在候。重工業会社は戦争の尖端に在りて軍需物資の生産に従事しありしだけに此際解決を要する事項山積しあり、色々御配意の儀と□□〔遥察〕罷在候。何卒充分御健康に御注意被遊、万々諸賢の協力によりて善処被致候様御願申上候。顧るに大正〔昭和〕十六

年十二月宣戦の大詔渙発せられたるに際し小生協議会に於て宣言致し候事、今日猶其真を不失と確信罷在候。時運の急転が常に敏速なる臨機の措置を要するは言ふ迄も無之候も、時宜応急の策に専念するものが動もすれば永遠の大計を立つるに遺漏あるは此亦古今の通弊に有之候。重工業会社が将来嚮ふ可き途を決定すること、もとより国家の方針並に米国等が日本の生産に加ふる圧迫の程度の如何により今日には予測し得さる処に有之候も、何れにせよ原料資材につき今日迄の如く保護助成を得ること困難なる可く、平和事業に転換するとしても相当不利の立場に立つこと明瞭に有之可申候。これを打破して日本の国利民福を計るの途は技術の向上進歩を計るの外なしと確信仕候。今日迄も相当進歩の跡を見候も、斯様の事にてはまだ〳〵目標を相立る事遠しと愚考致し候。今後は此点につき技術者諸君の一層の覚悟と努力を要請せざるを得ず、又経営に当る者が充分の理解を以て技術の向上進歩を助言奨励するに力めざる可からずと愚考仕り候。これは貴台の既に御考慮被遊居候点と推察致し居り、今更小生の申上候までも無之処と存し候も、閑居養生の暇に念頭に浮び候処に有之、つまらぬ意見乍ら御耳に相達

し置候。いよ〳〵米兵進駐の実現にて東京との連絡一時杜絶し万事は無事進行致し候事とは信候も、我国としては肇国以来の一大事に有之、冷静なる国民の態度こそ望ましく候。広嶋長崎の惨事此頃発表を見驚駭罷在候。広嶋の方の会社関係につきては多少報告を得たるも、長崎の方不明心痛に不堪候。犠牲者の可成少なからむことを神仏に祈り居り候。国家の大事に趣きたるものとは申せ、今更従業者の犠牲に対し哀悼に不堪、日夕其冥福を祈願罷在候。時下大事の際暮々も健康に御留意願上候。諸賢に対しては貴台より暮々もよろしく御鳳声願上候。先は右暇に任せ蕪辞を呈し候。御判読被遊度候。草々不具

八月廿四日　　　　岩崎小彌太

元良老兄侍史

追伸　此際好便無く御手紙郵送致し候。相当相遅れ候事と存候。御諒恕願度候。

〔註〕㊤東京都麹町区丸之内二丁目三菱重工業会社　元良信太郎殿　親展　㊧八月廿四日朝　熱海市咲見町　岩崎小彌太

237　石黒俊夫宛　（昭和二十）年八月二十六日

（三菱史料館所蔵）

拝啓　風雲続く東京との電話も故障、いよ〳〵連絡の途を失ひ候。其後御勇健奉賀候。小生も近来は漸く回復の曙光を認め候心地致し居候。今日は天候の工合にて昨日よりは不良に候も大した事無之、極力養生罷在候。御安意被遊度候。小生の随時随題此際理事並に社長方に反読願度と気付き候処、戦災にて焼失せられし方多しと存じ候。御手許にある分より御贈呈願上候。此際或は御参考となる点もあらんかと思ひ付き申候。宜敷願上候。電話にて申上候つもりの処何時通じ候や不知、書面にて申上候。電話の方さきに開通致すやも不知候。又此手紙何時届き候やも不知心もとなく候も、兎に角御願申上候。種々の事御高配毎々難有奉謝候。右不取敢気付き候まゝ右迄。不具

八月廿六日　　岩崎小彌太

石黒兄侍史

追伸　米兵進駐延期万事延び〳〵と相成、手持不沙汰の観致し候。

238　宮崎駒吉宛（写本）（昭和二十）年八月二十七日

（三菱史料館所蔵）

拝啓　残暑厳敷候処貴下益々御勇健の段奉賀候。去る十五日大詔の煥発を見て天下の形勢一変し産業の大転換を要することゝ相成候処、貴社に於かれても難問山積し色々と御配意の点多かる可しと遥察罷在候。かゝる際にありて小生病気引籠罷在候事、返す〳〵も遺憾至極に奉存候。小生腰痛も今回は執拗を極め容易に治らず難義罷在候処、此両三日漸く軽快に相感し初め、此分なれば快癒も近しと専ら養生罷在候。東京との連絡非常にむつかしく人を派する事も出来ず、昨今は又電話も風雨の為め不通と相成候為め御地の情況を知るすべ無く、ひそかに気をもみ居候。然し練達の諸士協力善後処置に当られ居り下さる事故、其辺は安神して加養罷在候。

戦時体制より急遽平時の体制に転化することすら頗る困難に有之候処、加之米国其他の我国産業に加ふる圧迫の程度不明の今日、洵に方針の立て様無之有様と推察罷在候。当面解決す可き諸問題につきては政府の施策と相待ちて所理〔ママ〕致す外無之と存し候。さりとて臨機の措置に専念する余り百年の大計を立つるに遺算〔ママ〕無き様致し度くと希望致候。小生の昨今考慮致し居る処は技術上の問題に

有之、技術を生命とする貴社の如きは殊に将来日本の産業を維持せむが為めに考慮を要する点かと存候。戦時中相当技術上の発達進歩ありし事とは存候も、今後は従来の様な生優しき態度にては不充分と思はれ候。研究の徹底、生産技術の向上、経営の能率至上方針こそ真に今後徹底実行せざる可からさる処と愚考致候。原料其他の資材関係に於て益々不利の立場に置かるゝ以上、只経営によりて能率を向上し、技術の向上によりて価格の低廉を期し、以て他国と競争し得るに到る外途無しと相考へ居候。今後の大方針御確立の際は此点充分の御留意相願度候。兎角かゝる急変の際は当面の問題に逐はれて将来の大計を忘るゝの傾有之候間、我等は之等の点留意を要することゝ勘考罷在候。貴会社は元より平和的事業が大部分なりし関係上其点は転換比較的容易なりとは考へられ、又米国の会社と経営を共にしたる事あるにより、若し他日機を得て再び提携し得ざるとは思はれざるも、戦争前とは異なり米国の態度に大なる変化あるものと見ざるを得ず、之は余りあてには出来不申と相考へ居候。これ等は要するに我国が今後の態度によりて世界の信用を恢復しての後の事にて、今は飽迄も自力更生の覚悟を以てせざる可からすと愚考致し申候。此等の点は既に充分御考慮被遊居る事と存候へば蛇足の嫌有之候も、暇にまかせて敢て一書認め申候。御判読被遊度奉願上候。米兵進駐もいよ〳〵明日と相成、何卒無事進行して聖慮を煩す様の事無きを神に祈居候。既に申上候通り東京との交通途絶し、不得已此手紙郵送致候。御手許に達し候に多分一週日を要し可申と存候も致方無之候。御諒恕被遊度候。時局重大の折柄暮々も身体御大切に被遊度願上候。関〔義長〕氏其他の諸兄には貴台よりよろしく御鳳声奉願上候。先は右迄。草々

八月廿七日朝　　岩崎小彌太

宮崎駒吉殿侍史

（三菱史料館所蔵）

239　石黒俊夫宛　（昭和二十）年八月二十九日

華墨難有拝見仕候。残暑頓に厳敷相成候処、貴下益々御勇健奉賀候。小生病気も其後順調に快復致し来り候様子にて、昨日は一寸外出庭前梅林の中を少時漫歩相試申候も悪結果を来さす喜居り候。服薬も漸次減少致し、此分なれば全快も近しと励み、用神しつゝ加養罷在候。御省

念被遊度候。余り上京遅れ、従而諸賢と意見交換の機を失し居候事、偏に不相済存候も致し方無之候。殊に交通杜絶電話不通など度々相起り、東京の様子不知焦心罷在候。然し御申越の通り各社練達の士ありて協力対策を満し善所〔ママ〕致され居る事と承知安堵養生罷在候。世間全般に大体平穏に帰し居る様子に有之候も、進駐の進むにつれて色々問題続出致し候事と存し候。小生も数日前より時々思ひ付きたる意見を各社主脳〔ママ〕者に申送り居候処、これも何等纏りたるものにては無之、所謂先方の機限に応して気付きたる点を申送る老婆心に不過、或は参考となれば仕合せと存居候程度に有之候。社長告示の儀は先日平井〔澄〕氏来訪の際話し有之候も、小生疼痛激しき際にて何か草案作り呉るれは拝見可致と申置候。今回の転換は余り急激に有之、且将来の見すかし充分ならざる際、急ぎて告示致し候にも不及と愚考致し居候。此頃多少腹案を練り居候。いつれにせよ諸橋〔轍次〕先生の加筆を得ざれば小生の文章にては不充分と存し居候。此際は余り急き候要も無かる可きかと存候。反て維摩の一黙声雷の如しとでも御考へ願候て、暫時猶予相願度と存し候。但し貴台の草案により理事諸賢の小筆のもの是非御作成相成度く、小生考慮の上に而大の参考に相成可申候。

熱海製塩の事横浜造船所にて取挙る意向の由、充分御調査の上御計画願度候。先日柳原〔敬吉〕を市役所に派し軍と共同の計画なるもの調べさせ候も、主任者不在にて要領を得ず、近く運転の上御覧に入れ候と申居候由なるも将して如何にや。柳原も一人にて大多忙に有之候為め、其後市役所の方は其儘に致し居候。若し計画あるなれば市役所につきて充分御調査の上御計画願度候。小生の所有の温泉は御承知の大倉〔喜七郎〕より引受けたるものにてほとんど自憤〔噴〕しあり、半分の権利は市にて半分小生の権利と相成居るものに有之候。目下小生の権利の分は使用致し居らざるにつき、市の方に利用させあるものなることは御承知と存し候。其契約其他は信託会社にて充分之手続致し呉れあり、何時にても小生入用の時は当方にて使用し得る事と相成居候。この温泉も量も相当あり温度も摂氏百度以上ありと柳原は申し居候。市役所と軍との計画になりしものは其温泉とは別のものに有之候。兎に角充分御調査の上御計画願上候。原氏へ右の趣御伝へ願度候。イースト落手御手数拝謝致し候。切符の入手出来次第第一度御来臨を得度く切望致し候。

永嶋〔忠雄〕貴邸を去りて新居に落付き候由、同氏も一家団欒落付きたる事と存し候。貴下焼残りの家に独居御気の毒千万奉存候。〔岩崎〕忠雄御邪魔致し居る事と存候。宜敷願上候。

小生今日は畑の近き辺を見に行かむかと考へ居候。今回は大分用神も致し居候間、再度しくぢる様の事無之候。御安神願上候。

昨日自働車故障にて遅れ心配致し候。今朝は故障の修理もすみ早く箱根に登り行き候。これにつきても御手数万謝に不堪候。

金上又病気引入り中との事、こまつたものに候。先日古き食器の片付け方及取調べ直接命し置候が、将して如何程進行致し候やら心もとなく候。御意見の玉川へ刀剣其他取纏めの件も其上にて順次相命し度と存居候処に有之候。能率悪しきには閉口致し候。さりとて新人を以て急にかへる訳にも不行、気永くするより外無しと存し居候。万事は御来臨の際親しく御相談可致候。色々御願の事も有之候。色々御配意を得て仕合せ致し居候。此後もよろしく御依頼致し候。

先は右用事のみ右迄。草々不具

八月廿九日朝　　　　岩崎小彌太

石黒兄侍史

此頃は句も不出来打過居り候。

240 石黒俊夫宛　（昭和二十）年八月三十一日

（三菱史料館所蔵）

拝啓　御配意により歯科医の手当を受け仕合せ仕候。荊妻も大助かり致し候。交通つき次第貴下の御来駕是非御待申上居候。其節小生告示の草案御持参願上候。小生も日々軽快に趣き喜悦罷在候。御安意願度候。全快の上は是非可成早く上京致度と存し居候。其内には途中の故障も緩和可致かと存居候。
先は右不取敢御礼耳。不宣

八月卅一日　　　　岩崎小彌太

石黒兄侍史

追伸　諸橋〔轍次〕先生は帰京の意思にて度々試みられたるも、汽車の切符入手不出来国元に在りとの消束に接し候。緩和次第帰京の事と存候。

241 元良信太郎宛　（昭和二十）年九月七日

（三菱史料館所蔵）

華墨難有拝見仕候。其後御勇健之段奉賀候。御多忙中近時の状勢につき御報らせに接し奉謝候。総会後郷古〔潔〕氏の消束により大要を承知罷在候。今回人員淘汰につきての御服案御示しにあつかり承知仕り候。現下の国状よりして不得已処かと拝承致し候。航空関係につきては昨日岡野〔保次郎〕君東京よりの帰途見舞に立寄られ、稍詳細に承知仕り候。洵に気の毒同情に値するもの多しとは存候も不得已仕儀と存申候。可成出来得るだけ親切を尽し、離職による打撃を緩和致しやり度きものと切望致し候。其他二三御報告の件拝承仕り候。小生も可成早く上京致度と切望致し候も、佐藤〔要人〕氏に協議の結果最近の上京は無理なる可しとの事に有之、不得已今少しく静養相続け可申候。途中交通緩和の気配も相見へ候はゞ、御多忙中の御間暇も有之候節御来駕を得て拝晤を望み申候。当地も色々米兵進駐につきて噂有之候も、例により神経過敏に過ぐるきらひ有之候。未だ一兵も当地には駐在し来らず候。遊覧地として利用するらしと噂致し居候。御書籍重ねて拝借願出て候処御承諾を得難有奉謝候。静養中清閑の時あり、いま一度読みて見度く相成候。先は右不取《〔ママ〕》貴答迄。御自愛専一に願上候。草々不具

八《〔九〕》月七日　　岩崎小彌太

元良老兄侍史

追伸　小生旅行出発前製鋼会社三谷〔一二〕氏の儀につき御話申上候様記臆致し候処、旅行中並に旅行前同氏友人に就而人柄等取調へ候処大本に於而何等不都合の点も無之模様に有之候。同氏を化工機会社に採用の儀可然かと存し候。但し最初より常務とするは如何にやと存し候間、取締役にて事業になれさせ適当の時常務と致しては如何かと存し候。同氏につきては船田〔一雄〕氏にも話し置き、又宮崎〔駒吉〕氏にも考慮する様相話し置候。早急を要し候儀には無之きも、貴台より宮崎氏及船田氏に御打合せ相願候はゞ好都合かと存候。思ひ出候まゝ申進し候。再拝

〔註〕(表)東京三菱重工業会社　元良信太郎殿　貴酬　(裏)九月七日　熱海　岩崎小彌太

242　石黒俊夫宛　（昭和二十）年九月七日

（三菱史料館所蔵）

冠省　色々と御配意奉謝候。
一、静嘉堂文庫につき諸橋〔轍次〕先生の御心配は、御来示の通りすこし過敏になり過き候様思はれ候。文庫としては堂々たる態度を持し、人員の整備つき次第従来通り研究者を迎ふる事と致し度と存候。
一、帝大文理科大学等は書籍返却の儀も可然と存し候。
一、米山〔寅太郎〕氏は一度面会致し候が、諸橋先生より人物経歴等承り賛成致し居候。只貴翰には先生の後任者と記しあるが、小生は諸橋先生は未だ退身せらるゝ時期とは思ひ居らず、先生の助手として採用し、他日先生の後を引受け得る指導を受くるものと承知致し居候。一度文庫に来て仕事を数年さして見されは、軽々に諸橋先生の後任と定め難しと存し候。貴下も其意味なりしと思ひ候も、誤解無き様申進し候。
一、他の候補者につきては、今考ふる必要無しと考へ候。米山氏一本にて進行可然候。
一、刀剣供出の懸念も同様御申越通りにてよろしく候。
一、米兵東京中心地退出につきて、又々相当心経過敏になり候様遠方より見て感ぜられ候。米兵の暴行云々も日を追ふて改善致さる可くと存し候。日本軍官の無統制の方国家の為め痛嘆に不堪候。
一、告示の文難有奉謝、充分考慮可致候。御手数万謝仕候。
一、波多野〔義男〕氏よりの双眼鏡、光学より見舞として頂戴の由難有奉謝候。よろしく御伝声願上候。
一、御家族東京へ御引挙の事、若し実行出来得れば反りて御安神かと思われ候。市街山中何処も浮世に有之候。
一、野坂バラの儀、早速御知らせ奉謝候。別に急きも不致、適当の時期迄相待ち可申候。
一、先日差出し候種子、養和会其他に御配付被下候や如何。
小生近状佐藤〔要人〕氏より御聴取願上度候。不取敢貴答耳。草々不具

九月七日　　　　岩崎小彌太

石黒君侍史

（三菱史料館所蔵）

243　石黒俊夫宛　（昭和二十）年九月八日

今日佐藤〔要人〕国手帰京に際し数通の手紙相托し候。其中元良〔信太郎〕氏田中〔完三〕氏に対し、小生帰京

早急に参り兼候に就而一度汽車緩和せば御来駕を乞ふの意味を記し置候処、昨夜来の放送によりて東京進駐其他にて大分混雑致し候模様につき、両氏に対し詳細の御手紙を煩し候はゞ事足り可申候間、余り御心配被下まじくと相伝へ願上候。両氏に対しての手紙書き換へ候暇無之候間、貴下に御伝言御願申上候。今朝は曇雨模様、また両三日天候ぐづつき候事か。右不取敢御依頼迄。草々不具

九月八日朝　　岩崎小彌太

石黒君侍史

〔註〕(表)本社　石黒俊夫殿　追伸　(裏)封　九月八日朝　岩崎小彌太

244　諸橋轍次宛　（昭和二十）年九月八日

（『岩崎小彌太書翰集』）

華墨難有拝見仕候。御無事御帰京被遊候段慶賀至極奉存候。小生先度上京之際神経痛を病み拝晤之機会を得ず、当地に帰臥仕候処病痾意外に永引き、今猶荏苒滞在罷在候様の次第に有之候。静嘉堂文庫の儀につき石黒〔俊夫〕氏を通じ御申越の儀一応御尤とは存じ候も、此際は多少の手段を尽し候とも効果薄き事と存じ候。寧ろ正々堂々と永年の東洋文化資料保存の功績を自負し、若し何等か難題来らば正当の主張により争ふ覚悟の方可然と存じ居候。石黒氏には右の旨御伝言方依頼致し置候。先日上京之際も一度拝顔を切望致し候次第につき其内御来駕を願ふことも一策とは存じ候も、交通不便御足労相煩し候事も如何かと躊躇致し居候。猶又文庫の人員充実の儀につき石黒氏に申しつかわし置候。御聴取被下度候。先生も可成時局下御差支へ無き程度に落付きて、文庫の事業を平常通り御指揮相仰ぎ度くと切望致し候。小生健康も此数日頓に快方に向ひ佐藤〔要人〕国手の診察を得候処、今直ちに上京は無理なれども其内上京も差支へ無きに到る可しとの事に、いま暫く滞在加養の積に致し居候。御含置願上候。佐藤国手今朝帰京に就き、取急ぎ此状相認め申し候。乱筆御推読願上候。残暑猶厳敷気候不順の折柄、御自愛専一に被遊度切望仕り候。不取敢貴答迄。草々不具

九月八日朝　　岩崎小彌太

諸橋先生侍史

245　**池田亀三郎宛**　（昭和二十）年九月九日

（『岩崎小彌太書翰集』）

華墨難有拝見仕り候。御多用中詳細なる御報告に接し万謝仕候。時局下色々御苦心の儀と拝察罷在候。此上とも宜敷御尽力之程希上候。先日今後の方針につき愚翰差上げ候もの、御差支無くば他常務其他幹部に御示し被遊度奉願上候。若し少しにても参考と相成候はゞ仕合せと愚考致し居候。総会も近づき決算につきて御配慮と存じ候。減配の儀重役会の議に対して小生異議無之候。可然御相談相願度候。聯合軍東京進駐初まり候由、少しく時を経過せば安定致し候事と存候。事業に就而は聯合軍は漸次了解致し可申、日本軍官の様な非常識は無きものと愚考致し居候。小生近状佐藤〔要人〕国手より御聴取願上度候。日を逐ふて快方御安意願上候。先は右取急き貴答旁御依頼迄。草々不具

九月九日　　岩崎小彌太

池田老兄侍史

246　**石黒俊夫宛**　（昭和二十）年九月十三日

（三菱史料館所蔵）

冠省　酒井帰京に托し一書差出し候。文庫米山〔寅太郎〕氏の件は電話御返事致候通りに有之候。追々文庫は人容を整へ度しと存居候際仕合せ致し候。種子の儀養和会に適当御渡し被遊候由至極に存候。アイスボツクス、洋傘は不已得候。無くても何とか済む物に有之候。〔岩崎〕忠雄住居は自分でも各所に依頼致し探す様先日申付置申候。油類御用意被下候由難有奉存候。今後とも宜敷願度候。深尾〔淳二〕氏よりの菓子難有落手致し候。朝の茶に甘きもの欠乏致し居候際とて、大旱の雲霓の如く歓迎致し候。永く好意を楽しみあり候。御序の節御礼願上候。深尾氏はまだ名古屋在住の事と存し候。小生よりも其内一書礼を申す積り候。今朝日本刀につき聯合軍主〔ママ〕脳者の意向簡単に発表有之候。軍人の佩用せるものは呈出せしむる意向と存し候。もつとも事と存じ候。私人の家宝には触れさることと常識を以て想像致され候。金上に御注意願置き度きは、軍人より依頼を受けてあづかることに有之候。これは厳に御注意願置度候。此際は他より刀剣類は一際あづからぬことと致し度候（たとへ親類友人のものなりとも）。且此事玉川の文庫の方にも御序に御注意願置度候。丸の内辺に米兵駐屯初まり候由、

落付き候までうるさき事と存し候。然し誠意を以て接触せばさして意に介する程の事無しと存し候。要は彼等の思想習慣を尊重し、当方も亦正しきを正しとする態度を持する事緊要に有之候。日本人の僻として徒らに奮概〔ママ〕又は迎合するのきらひあるは一番禁物に有之候。其辺三菱としては注意致し度きものと存し候。今日加藤〔武男〕氏来駕、老人の御苦労気の毒千万に有之候。先は右不取敢貴答を兼而御依頼迄。不具

九月十三日　　岩崎小彌太

石黒君机下

〔註〕(表)東京麹町区三菱本社　石黒俊夫殿　親展　(裏)封　九月十三日　熱海　岩崎小彌太

247 野口松一宛　（昭和二十）年九月十八日

（三菱史料館所蔵）

拝啓　久敷御無音に打過居候処、貴下益々御勇健之段奉賀候。小生御影にて其後経過良好、昨今は外出散策も出来候様相成候間、御安意被遊度候。先日来種々石黒〔俊夫〕氏を通じて御依頼申上、御高配にあづかり感謝に不堪存居候。諸事無事取運び大きに便宜を得申候。厚く御礼申述度候。時局急転色々御配慮之事と拝察致し候。工場の転身其他御苦心の甲斐ありて割合好都合に御取運びの様伝承致し悦び居り候。明日は元良〔信太郎〕社長の来訪を得て色々話合も出来候事と期待罷在候。却説貴工場に於而農具類御製作中との事相聴き候が、如何なる種類のものなるや承知不致候も、小生当地に於て多少山林を開墾せしめ食料自給を策し居り候処、道具入手難にて困り居候間、今日秘書役永嶋〔忠雄〕氏に農具入手斡旋方依頼致し置候処、ふと貴工場の事思ひ出で御願致し候。将して小生希望の品物御製中なればよろしく御願申上候。小生の上京荏苒相遅れ不相済候。其内拝晤之機を可得と相楽しみ居候。暮々も御自愛専一に被遊度切望致し候。先は右御礼旁御願迄。草々不具

九月十八日　　岩崎小彌太

野口君玉案下

追伸　当地は御心配相懸け候日本兵も去り、聯合軍の進駐も噂にとゞまり、目下の処極めて平穏無事に有之、人心も安定致し居候。御安意被遊度候。

〔註〕(表)東京三菱重工会社東京機器製作所　野口松一殿　親展　(裏)封　九月十八日　熱海市咲見町陽和洞　岩崎小

彌太

248　大久保繁雄宛　（昭和二十）年九月二十四日

（『岩崎小彌太書翰集』）

尊書難有拝見仕候。秋高き好期節貴下益々御勇健之段奉賀候。石油事業の現状及将来に関し種々御高見御洩し被下奉謝候。聯合国の出方未定の折柄とて対策も相立て難く、御心労多き事と拝察仕居候。かく成りては徐ろに先方の出方を待つの外無之かと存じ候。小生病気も其後大きに快方へ相向ひ、未だ上京之運には到り兼居候も日々軽快を自覚し来り候間、乍憚御省念被遊度奉願上候。東京は米兵進駐など色々と問題も生じ騒がしき事と拝察致し居候。当地は今の処何等其気配も無之、極めて平静に過し居候。松籟蟲韻病を養ふに好適に有之候。大切の時節暮々も御自愛専一に被遊度候。先は右不取敢貴答迄、如此御坐候。不具

九月廿四日朝　　岩崎小彌太

大久保繁雄殿侍史

249　石黒俊夫宛　（昭和二十）年十月一日

（三菱史料館所蔵）

拝啓　今回の御旅行は意外の大事出来、定めて御難儀被遊候事と察し候。目的を達成せられさりし事残念千万奉存候。然し機を見て再挙を計られ度と存し候。貴下留守中本社分系会社構機改刷等頭を痛め申候。本日確定案船田〔一雄〕氏に送附致し候。同氏より話有之候事と致し候。小生としては独自の主張により現下の状勢に応し立案致候積り候。其中拝晤親しく御説明可致候。小生病勢は御伝承被下候事と存候が殆んと快癒致し候。只時に異様の感覚有之候間用神致し居候。御留守中私用諸事永嶋〔忠雄〕上村〔金治〕氏に依頼、大きに世話に相成候。刀剣届出の事只今依頼中、御差図願上候。これより又々色々私用も御相談致し度と存居候。当地は無事至極平穏に相暮し居候。御省慮願上候。先は右不取敢御依頼迄。不具

十月一日朝　　岩崎小彌太

石黒君玉机下

250　石黒俊夫宛　（昭和二十）年十月四日

（三菱史料館所蔵）

拝啓　益御清康奉賀候。今回の御旅行は不思災厄に御出会被遊、非常の御難儀被遊目的も達成せず御帰京相成候由、まことに御苦労千万に存じたゞ〳〵御同情申上候。御留守中会社の方機構改革は大問題惹起し決定に迄相進み候処、貴下が胸中に描かれ居りし処と大分差違ありて御不満の様子恐縮千万奉存候。実は小生も其実行につきては今少しく研究も致し度と存じ時日を欲し、或は臨時総会開会の事として各方面の意見を徴し度くと其事両老に相談致し候も、やはり臨時総会にてはまづし通常総会に間に合せでは万事都合悪しとの事、且印刷等の都合にて此月初迄に決定せよと差しせまりたる話に、小生としては貴台等の意見も徴し度と存じ候も其暇も無く、づい分頭を悩したる結果落付きたるものに有之候。且此問題につきては両老及社長、茅町〔岩崎久彌〕等の希望も出で、各々異なる立場よりの主張もある事とて、それ等を斟酌して先づ落付かせ候ものにて、小生としても必ずしも上出来とは考へ居らず候。然しかゝる場合には何時も起る通り、先づ多少不徹底不充分なりと考へても兎角落付く処に落付かせでは不相成、各人各様の見解を総而満足せしむることは出来不申候。それも小生が今後全責任を負ふて実行に当るなれば如何様とも独自の立場より決定す可きも、自ら一歩退くと云ふ事情の基にありては必ずしも自己の主張のみにはより難く、此辺に落付きたるものに有之候。其辺の事情御勘考被下候て御不満にても御承知相願度候。同人現場に不在候事とて説明等も充分に行き兼居候事と存じ候。右事情御諒察の上何分宜敷願上候。岡野〔保次郎〕氏にも若し話合出で候はゞ其辺宜敷御説明願上候。但し今回の案は小生の責任に於て小生最善と信し提案実行致し居る事は勿論に候。只貴下の御抗議に対し内情御説明致し候次第に有之候。

所謂財閥に対し聯合国の意図に関し、並に新聞記者等の質問など、時々来訪の会長より話聴き居り候。誤解もあり又今迄の財閥の行き方の悪しき処もあり、且財閥と云ふても必しも一様ならぬ点もあり、それ等を了解せずして為す処故、出来得るだけ真相を説明了解せしむるの外無之候。三菱内部の人々も小生の真意を理解せるもの極めてまれなるは悲しき現実に有之、資本家の自覚の今日迄不充分なりし点は確に此方の弱点と存じ候。いまさらあわてゝも致し方無しと存じ候。小生の主張を今日迄に相当実行出来たらば、いま少しく弁解の要も無かりしならむになどうぬほれ居り候。此等の点につきても考慮の上今回の人事決定致したるつもりに有之候。六日理事会開会にて機構改革の説明一段落との事に船田〔一雄〕氏より通信有之候が、貴台の速急の御来駕願はれまじきや、一夜どまりにてよろしく候間、御多忙の際なれど願上度候。乃ち六日の午後か七日の朝御来駕煩し度く、私用も色々御相談致し度と存じ居候。重役会、協議会の模様報告、且急ぎたる小生私用の為めに小生より召喚ありたりと御説明被遊度候。出来得れば右願上候。

一、文庫の件は承知。

一、刀剣提出の件は御まかせ致し候。

一、京都自働車の件は、御申越通り先方に於て大坂神戸を通じて考慮善処せしむる外無之候。取られても致方無しと考へ居り候。

昨今林〔雅之助〕君久方振にて来熱滞在致し居候。今日午後帰京之由に有之候。小生の健康も続きて良好御安意願上候。用神して運動致し居候。松韻虫声に心を楽ましめ静養を専とし度しと努力致し居候も、世上の塵埃到る事多く中々悠々たる心境を持続することむつかしく候。御憫笑被遊度候。此頃は句作も一寸遠かり居る有様に候。先は右不取敢貴答を兼而御依頼迄。草々不宣

十月四日朝　　岩崎小彌太

石黒君玉案下

追伸　読かへしもせず差出し候。御判読願度候。

〔註〕㊤東京三菱本社　石黒俊夫殿　親展　㊢封　十月四日朝　熱海　岩崎小彌太

251　石黒俊夫宛　（昭和二十）年十月五日

（三菱史料館所蔵）

拝啓　今日好便に際し一書差上げ候。日々御多忙の儀と拝察御同情申上候。小生其後無事乍憚御安意願度候。明日午後御来熱を期待致し居候。小生は今日の処にては廿日頃上京の上総会の所用相済し度と心組罷在候。諸橋〔轍次〕先生には兼而一度御来熱を願ひ、小生の告示御加筆願度くと存居候処、本日御手紙に接し候に依れば十日より十四日迄日光に御出かけとの事故、十五日頃より二日滞在の予定にて御来駕願度き旨、此便と同時に御返書差上げ置候。御含置願度候。其頃切符の世話等宜敷願上置候。廿《八》日には山室〔宗文〕氏より会見申し越し、一泊にて来熱差支へ無しと返事致し置候。千客万来の態に

有之候。機構改正等相当広範囲に亘り居り議論百出の事かと存じ申候。余り小生に心配させぬ様願ひ度く候。岡野〔保次郎〕にも其中会ひ度しと相考へ居り候。総務部長経理部長には相当の者採用し度くと存じ候。総務部は従来の形を排し適当の者御撰定可然と存じ候。御面談の上愚見可申述候間、未定のまゝ御来熱希望致し候。今日窓外風雨激しく候。明日は晴るゝ事と存じ候。御来臨の上松韻に耳を傾けて一夜の御安眠を望み候。不取敢諸橋先生につきての御願迄。草々不具

十月五日　　　　　　　　　　岩崎小彌太

石黒君侍史

追伸

物我一體ハ即ち是レ仁ナリ。我執リテ二公・情ヲ一以テ行フ二公事ヲ一。天下無シレ不ルレ服セ。

治乱之機、在リ二於公不公ニ一。

周子曰ク公ナル二於己ニ一者ハ、公ナリト二於人ニ一。

今朝言志録を見て目につき申候。

252　石黒俊夫宛　（昭和二十）年十月七日

（三菱史料館所蔵）

冠省　御持参の「財閥としての三菱に関する陳述」は御帰りの後英文の方拝見致し候処、日本文のものと大きに異り相当徹底致し居候。只今日及将来に対する理想につき記述無きは小生の申上げし通りなり。此点機会あらば突込みて御説明相成度と存し候。田中〔完三〕平井〔澄〕氏への伝言も英文の方を読まざりし粗漏御わび致し候。実は貴台との話しの為め英文を読む暇無く、御帰京後読みて和文と異なる点発見致したる次第に有之候。~~此点~~此手紙は御伝言済の後と相成候事と信し候。此点宜敷御断り置願上度候。取急き右のみ申上候。不具

十月七日夜　　　　　　　　　岩崎小彌太

石黒君侍史

〔註〕㊤東京都麹町区丸之内二丁目　三菱本社　石黒俊夫殿親展　㊦封　十月七日夜　熱海市咲見町　岩崎小彌太

253　石黒俊夫宛　（昭和二十）年十月十一日

（三菱史料館所蔵）

拝啓　日夜の悪天候鬱陶敷極みに有之候。其後御健祥奉賀候。小生多少天候の影響にて異和相感し候事有之候も大した事無く、晴間を見て戸外逍遥相試み居候。御安意

願度候。深尾〔淳二〕氏の贈品特便御届被下奉謝候。旱天の滋雨の如く相感し、今朝喫茶の際厚志を満喫致し候。宜敷御伝声願上候。静岡製の塩も興味を以て拝見仕り候。丁度数日前より土地の出入の者と極めて小規模の電気製塩を自家用として計画致し居り候際とて、一層面白く拝見致し候。歯科医の儀御手数万謝致候。これも大した故障にては無之、明朝にて結構と電話申上候筈に有之候。諸橋〔轍次〕先生十五日朝御来駕被下候由、好都合に有之候。二日間御滞在相願ひ、十七日午後御帰京の事に願度くと心積致し居候。岡野〔保次郎〕氏とは一度懇談致し置度くと存居候が、東京にては緩々暇も無き事と存候に就き、十八日に当地にて会見致し度と存じ候が、十八日午前中に当地に到着致し候様御申送り願度候。其夜一夜は泊め可申候。小生は廿日上京の予定に相考へ居候が、中々に忙しき次第に有之候。然し当地にて基礎の話し合致し置方在京中の多忙を防く事と相成可くと存居候。右の儀貴台より岡野氏に御通知願度候。先は右取急き用事耳申上候。草々不具

十月十一日朝　　　　岩崎小彌太

石黒兄侍史

〔註〕㊤東京　石黒俊夫殿　親展　㊦封　十月十一日　熱海
岩崎小彌太

254　石黒俊夫宛　（昭和二十）年十月十七日

（三菱史料館所蔵）

冠省　両日間諸橋〔轍次〕先生の御助力を得て小生の告辞兎角作成仕り候。今回は相当詳細に小生の意途を尽し度くと存じ、少々長文と相成候につきこれは会社の場所長以上か責任ある人々に頒ち、若し必要あれば外部にも配布しても差支へ無しと相考へ居り候。これとは別に簡単な短文にて一般の社内に示すものをこれによりて作成すること先生に御願致し、明後朝会社の方へ御届被下候御約束致し候。此手紙を持参の使者を鳥居坂に留め置き、明後日の午後この諸橋先生の草稿を持たせて御返し願上候。此長文を良く御覧被下度く候。自分としては大体要を尽したるつもりに有之候。只鉱業会社公開の年号及其他銀行重工業等公開の順序記臆せず記載致し候間、御査閲給はり度候。又随時随題の引用の場所も此外に適当のもの御発見被遊候はゞ御加へ給はり度候。右は適当のていさいに早速御印刷置願上候。外部に示しても良しと考

へ居候間相当数御作成相願度く、校正は諸橋先生に必要の際御願すると御話致し置候。これを外部に示すとすれば当然随時随題も希望によりては配布してもよしと思ひ居候。余り宣伝めきたる事はいやなれど、今日の際自己の処信を明にし置く事小生の立場を明瞭する所以なりと存じ居り候。宜敷御願申上候。

聯合軍側にて色々数字の調査致し候由。御承知の通り数字の詳細は小生不得手なるにより、これは加藤〔武男〕氏等は公開、増資、プレミヤムなどにつきて総而承知説明せられ得ることと存じ候。本社関係としては重に故武藤〔松次〕氏永原〔伸雄〕氏加藤氏か承知致し居候。小生は只人に利益を与へ自ら不当の利を避くる様注意を与へ居りたるにより、其辺は差つかへ無しと信し居候。何か御気付きの辞句あれは諸橋先生と御打合せ願度候。急を要し候により特使を以て御願申上候。

岡野〔保次郎〕氏只今参着致し候につき擱筆致し候。よろしく願上候。不具

十月十七日夕　岩崎小彌太

石黒君侍史

255　船田一雄宛　（昭和二十）年十一月二日

（成蹊学園史料館所蔵）

総会終了万謝仕候。連日の御尽力感激に不堪、小生最後に病に倒れ不相済候。御打合出来居り仕合仕り候。日夜苦痛に暮し居候も、只天命を楽しみて何をも疑はず候。一書仰臥御礼申述度候。

岩崎小彌太

船田君

皆さんによろしく。御返書に不及。

〔註〕㊤船田老台　侍史　㊦十一月二日朝　岩崎小彌太

256　岩崎小彌太俳句　昭和二十年十一月上旬

（三菱史料館所蔵）

秋さま〳〵病雁臥すや霜の上

〔註〕㊤廿年十一月病院にて　最後の御筆なり〔岩崎孝子筆〕『岩崎小彌太書翰集』では、主治医佐藤要人の回想から十一月五日頃と推定

257　石黒俊夫宛　（昭和二十）年（　）月（　）日

（三菱史料館所蔵）

尊書拝見。御申越之儀拝承仕候。高橋〔活一〕来熱により細かき点明瞭に致し仕合せに存候。
一、玉川食品の件御来示拝承。帰京の上玉川へ行きたる際必要なれは考慮可致候。御手数難有奉謝候。
一、舟越〔楫四郎〕氏親切の申出て万謝致し候。これも必要之際は御願可致候。
一、松岡〔均平または梁太郎〕氏より旅行証明書御預り被下候由、何かの節用に立ち可申候。
一、東京器機野口〔松一〕氏には色々配意に預り万謝致し候。小生一書認め置候。御序の節御届け願上候。
一、軍隊より申越之件拝承致し候。横の連絡を欠くと相見へ候。可然善所願置候。
一、保険増額の件有難く拝承致し候。
一、永嶋〔忠雄〕氏十六日家族御引移相成候由承知致し候。小生甚だ不仕末乍ら野菜食多き為め十六日朝下痢を病み、今日は平癒致し候も常食に復して上京の事と致し度と存し候。其節は御邪魔致し度くと、高橋と打合せ可仕候。
一、歯科医の儀難有存候。明日来診を用意し居候。
一、三井之件真意如何。独自の見解にて行動可致候。

〔註〕秘書永嶋忠雄の一家は、戦災のため石黒邸に身を寄せていた。

258　石黒俊夫宛　（昭和二十）年（　）月（　）日

（三菱史料館所蔵）

追伸　小生上京之際は貴台之処に御厄介に相成候事万事に好都合に有之候処、食事の点につきて皆心配致し居候。小生はつくだにかなにか持参して辛棒する積に候も、鳥居坂にては米とかつを節と醤油少々はある様なれど、他のものは無し。冷蔵庫無きが故に持参して保存することも出来ず、氷も手に入らずと申居り候。なる程と首肯も致され候。何処か小生滞在中飯の菜だけ供給致し呉れる場所は無之候や。工業倶楽部辺に無之候や。御地其後の様子不知、此辺御考慮願度候。但し決して贅沢は不申、餓をしのぐに足れば可なりと存し候。
その辺荊妻と高橋〔活一〕と談しつありし様に候。御考慮願上候。小生の腹工合により、両三日後と相成可申候。御含願上候。

〔註〕昭和二十年六月ないし七月の上京直前。いずれかの附属文書だった可能性が高い

259　**宛先不明**　**（昭和二十）年（　）月（　）日**

（三菱史料館所蔵）

本日午後五時前京都より第十四製の工員一名、東京へ用事の序に封入送り状の品物を持参し来邸せり。一昨日名古屋の前にて、又昨日は浜松辺にて空襲の為め下車せしめられしとて、今日は一日食せずに来りたる様子なりし、随分難義した様に候。〔岩崎〕忠雄面会の上品物は確に受取る。直に上京すと言ひしも、今夜は泊つて行けと湯に入れ食事を与へなどして泊める積に候。各方面の好意感謝の辞無し。九段各社に対しては貴下よりよろしく御礼願置度候。工員に対しての受取りは、忠雄より第十四製に宛て手紙~~を出~~を本人に手渡し置く事と致し候。詳しくは忠雄より御聴取願上候。

〔註〕石黒俊夫宛か

260　**赤星陸治宛**　**（昭和　）年一月七日**

（三菱史料館所蔵）

拝啓　今朝御投書に接し、旧臘尊宅にて御面晤之後風邪御引入被遊候由承知し、驚入り候。然し最早御全快葉山に御養生之様拝承、安堵致し候。時節柄充分御用心被遊度奉願上候。小生等は当地にて極めて長閑なる正月を過し、明日帰京致す筈に有之候。漾人〔佐藤要人〕は一度来訪致し呉れ御噂など致し居候も、御病気は知らぬ様子に有之候。今春の元日は句も無之、当地に来り二日釜を懸けて妻と両人にて静かに茶を味ひ申候。

初釜やいけし椿は大神楽
初釜や懸けし柳の芽ぐむかと
初釜や闘ふ身とはたれか知る
玉松の枝もならさぬ羽子日和

など試み申候。御笑覧被遊度候。老人の風邪は大事に有之候間暮々も御用心被遊度く、緩々と葉山にての御養生祈り候。先は右御見舞旁御返書耳。草々不具

正月七日　　小彌太

赤星老台侍史

〔註〕㊤東京市世田谷区深沢町□〔破損 二丁〕□目六五〇　赤星陸治殿　貴酬　㊦封　一月七日　熱海市陽和洞　岩崎小彌太　昭和十五〜十六年

261　**赤星陸治宛**　**（昭和　）年一月十二日**

（三菱史料館所蔵）

拝啓　其後御風気追々御快方と拝察罷在候も、時節柄充分の御養生奉祈候。却説〔高浜〕虚子先生に兼而御依頼相願候書附之儀、一昨日漾人〔佐藤要人〕を経て頂戴致し候。美事の出来にて茶碗も光彩を添へ、大きに喜居り候。漾人に御礼申述候様依頼致し置候も、御序之節貴台より御礼の儀御取次相願度候。小生不相変元気に罷在、其内清閑を得て再び熱海の方へ罷越度と心組居候。大寒之折柄暮々も御摂養専一に被遊度候。先は右御報告申上度く如斯御坐候。不具

一月十二日　巨陶

水竹居殿侍史

〔註〕(表)神奈川県葉山一色役場上赤星山荘　赤星水竹居殿
平安　(裏)封　一月十二日　東京市麻布区　岩崎巨陶
巨陶の俳号は昭和初期から

262　石黒俊夫宛　（昭和　）年一月二十六日

（三菱史料館所蔵）

拝啓　長途之旅行色々とお世話にあつかり万謝に不堪候。一昨夜無事に当地着、昨日歯之治療相試み候。大した事にても無之、一本其内に抜取る事と相成可申候。旅行先諸地方之世話致し呉候方面には、何卒貴下より宜敷御挨拶相願上候。御留守中貴家御無事なりし事と拝察致し居候。不取敢御礼迄。不具

正月廿六日　岩崎小彌太

石黒兄侍史

〔註〕昭和十九～二十年

263　三土忠造宛　（昭和　）年二月六日

（三菱史料館所蔵）

拝啓　先日御来駕之際拝見之貴句稿、虚子先生之選を得御送附仕候間、御査収被遊度候。最初之御試としては非常之好成績、敬服に不堪候。ぜひ〳〵御勉強之程希望仕候。不取敢用事耳。頓首

二月六日　巨陶

三土老兄侍曹

〔註〕(表)三土忠造殿　侍史　(裏)〆　二月六日夜　鳥居坂町
岩崎小彌太　『三土忠造遺作集　自楽集』（一九五四年）一〇一頁には、昭和十二年頃句作開始とある（義理の甥にあたる中村草田男の回想）

264　赤星陸治宛　（昭和　）年二月十六日

（三菱史料館所蔵）

拝啓仕候。最早御帰京被遊候由拝承致し、大寒之折の御旅行無事御終了祝着至極奉賀候。小生御留守中度々御邪魔致し非常の歓待を辱ふし候段、万謝に不堪候。小生会社の方の用事相済ませ少閑を得て、当地に休養致し居候。いつれ帰京の上は再び運動かた〳〵参上いたし度くと相楽しみ居候。先は右不取敢のみ申上度如斯御坐候。不具

二月十六日　巨陶

水竹居雅兄侍史

〔註〕巨陶の俳号は昭和初期から

265　石黒俊夫宛　（昭和　）年六月二日

（三菱史料館所蔵）

舌代

只今御願する事を失念致し候が、先日御願致したる支那へ注文の菜は相当多量に願度く、一升以上御申付け願上候。其他に

紅菜苔 ｝同品
紫菜苔

及

芥藍菜

と云ふものも同時御注文願上候。これは左程多量には不申及候。取急き御依頼迄。不具

六月二日　小彌太

石黒君

〔註〕昭和十八～二十年

266　岩崎久彌宛　（昭和　）年九月六日

（『岩崎小彌太書翰集』）

一書拝呈仕候。残暑猶厳敷候処、尊堂益々御清康被為亘大賀至極奉存候。却説狩野川の香魚今朝少々入手仕候間、試に御送附申上候。少し時期遅く候気味にて風味将して如何にやとあやぶみ申候も、何卒御試味被遊度奉願上候。小生等御影を以て無事静養罷在候間、乍憚御省慮被遊度奉願上候。時下御自愛専一に被遊度祈上候。草々敬白

九月六日　岩崎小彌太

茅町御兄上様侍史

〔註〕昭和十一〜二十年

267 石黒俊夫宛 （昭和 ）年九月八日

（三菱史料館所蔵）

拝啓 封入の手紙東京拙宅より転送し来り候。武田化成に関するもの、或は何か申遣し候方可然かとも思われ候。池田〔亀三郎〕君と御相談の上可然御取計願置度候。今日は珍しく霧降り雨を伴ひ天候不良に有之候。蒸熱の市中御自愛専一に願上候。不取敢用事迄。草々不宣

九月八日 岩崎小彌太

石黒兄侍史

御手紙好便に托し差出し候。

〔註〕昭和十八〜二十年

268 石黒俊夫宛 （昭和 ）年九月九日

（三菱史料館所蔵）

拝啓 益御多祥奉賀候。武田長兵衛氏より書翰に接し候。何か申遣し置く要あらば可然御取計願上候。封入の書翰それ〳〵御配付願上候。林〔雅之助〕氏は明日来社の折にて宜敷候。今日永坂の両人〔岩崎忠雄・淑子〕帰京に際し此書翰托送致し候。よろしく願上候。先は右御依頼耳。草々不具

九月九日 小彌太

石黒君侍史

〔註〕昭和十八〜二十年

269 石黒俊夫宛 （昭和 ）年九月二十三日

（三菱史料館所蔵）

華墨拝見仕候。秋晴の好期尊台益々御安康奉賀候。小生無事御放慮被遊度候。廿六日総会に就き重役会有之候由、小生の身上暦日付にて頓と失念罷在候。右に就き船田〔一雄〕氏宛書両一通御手許に差出し候。御転送願上候。同氏逗子か東京か不明故御手数相煩し候。此手紙の結果御打合せの要あらば、此手紙持参の者に御返書給わり度候。明日中に当地に帰着可致候。電話は時に良く聴取出来ざる事あり小生頗る不得手故、使者を以て手紙差出し候。御休養中恐縮千万に候へども、御手数相煩し度候。小生も廿六日には間に合ひ兼候て、廿七日か八日には帰京の予定致し居候。乱筆御推読奉願候。不具

九月廿三日　岩崎小彌太

石黒君侍史

〔註〕昭和十八～十九年

270　石黒俊夫宛　（昭和　）年十一月十一日

（三菱史料館所蔵）

拝啓　度々の御消束〔ママ〕難有拝見仕候。留守中種々御高配多謝候。封入之書翰船田〔一雄〕氏へ御序之節御転送願上候。別に用事にては無之礼状に有之候間、差急き候儀には無之候。先は用事のみ御依頼申上候。草々不具

十一月十一日朝　岩崎小彌太

石黒俊夫君机下

此頃満月に近づき候も雲の去来はげしく、未た良夜に不接候。然し楽しみに致し居候。

〔註〕昭和十八～十九年

271　小川平吉宛　（昭和　）年十一月二十八日

（国立国会図書館所蔵）

拝啓　先日は久方振にて拝晤を得、御健祥之態を拝し大賀仕り候。数日前有益之書物拝借難有奉謝候。未た読了は不致候も幸拙社経済研究所に同様のもの有之候につき、御返送仕り候。御査収被遊度候。邦家大事の際御尽力切望致し候。何れ不日拝芝重ねて御意見拝聴致し度くと熱望致し居候。気候不順之折柄御自愛奉祈候。草々不具

十一月廿八日朝　小彌太

小川先生侍史

〔註〕(表)麹町区　小川平吉殿　親展　(裏)封　十一月廿八日
麻布区鳥居坂町　岩崎小彌太　昭和七～十六年

272　岩崎久彌宛　（昭和　）年十二月二十日

（三菱史料館所蔵）

小生両三日熱海に休養致し度、只今出発仕り候。

寒気相加候処益々御清祥奉賀候。先日御話之儀松平〔恒雄〕宮相と面晤仕候処、御好意は深く感謝致し候も、宮内省としては目下東京に広大なる御地所を有せられ居り差当りて御用無之と相考へられ候由、申居られ候。然し折角の御好意を自分一存にて葬り去る事も不相済と考ふるに就き、二三重立ちたる者には相話し可申、結論は自己と同様に帰着可致も御好意は明瞭に致し置き可申との答へに有之候。昨日事務所に参上御報告之心組罷在候処、

午後御帰邸後と相成候為め其意を不得、乍失礼書中御返事申上候。不悪御諒承奉願上候。

十二月十日朝　　小彌太

茅町兄上様侍史

〔註〕(表)家庭事務所　岩崎久彌様　親展　(裏)十二月十日朝　鳥居坂　岩崎小彌太　昭和十一～十九年

273　中村春二宛　（　　）年一月十五日

（成蹊学園史料館所蔵）

拝啓　昨日は御来駕を辱ふし、久振にて色々御打合せ出来仕合千万に奉存候。早速種々調査開始の方針を立て着々進捗相計り可申候に就ては、貴方に於ても御考慮を進められ度、時々小生に於ても親しく御打合せ致度と存居候。其節御約束の金子使者に持せて差出候間、御査収被下度奉願上候。草々不具

一月十五日　　岩崎小彌太

中村兄侍史

〔註〕(表)成蹊学校　中村春二様　親展　(裏)一月十五日　岩崎小彌太

274　小川平吉宛　（　　）年三月二十六日

（国立国会図書館所蔵）

拝啓　御手紙に依り金子差出し候。本月分金額不明なるも試に先月同様として差上げ候。御落手被下度候。草々不具

三月廿六日　　小彌太

小川兄侍史

〔註〕(表)小川平吉殿　侍史　(裏)岩崎小彌太

275　中村春二宛　（　　）年三月二十八日

（成蹊学園史料館所蔵）

拝啓　御約束之五千円御小切手にて差上候間、御査収被下度候。草々

三月廿八日　　小彌太

中村兄侍史

〔註〕(表)府下巣鴨池袋一、二〇一　中村春二様　親展　(裏)神田駿台　岩崎小彌太　封筒は別書翰のもの（消印は大正八年一月六日）

276　小川平吉宛　（　　）年六月十六日

拝啓　御約束之品差出し候間御査収被下度候。
六月十六日朝　小彌太
小川平吉殿侍史
〔註〕㊤小川平吉殿　親展　㊥岩崎小彌太
（国立国会図書館所蔵）

277　小川平吉宛　（　　）年七月十三日

拝啓　御手紙に対し御返書遅延之段御海容被下度候。実は先週中都合つき兼ね御面談之期を得ず、本週中は小旅行致度くと存し候間、甚だ乍勝手来週中御清暇之折に一夕拙宅え御枉駕相願度と存居候。何れ本週末電話にて御都合相伺可申候。草々不具
七月十三日　岩崎小彌太
小川平吉様侍史
〔註〕㊤四谷区仲町二丁目十二　小川平吉殿　親展　㊥七月十三日　岩崎小彌太
（国立国会図書館所蔵）

278　中村春二宛　（　　）年七月二十九日

拝啓　御約束之小切手御送附申上候間、御査収被下度候。八月二日（水曜日）御来駕御待申上居候間、六時半頃御来会願上候。草々不具
小彌太
中村兄侍史
〔註〕㊤中村春二兄　侍史　㊥七月廿九日　岩崎小彌太
（成蹊学園史料館所蔵）

279　関屋貞三郎葉書宛　（　　）年八月十八日

拝啓　芦の湖にて漁獲の鱒少々御覧に入れ候。御風味被遊度候。連日天候思わしからず候。荊妻よりもよろしく申上候。不具
八月十八日　小彌太
関屋貞三郎様侍史
〔註〕㊤関屋貞三郎殿　侍史　㊥八月十八日　元箱根　岩崎小彌太
（国立国会図書館所蔵）

280　中村春二宛　（　　）年九月二十五日

拝啓　小切手封入仕候間御査収被下度候。雑誌の方は本

月分も加算致置候。草々不具

九月廿五日

岩崎小彌太

中村兄

〔註〕㊤中村春二様　親展　㊦岩崎小彌太　本書翰は大正四年八月十二日付書翰に同封されているが、いずれの封筒かを特定することができない

281　斎藤実宛　（　）年十二月十日

（国立国会図書館所蔵）

拝啓　益々御清祥奉賀候。陳は御高話拝聴旁午餐差上度候間、来十三日午後十二時半高輪拙宅へ御賁臨被下度候半々本懐之至に奉存候。右御案内申上候。敬具

十二月十日

岩崎小彌太

男爵斎藤実殿

〔註〕㊤男爵斎藤実閣下　㊦岩崎小彌太

282　中村春二宛　（　）年十二月二十日

（成蹊学園史料館所蔵）

拝啓　先日は御手紙難有拝見仕候。平生御無沙汰罷在候処、益々御壮健御奮闘之段奉賀候。小生は不相変ごた〳〵多忙にて暮し居候。其中御高説拝聴致度く存居候。御約束の金大きに遅滞恐縮仕候。使者にもたせ御送り致候間、御査収被下度候。万事は拝芝の上。草々不具

十二月廿日

小彌太

中村兄

〔註〕㊤府下巣鴨池袋一、二〇一　中村春二殿　親展　㊦岩崎小彌太　封筒は別書翰のもの（消印は大正四年七月一日）

283　小川平吉宛　（　）年十二月二十一日

（国立国会図書館所蔵）

拝啓　御約束之品差出し候間御査収被下度候。草々不具

十二月廿一日

小彌太

小川平吉殿侍史

〔註〕㊤小川平吉殿　侍史

284　小川平吉宛　（　）年（　）月二十四日

（国立国会図書館所蔵）

御手紙拝見。議会中御多忙之儀と奉推察候。例の件に就き御申越し之儀拝承仕候。小生今明両日は外出勝ちに就

き、木村久寿彌太氏に電話御打合せ願度候。同氏に於て
可然取計可申候。不取敢御返事迄。草々
廿四日朝
小彌太
小川兄侍史
〔註〕㊟小川平吉殿　侍史　㊞岩崎小彌太

285　中村春二宛　（　）年（　）月（　）日

（成蹊学園史料館所蔵）

先に御約束之五千円御送仕候。御査収願度候。
小彌太
中村兄
〔註〕㊟中村春二兄　侍史

二　関係書翰等

（一）書　翰

1　渋沢栄一書翰（控）岩崎小彌太・三井八郎右衛門宛
（昭和二年）九月六日　（『渋沢栄一伝記資料』）

拝啓　益御清適奉賀候。然ば予て御高援被下候有馬頼寧氏後援会義、御蔭を以て所期の目的を達し七月末を以て打切り候に付ては、有馬氏より別紙写の通り謝状を送られ候間、同封致候に付御一覧被下度候。右得貴意度如此御座候。敬具

九月六日

世話人　渋沢栄一

男爵岩崎小弥太様
男爵三井八郎右衛門様　）各通

〔註〕渋沢栄一伝記資料刊行会編『渋沢栄一伝記資料』三一巻、竜門社、一九六〇年、七一六頁

2　平生釟三郎書翰（草稿）岩崎小彌太宛
昭和四年二月二十七日　（甲南学園史料館所蔵）

昭和４年２月27日　岩崎小彌太様

御母堂御病気のところ御長逝になりまして、御遺族の御愁傷さこそと存じ上ます。謹んで弔意を表します。他行中にて延引いたいました。

平生釟三郎

3　平生釟三郎書翰（草稿）岩崎小彌太宛
昭和四年二月二十七日　（甲南学園史料館所蔵）

昭和４年２月27日　岩崎小彌太様

御母堂様御病気のところ御養生叶はせられず御長逝になりまして、御遺族の御愁傷さこそと遠察いたします。謹

んで弔意を表します。他行中にて延引の段御容赦を願ます。

平生釟三郎

4　平生釟三郎書翰　岩崎小彌太宛
昭和六年二月八日　（甲南学園史料館所蔵）

昭和6年2月8日正午

岩崎尊台侍史

拝復　唯今入手いたしました青木菊雄君の書状にて、今回三菱合資会社に於ては財団法人甲南病院へ金五万円也御寄附下さるることに御決定になりました御通知に接しました。実に感激の涙に咽びました。是れ全く尊台お〔ママ〕かせられ、小生の微衷を御良解下され厚意ある御口添を賜はつた御芳情の結果と厚く御礼申上ます。尊兄の博愛至仁なる真情の発露なくしては、到底かかる福音に接することは不可能であつたと思ふの外ありません。この五万円は単なる五万円の資金ではありません。三菱合資会社がこの寄附を快諾せられたる事実が他の同情者を誘致することとなりますれば、甲南病院は至大なる援助を得たるものであります。小生は今後永く病めども良医の診療を受くる能はずして病床に輾転反側する愍むべき人々に代りて厚く感謝の意を表しますと共に、屢尊顔を冒して貴慮を煩はしたる罪に対し御容赦を御願申します。取敢へずこの喜しき通知を得て感激の余一書を奉呈いたします。

平生釟三郎

5　平生釟三郎書翰　岩崎小彌太宛
昭和六年二月十九日　（甲南学園史料館所蔵）

昭和6年2月19日

三菱合資会社社長　岩崎小彌太殿

拝復　我国の社会生活の現状に鑑み、中流若くは其以下の人々をして進歩せる医術の恩沢に浴せしむべき意図を以て多年計画いたし居りました財団法人甲南病院の趣旨を御賛成下さいまして、今回金五万円也御寄附下さま〔ママ〕して御芳志厚く御礼申上ます。御蔭を以てこの計画が成就いたしますれば、病めども良医の診療を受くる能はず、良薬を口にする能はずして病床に転輾する憐むべき人々をして御高志に対し感激せしむるを得べしと存じます。茲にも深謝の意を表します。

財団法人甲南病院代表理事　平生釟三郎

6　岩崎孝子書翰　船田一雄宛（写本）
（昭和二十三）年（八）月二十四日

（成蹊学園史料館所蔵）

船田様御許に

おたより頂きありがたく御礼申上候。残暑なか〳〵にさりがたく候処、其後は御変りも入らせられず候や。久しく御目もじも申上ず候ところ、おけが遊ばされしともれ承り、御どろき〔ママ〕如何の御様子かと御案じ申上げ石黒〔俊夫〕様まで伺ひ候に、早其頃は御心よき方へ御向ひ遊ばされしとの御事、ほつと申上候。遠方に引こみ何事も時立ちし頃耳に致し、新聞も大分記事おくれ、誠にまのぬけた事にて御許し下され度候。折角おさわり後の御暑さにて如何と先日も石黒様へ御伺ひ申せしことにて御座候。私も別だんの事もなく過し居り候まゝにしながら御安心頂き度候。かね〳〵最後まで故人とともにおはたき〔ママ〕頂し御方とて、どなたよりも先きに日頃の御様子気には致し居り候へども、先に年より右手指少々あしく筆と箸に不自由致し、生前よく代筆してくれしありがたさ今になりようやく感しられ申候。東京ならば時折は御目もじ申上げ、いろ〳〵と御相談もいたし御力そへも願われるも能く、かゝる山上仏間ながらの居間に一人り〔ママ〕朝夕のおつとめ以外には何の事もなく、何時まで生きのこらねばと考へるときはいまだにいくぢなしと一人りなき致し候。三十五日の入院中、日々最後の夕食後まで熱海へかへりたしつれてもどれと申つゞけ候まゝ、一日でも長くこの家にとゞまり、故人をなぐさめるが私のつとめと存じ、其時が私の最後と内外よりの日々のくるしみもがんばり居り候。御同情頂き度候。玉川へ詣りし時には、鳥居坂のやけのこりの倉前にて六日滞在致し候まゝ、其折にでも御都合つき候はゞ、昔をおしのび方々御入り御まち申上げ候。申上げ度事次々に候へども、ます〳〵指うごかぬようになり候まゝ、これにて失礼申上候。まだ残暑もつゞくと存じ候へは、御大切に遊ばされ度候。奥様へよろしく願ひ上候。

誠におはづかしき悪筆にて御判読願ひ上候。先は大乱筆にて御礼申上候。

廿四日　　孝子

〔註〕(表)東京都渋谷区代々木富ヶ谷町一、四六六　船田一雄

様　御許に　(裏)熱海市咲見町陽和洞　岩崎孝子　昭和二十三年八月廿四日

（二）書　類

1　岩崎小彌太祝辞　明治四十五年四月三日

（成蹊学園史料館所蔵）

始業式祝辞

本日神武天皇祭の日を以て、成蹊実務学校始業式を挙んとす。

抑々、教育の国家発展上最も重大視すべき事は、今更云ふ迄もなき事也。而も生活問題の日に紛糾する今日、真実教育の為めに殉する覚悟を有する教育者、果して幾人かある。

今の教育家、多くは自己の衣食を教育よりして取らんとす。茲に於てか神聖なる教育界に種々の紛紜を起し、教育者と被教育者と肝胆相照らさず、為めに教育の効果充分ならず。

恒産あるものにして恒心ありと、古語にもいへり。教育者は教育よりして衣食の資を取る必要なき境遇に在りて、始めて自己の理想を行ひ得べき也。而かもかゝる教育家極て少し。之れ教育の効果の充分ならざる一原因なるべきか。

更に思ふに、教育の業務に従事して、而も衣食の為めに捕はれぬ教育者は、兎角熱誠足らず、却て教育に依て衣食するものに劣ること、往々なきにあらず。

中村君教育界に投じてより十三年、長しと云ふべからざれども、主義一貫、教育の為めに捕はれずして、真実に教育の為めに殉せんとする一人なることは、余の信ずる所なり。

昨年成蹊実務学校なるものを設立せんとし、余に賛助を求めらる、かゝる学校の設立は現今社会の欠陥に対して極めて必要と認めしを以て悦んで賛助の一人となりしなり。

不幸にして半歳経営の校舎は、一朝灰燼となりぬ。中村君の落胆思ふべし、而も教育は校舎器具書籍によらず教師と生徒とあらば充分の効果を収むべし。今俊才なる一二年生四十余の生徒を得たり。又、その共に教育を司る上に於ても、中村君は良師友を得たる今日、不完全なる仮校舎憂ふべきにあらざる也。否、余は本校職員諸君の意気は、今日の火災の為に益盛に、混沌たる教育界に一道の清流を起すべきを信ずるものなり。学校の規模は小なり。而もその任や極て重し。余は本校の将来に向つて多大の望を嘱せんとす。こゝに祝意を表して今後の奮闘を望む。

明治四十五年四月三日

賛助員　男爵岩崎小彌太

〔註〕三菱史料館に写本あり

2　岩崎小彌太原稿　（大正期）

（成蹊学園史料館所蔵）

今や欧州の戦乱は停止する処を知らず、其影響の延ひて我経済界に及ぶもの漸く大ならんとしつゝあるの際、~~我~~~~社は上下協力諸君は~~能く施設の緩急を安排し冗費を節し冗員を減じ、事の急なるに当りて苟も狼狽せざるの用意なからざる可からず。加之各個に身に持する事を~~益々~~慎み、勉めて~~華~~奢侈に流るゝ事なく質実を尊び、送迎を簡にし無意味宴会を廃し、能く内外の~~社会~~〔ママ〕の儀表たるを勉めん事を希望す。

〔註〕欄外に「~~上下協力~~し上にあるものは下の言ふ処をきゝ、下に在るものは誠意の進言を怠らず同心協力して」とあり

3　大正九年五月　岩崎社長演説原稿

（三菱史料館所蔵）

私は此御会合に際しまして会長として一言御挨拶を申述べたいと考へます。

御承知之通り私は平常極めて多忙であつて諸君と親しく胸襟を披て意見を上下する機会を得る事甚だ稀であるのを常に遺憾に思ふて居るのでありますが、幸ひ本日此機会に於て聊か私の所懐を述べて諸君の御参考に供したいと考へます。暫く御清聴を煩し度い。先づ今回の組織の変更について一言申上げて置き度い。御承知之如く商事会社は、其設立以来大石〔廣吉〕君を常務之筆頭として同君を中心として社業を行ふて来たのでありまするが、不幸にして同君は病に罹られ、暫く閑地に就て静養する必要を生しました処から、此際常務取締役の更迭を決行致しまして原田〔芳太郎〕渋谷〔米太郎〕の両君は其職を去らるゝ事となり、坂本〔正治〕君が常務に専任せらるゝ事となつた次第であります。然して同時に三菱銀行

の常務取締役たる菊池〔幹太郎〕君を煩して新に重役の一員に参加して〔後欠〕

〔註〕原本の所在は不明。三菱史料館ではコピーのみ所蔵
罫紙三枚目以降は欠落
『随時随題』の「三　商事会社場所長会議席上における挨拶」草稿の前半部分

4　戦没将士追悼法要（第三回）挨拶原稿　岩崎小彌太

昭和十六年五月三十日　（三菱史料館所蔵）

私は今日の法要の施主岩崎小彌太であります。一言御挨拶を申述ます。

顧みますれば昭和十二年七月日支事変が勃発致しましてより年を閲する事四年になん〳〵と致して居ります。其間我三菱関係の諸会社より出征せられました方々は実に貳万六千数百名に達して居るのであります。而して不幸戦歿せられました数は一千貳百余名の多きに及んで居るのであります。

私は三菱関係の事業の全部に対して責任を負ふ関係上これ等戦歿の人々の為めに法要を営み、その御冥福を祈りたひと発願致しまして昭和十三年五月当所に於て第一回の法要を修しましたのであります。昭和十四年秋第二回の法要を営み、昨年は身辺の故障の為めに其運に到りませず、今日此《この》処に於て第三回の法要を厳修するに到った次第であります。これ等戦歿せられました方々は皆御生前三菱の事業に従事して居られました人々にて、東西処を異にし南北業を別にして互に相見ゆること極めて少なかったのではありまするが、皆等しく同じ旗色の下に同し理想を以《抱》きて我国の最重要なる産業に従事せられて居つた方々であるのでありました《す》。仮令国家の必要の為め《非常時局に際して》小生命を君国の為めに捧げられたのであるとは云へ《申せ》、私と致しましてはこれ等有能の士を多数失ひましたことは甚だ痛恨に堪へない次第であります。あるのであります。ことに御遺族の方々の御心中を御察し申挙げてたゞ〳〵御同情に堪へない次第であります。皆様に対し一々御悔を申上げ《ぐ》る事を得ませんので此機会に於て哀悼の意を表し謹て御悔を申上ます。

尚今回の法要は交通宿舎等につきて御不自由御不便の多い折からとて、我等夫妻のみにて在京の方々とひそかに法要を営まん《み御案内を御遠慮致さん》かとも考へましたが、各会社の重役の方々より是非御遺族の方々を御招待申し上げて相

共に英霊の御冥福を祈り度ひとの勧めも御坐りましたので、敢て御案内申上げた次第でありまする。斯く御不便御不自由の時節にも不関、多数御参列被下ましたことは施主として私の大に満足に致する処であり、厚く御礼を申上げ度ひと思ひます。ここに一言甚だ簡単~~ながら~~で有りまするが御悔を申し上~~げ~~ぐると共に御礼を申述べ~~度ひとしまする~~度ひと存しまする。

〔註〕㊟社長御直筆集

第二部　追想

一『養和会誌』一七五　会長追悼号（昭和二十一年五月）

追悼文（イロハ順）

偉大なる反省力

加藤武男

故岩崎小彌太男百日祭に当り謹んで弔意を表し一言追憶の辞を述ぶるの機会を与へられたる事を深謝す。

男は三菱社々長に就任以来三十余年の長きに亘り一意専心三菱社を通じ国家の為め懸命の努力を捧げられ、我国財界に於ける偉大なる存在なりし事は周知の事実にして敗戦後不幸病魔の侵す所となり財閥解体と共に其の終りを告げられたる事は誠に痛恨の極なり。其の人格、識見、手腕に至りては厖大なる三菱全事業を統率し終に今日の大を為さしめたる事蹟に徴し明なる所にして今更多言を要せざる所なり。

余は大正八年東京本店に勤務以来、職務上常に男の示教を仰ぐ機会多く、此間幾多の出来事に際会し最も屢々議論を上下し最も多く攻撃を受けたる一人なりと信ず。

男は理想家にして実行家なるを以て理想と現実と相距り苦慮せらるる事頗る多く、一度び決意せらるるや何事も徹底せざれば止まざる最も強き自信と性格を有せられたり。余の経験によれば偶々人と意見を異にすれば頑強に自己の所信を主張せられ遂に正面衝突に至る事あるも再度反省し、一旦諒解せらるるや直ちに取消さるる事も屢々あり、其の態度たるや春風駘蕩、恬淡として何等蟠りなく実に敬服に堪へざるものありき。余輩男に学ぶ所極めて多しと雖も此の反省力こそ最も卓越せる長所なりと信ず。男は常に反省に反省を重ね、その書画、骨董、美術に対する該博なる智識と相俟ち切磋琢磨年と共にかの偉大なる人格を完成せられたるものと信ず。昭和十三年元旦、社長宅に於ける新年会の男の名句の内

悔もあり誇もありて明の春

とありたるを未だに記憶するが、是れ即ち男が常に過去を回顧し反省せらるる性格の一の顕れなりと思考す。聊か以つて追憶の一端とす。

故小彌太社長の想ひ出

加藤恭平

私が明治三十八年三菱合資会社に入社当時の社長は彌之助男で、次で久彌男、小彌太男の三代の社長に御仕へ致し三十一年間勤務致しました。以上三代の社長は何れも名社長にゐらせらるることは能く知られて居る通りであります。彌之助男、久彌男の社長時代私は地方廻りもして居りました上未だ下級でありましたから、社長の俤を遠方から拝する位で直接お話を伺つたり仕事のお指図を願ふこともありませんでした。

大正元年香港支店長になつた時分から久彌社長に仕事の報告や御指示お小言を頂く事となりましたが、夫れにしても時々お目にかかる位のことでありました。

大正六年香港支店長より大阪神戸支店長になつた時分から小彌太男に度々お目にかかる機会を得、爾来廿年近く小彌太男に能くお目にかかり親しくお話を伺ひ、事業上御懇篤なる御指示を蒙りたる御恩の程は決して忘却出来ません。

小彌太社長に対しては通念的に申せば総ての日本人中一番の偉い方であると云ふ一言にて尽きると思ひます。人格、見識、思想、事業に対する指導方針、運営方面から云ふても日本一の人物であると思ひます。私が三菱商事在職の廿数年間、民間人、官界人、政治家、軍人等接触面が広汎であり沢山の知名の方々と御懇意になりましたが、小彌太男以上の人にお眼に懸つた事はありません。真に日本一の方であると信じて居ります。

男爵の御逝去は慈父に別れ先生に別れたる気が致します。太陽のやうな人格者、日本一の大人物にお別れして悲歎の涙に暮れて居ります。小彌太男に関する逸話については申上ぐれば際限もなく、他の諸君からも沢山に出ることと思ひますから差控へますが、男爵の高風鴻徳を慕ひ、男爵のなき今日寂寞たる感転た無量であります。

三菱商事設立の時訓示の一節に、自分は商事を岩崎のもの、三菱のものとも考へて居らぬ、ソーシャル・ファンクション即ち社会的機構の一であると思つてゐる、との御話がありました。三菱に対する其の高邁なるお考へは其儘実質的に表現実施せられ、全く故社長の堅く強き御信念から出たる御言葉と敬服して居ります。私も社長の御意を体し、三菱は日本の社会機構の一部門であると考へ服膺致して居りました。之れは一番耳に残り居ることであります。

故社長が情誼に厚く、微力なる社員に対して迄も非常に大なる抱擁力を有せられたることは感謝に堪へない処であります。或る日故社長が私に白隠禅師講述の修証義一冊を下され、その中に赤鉛筆で線を引き之を読めと仰つた事がありました。それは『愛語』と謂ふ一節でありました。私はやかまし屋でヅケ〳〵と物を云ふ自分の悪癖に対して『愛語』を指示され、他人に対する態度をお訓しになつたものと感じましたので、性癖を矯める事に努力して居りますが仲々直らないので困つて居ります。故社長が一社員の私に至る迄お心に懸けられる御懇情は感謝感激の外なく、自分の不徳を愧づると共に慎み居る次第であります。

故社長が御示しになつた『愛語』に就ては、私が三菱を辞して台湾拓殖株式会社社長を引受け、同社を主宰する様になり多数の部下を持つ様になりましてからも、つくづく考へて見て、故社長が数万の社員を率ゐることに関し如何に御辛労遊ばされたるかを推察申上げたのであります。

台湾より上京の都度三菱時代のお詫びを申上げ、台湾拓殖の社風の昂揚、社員の統率等につき御相談申上げる度毎に痒い処に手の届くやうな御指示を蒙り感謝して居りますが、私は或る時社長に、私は三菱に居りました時は却つて本当の三菱が判らず、三菱を出て却つて本当の三菱の長所短所が判りました、日本の如何なる会社よりも卓越せる社風、社員の情誼に貫徹せる処は何処にも見られません、私は八年間の台湾拓殖会社社長生活中私の熱望した社風が浸透して居らぬことを痛感して、三菱の社風が実に立派で到底外の会社で真似の出来ぬ社風であり、この社風を作り上げられた社長の高徳に対しては真底から讃辞と敬意を表しますと申上げた処、故社長は微笑して居られました。

終戦近くになり日本の情勢が悪化し、私の会社の運営に対しても私は悲観して、或る日故社長に厖大なる三菱に於ても嘸かし御苦心があるであらうと、政治軍事方面に関しお話申上げたる処、唯一言『加藤君、お互に云ひたい事は沢山あるねえ』と吾国の将来、政治の将来に対して、ジーツと耐へ忍んで居られた御心中を察しました時、実に涙が溢れたのであります。

故社長が二、三年前御自作の俳句を四句短冊に書いて下さいました其の中の一句

事多き身には恋しき枯野かな

故社長の御心中を拝察して感想の筆を擱きます。

最後の一例

田中完三

昨年十月二十二日、児玉終戦連絡事務局総裁が三菱本社に故岩崎社長を訪問せられて、財閥解体の問題を環る諸情勢を説明せられた。此の会見で社長も場合により本社解散の已むなきを決意せられたやうである。但しそれは飽迄も戦勝国の要求に従ひ日本政府が命令した場合のことである。処が連合軍司令部の一部では財閥は過去を反省して自発的に解散すべきであるといふ見解を持し、日本政府も之を希望して居る様子が見えた。其の意を迎へてか否かわからぬが一二の財閥は既に自発的解散を司令部に申出たらしい。然し岩崎社長としては三菱は解散を余儀なくせられるやうな国家社会に対する不信行為は未だ曾てした覚もなく、且三菱を信用して投資して呉れた一万三千の株主に対する信義上からも断じて自発的に解散する理由はないと言ふ正論を堅持せられた。そこで翌二十三日、渋沢大蔵大臣も来訪せられて社長と種々懇談せられたが、大臣も結局社長の意を諒として引取られた。

此の事実は故社長の一生涯を貫く不易不動の大方針、即ち奉公の大義に立つて国家社会の福利を第一義とする信念と、正論を持して時流に媚びず権勢に阿らざる意気とを如実に顕現せられた恐らく最後の一例であると信ずる。是れに就て想起される事はかのコペルニクスの地動説を祖述し大成したガリレオが一六三一年異端者として宗教裁判に曳出され、羅馬法王の厳命によつて已むを得ず「地動説は聖書に違反する点に於て邪説である」といふ意味の取消を行つたが、彼は法廷を出ながら「然し地球は現に回転して居る」と呟いたといふ話である。頑迷にして残忍なる羅馬法王が文化の進運を阻害したと同じやうに、正論の蹂躙が日本敗戦の重大なる一原因ではなかつたか。

所謂将に将たる偉材とは如何なる資格を要するものであらうか。人格高潔なるべきは言ふ迄もないが、さりとて己を潔くするに止まり器局狭小ではいけない。寛宏衆を容れることは不可欠であるが、それも人心収攬の技術に終始せず、純真なる慈愛の発露でなくてはならぬ。聡明叡智であると同時に不断の積極性を蔵し、然かも事を処するに周密であらねばならぬ。而して万人をして悦んで其の指揮に服せしむるに足る高邁なる識見を必要とする。斯く見来ると東西古今の大人物と雖も適格者は寥寥たりと言はねばならぬ。其の間に在つて故岩崎社長を追懐する時、如何に其人が不出世の巨人であつたかが熟々感得せらるる。加ふるに多方面にして豊富なる趣味を有し儒釈の教義にも通ぜられたことに想到すれば恰も太陽を仰ぎ、大海を望むが如く驚異と、敬慕の念禁じ難きものがある。

人の偉大さは必ずしも其の遺した事蹟のみを以て計量し難いであらう。事の成敗利鈍は時勢環境に依つて左右されることは否めない。然し何と言っても三菱の各事業は故社長在職二十有九年を記念する燦然たる金字塔である。三菱本社は解散しても三菱の事業は永遠に遺るであらう。否此の金字塔こそは後を承はる者が総力を挙げて護持せねばならぬ処である。それが故社長に対する吾々の最大の義務であり、唯一の報恩であると信ずる。

大人格

永原伸雄

故男爵閣下に御目に懸つて居ると何となく大きな威力に押へられる気持がするが、同時に一種言うべからざる快感と心強さを覚え、知らず識らず勇気づけられて自分も何だか偉くなつたやうに思はれました。又其の力強きお言葉には何とも云はれぬ味ひがあつて自然と明朗な気分になるのでありました。斯の如きは全く偉大なる御人格の威力に依るものと心から崇敬せずには居られませんでした。

何事を為されるにも行く処まで行かねば気の済まぬ御気性は御趣味御修養の上にも能く窺はれました。禅剣書茶俳句等々広く多方面に亘りて何れも悉く堂に入りて其の真髄を把握されて居られましたことは全く驚くの外ありません、而かもその一ツ一ツに円熟せる御人格の輝きが顕はれて居り断簡零墨にも自づと頭の下がる許りであります。

豪放而かも周到、閣下は大まかの半面に能くお気の付かれる方でありました。私共をお邸にお招きになるにも銘々の嗜好趣味などに注意されて自ら色々趣向を凝され、配膳行酒に至るまでお心を配られるので下戸も上戸も其の温きお心入りを有難く頂いたものでありました。

寛仁大度温情を以て部下を統御せられたる閣下は実に能く人物を鑑識せられ、その長所を認めて各其の処を得せしめ、私情を去り学閥を排して適材を適所に重用されました。又成蹊学園を興して青年の薫育に努められたる閣下は会社にありても部下の誘拡に大に力を尽され、倶楽部を組織して全社員の親和を計ると共にその訓化に努力せられ、又夙に少壮社員を欧米に遊学せしめて欧米の文化科学の粋を取入れ、幾多有為の人材を養成されたのであります。人事に関して斯くも深く意を用ひられたる閣下は真に将に将たる天分を与へられたお方でありました。部下も亦衷心悦服してその教に添ひ、命を受くるを喜び慈父の如く景仰して居りました。斯の如くして上下一致渾然相和し、茲に初代社長以来の伝統美風は閣下に依って益々発揚されたのであります。

社業を総理統督せらるゝに当りては高邁なる理想を以つて大局を達観せられ、事業を通じて国家社会に奉仕するを念とし、謙慮明哲一身一家の利害を超越して一意事業の振興に尽瘁せられました。殊に事変以来は深く国家の前途を憂慮せられ一層勇邁万難に耐え、不撓不屈全力を傾注して其の責を完ふせられたのであります。時に函根、熱海に休養して風月を友とせらるゝ間にも静かに思を練り、遠謀妙籌私共の夢想だも為し能はざる大計を樹てられましたことは全く驚嘆の外ありませんでした。斯の如き御努力と御心労とを拝見して蔭ながら御健康をお案じ申上げ只管御自愛を祈念して居たのであります。

顧れば日夕親しく声咳に接すること実に二十有余年、其間一度のお叱りも無く終始温顔を以て無限の訓化を与へられましたことは只々感激の外ありませんでした。昨春離京の際にも厚く老骨を労はれ、再々相会して楽しみを共にせんと懇ろに慰撫激励を賜はりしに今はその温情溢るゝお言葉を承ることも出来ず、常に勇気づけられたる威風も拝するを得ず、痛恨限り無く真に悲みの極みであります。

追憶

船田一雄

私が明治四十四年七月三菱へ入社のとき初めて故会長の声咳に接し、爾来三十余年の間、或は駿台道場に於て、或は遠足、競技に於て殊に会社に於て絶へず近接致したのであるが、接すれば接する程其の偉大な風格に打たれ、器局俊厳、明敏果断而かも謙虚寛容の徳に心服せざるを得なかつたのである。就中私が欽慕景仰措く能はざりしは飽迄正義の人であつて公私の生活共に「公正」の二字に終始された点である。不正を憎むこと悪魔の如く、不義を嫌ふこと蛇蝎の如しであつた。何処までも正々堂々技巧を弄し権道に走ることは大嫌ひ、又常識尊重で法制は大嫌ひであつた。

夫れから上長として戴き最も心強かつた点は確固たる主義理想を堅持し、苟も一度決定した事は梃子でも動かぬ底の自信力であつた。真に所謂千万人と雖も吾れ往かんの概があつた。而して此の自信は豪宕の中細心の用意あり、あらゆる観点から検討に検討を重ねられた結論であつたと云ふことに想到せねばならぬ。会社で議論別れの翌朝は必ず私の宅に電話をかけられ、昨夜更に検討を加へたが、其の結果益々余の主張の正当なことを確めたと云はれるのが常であつた。例外的最大譲歩とも云ふべきは「実際の運用上どうしても困ると云ふなら君に任せるが、余の主張の正常なることに変りは無い」と云ふのであつた。之れ以上自説を飜されたことは殆んど無かつた。斯く主張には強かつたが如何に激論の後でも、颱風一過後の晴朗さで、他の問題に影響するといふやうなことは一度も無く此点寔に気持がよかつた。

故会長は会社の仕事以外何物も無いと云つてよかつた。清廉高潔、毀誉恬淡、無報酬無賞与唯だ奉仕奉公あるのみであつた。昨年十月熱海から約三間半に亘る社用の長文を寄越され、私が一読するだけに彼此れ一時間余を要した、何でも東京への托送便の都合で病軀を押して午前三時起床三時間余を費して認められたとのことであつた。又昨年十一月二日朝、輙ち本社総会の翌朝、鳥居坂本邸から一書を寄せられ「総会終り万謝仕候、連日の御尽力感激に不堪、小生最後に病に倒れ不相済候、御打合出来居り仕合仕候、日夜苦痛に暮し居候も只天命を楽みて何をも疑はず候、一書仰臥御礼申述候、皆さんによろしく」と珍らしく洋紙にペンの走り書で（平常は必ず和紙に毫筆）認めてあつた。恐らく之れが手紙としては絶筆かと思はれるが、彼の重病裡、尚且つ会社を思はるゝこと斯くの如く誰か涙無くして此書を読み得るものぞ。

故会長は極めて多趣味であつた。俳句は勿論、和歌、作文、揮毫、南画、水彩画行くとして可ならざるなしであつた。又仏書経学にも造詣深く、或時は仏典を引用し、或時は経書を引き来つて私達を戒められた。「半簾斜月清於水、絡緯声中夜読書」の古詩を愛誦され、此詩の通り晩年に至るまで読書修養を懈られず、箱根の見南山荘、熱海の陽和洞に静養中も諸橋轍次先生を聘して経書の講義を聴かれた様であつた。何時の夏であつたか、見南山荘で諸橋博士から大学の講義を拝聴し居れりとの前書で「仁者以レ財発レ身、不仁者以レ身発レ財、未レ有二上好レ仁而下不レ好レ義者一也、未レ有二好レ義其事不レ終者 也」の一句今の境涯に面白く大いに我意を得たりとて態々書き送られたことがあつた。同博士が見南山荘を詠ぜられた長詩の中に「風流嘗許俳巨陶、笑云此是長生訣」と云ふ一節があつたが、故人の面目躍如たりと謂ふべきであらう。

故会長は敬仏の念深かつた。鳥居坂の本邸には特に仏間を設け御両親其他の御命日には珍らしく会社を休んで僧を聘し供養を営まれるのを常とされた。又三菱諸社戦没者の為め会長御夫婦が施主となられ麻布長谷寺に於て荘厳なる慰霊祭を数回開催されたのなども其の顕はれの一つと云ふべきであろう。又皇室に対する忠誠の念も人一倍であつた　昨年八月十六日附の来信に

「十五日放送を通じ　陛下の玉音に接し涙滂沱たるを禁じ得ず、爾来謹慎、沈思黙考に日を送居候、不可能を可能ならしめんとして渾身の努力を傾到し来れるも、事此処に至つては今更乍ら心身の疲労を覚へ申候云々」

とある、以て如何に至忠至誠の士であつたかが窺知し得ると思ふ。此の非常時局下斯かる俊傑と云ふか、当代稀に見る君子人と云ふか、斯くの如き巨人を喪つたことは独り我社の一大損失に止まらず、我が事業界にとり、邦家にとり真に一大損失と申さねばならず、哀惜の極みである。（昭和二十一年一月二十八日夜識）

追悼

青木菊雄

故会長岩崎男には私は比較的長い間御指導を蒙った一人と思ひます。従つて追憶哀悼の念一入深きものがあります。回顧すれば男の十五六歳の頃、或事件の為め拝芝を得たことが初対面なりしが、其後私の門司兼若松支店長時代に男爵が副社長として九州御巡回の折始めて親しく御指導を受くることを得ました。今会社に関することは省略して私の記憶に存する印象は男の大酒豪家と称すべきことであります。相手次第でウイスキー三四本を倒すことは平易でありました。其後私が大阪に勤務中男爵が或席で午後早くから深夜まで飲み続けられて平気で居られたが、私は酒の御相手は出来ぬけれども同室に侍して居ましたことを覚えて居られ「昔大阪で夜更まで君を困らせたことがあつたねぇ」と笑ひ話をされたことがあります。其後男爵は禁酒同様に断然飲酒をお止めになりまして実に制慾克己心の強いのに敬服致しました。其後私は本社に転任し職務上親しくお指図を受くることになり約十五年間男爵の英邁果断の御訓導により啓蒙する所大なりしこと寔に感銘の至りであります。又重要社務に就いて偶々異見ありて黙止し難き場合にはお席に到り徐ろに愚見を開陳する時は、自ら省慮され快く卑見を採納された御雅量には屢々感激したこと今以つて忘れ難き所であります。又男爵の碁、将棋、生花、盆栽、茶の湯は勿論美術、音楽、建築、園芸、牧畜其他和洋の文化的事項に就いて好尚趣味の広く豊かなるには驚くべきものがあり、御住宅及び御別荘を拝観せる人は其の一端を感知し得べく、洋画には男爵自ら筆をとられ、洋楽セロは自宅にて独を楽むの具に供され、俳諧は俳号もあり相当の域に達せられたりと伝承せり。又男爵は仏教の教理を聞くことを好まれ嘗て故小林一郎先生を自宅に招き毎週二回経論の講義を聞かれ五六年続いたと思ひます。私にも傍聴の栄を与へられたることは終生忘れ難き所であります。又男爵の一般学事及び社会教養につき深く力を用ひられ、自ら施設し又は援助されたことは皆人の知る所にて成蹊学園、静嘉堂文庫其他養和会自体の諸施設皆然らざるはなしと思ふ。最後に社会各般の公益事業に対して自ら名を露はすことを好まれざりしも私財を投じて援助されたること枚挙に遑あらず、就中世に貢献する所大なるものに藤原宮阯発見の日本古文化研究所の如き著しきものである。私の知れる範囲に於て嘗つて男爵より事業上又は個人的援助を受けたる人にして既に物故せるものもあれども、今尚生存して現に世に貢献しつゝある知名の人士尠しとせず。嗚呼実に男爵の喪失は国家社会の大損失たるを思ひ転た感慨無量痛惜措く能はざる所であります。

春風駘蕩の巨人

坂本正治

公人としての男爵は常時国家を念頭におき大局の帰趨を達観せられ、自ら衆を率いて一糸乱れず、而も社員の人格の陶冶と福利の増進に終始意を用ひられた方であつた事は更めてお話しする迄もない所であります。私は男爵が十七、八歳の少年であられた頃から知遇を辱ふしたことであつたが、特に強く印象づけられたのは、男爵が生涯を通じて確固たる主義信念を抱き正義を愛するの念強く、正道は飽くまでも之を貫く勇気を持たれた方であり、随つて又不正を忌むこと極めて峻厳であられたと云ふことであります。それだけに平素御自身の修養には一入留意せられ、善いと信ぜられたことは之を他に及ぼすと云ふ風でありました。大正十年頃と記憶しますが駿河台のお邸に居られた当時、故小林一郎氏を招き毎週一回お経の講義を聴講せらるる事となり、特に数名の社員に陪聴を許され、私もその一員として参加の栄を賜つたことがあつたが、之は鳥居坂に移られてからも数年続けられたのであつて、此間各員極めて熱心に教を聴き病気の外は無欠席と云ふ勉強振りでありました。後に先考十七回忌追善の為めに小林氏をして此の講義を補修せしめられ、之を一本（仏陀の教）に纏めて広く知友に頒与された事などは御孝心に篤かりし一面をも物語るものであります。又男爵は時間恪守に非常に厳格であつて、一例としてこんなことがありました。三菱合資の紐育商事部を三菱商事会社に改組するに当り、当時男爵は商事会社の会長としてサインをせらるる為め、或る日午前九時に米国大使館を訪問する約束をされた。当日男爵は早目に出社され私も常務としてお供を致し時間迄に参つたのであるが、社印を持参することになつてゐた秘書の秀島君が来ない。十分たち二十分過ぎても来ない。男爵は西洋人に対し時間を違へることは日本人の恥辱である、恥かしくて面会出来ぬから帰ると云ひ出された。然るにサインはどうしても当日済まさねばならぬもので、私は極力お引留めし自動車の運転手には決して車を出してはならぬと申しつけて置いて、どうしても帰ると顔色をかへて叱られるのを、彼是三十分余りお待ち願つたところへ漸く秀島君が駈けつけ、係員に遅刻を詫びて無事手続きを済ますことが出来たのでありました。事情は忘れたが秀島君が遅れたのは確かに已むを得ない理由があつたと記憶する。帰社されてから大風一過、男爵はニコ〳〵して、引留めて呉れてよかつたよかつたと云はれたが、約束の履行時間の厳守と云つた点では、一寸したことでも非常にシリアスに考へられたのでありました。

私人としての男爵は趣味極めて広く、文武両道多方面に渉り剣道、狩猟、ゴルフ、和歌、書画、茶道等孰れも優れたる技能と知識を持って居られまして、就中書は隠然一家をなして居られました。又写真技術なぞも玄人の域に達して居られたし、尚ほ陶磁器の鑑定に至つては卓越した眼力を示されたそうであります。西洋音楽にも趣味を有せられ、嘗て之が普及に力を尽されたやうでありまして、かの山田耕作氏の如きも未だ盛名を成さゞる前、男爵より非常なる恩顧を受けられたと云ふ事を承知して居ります。只妙なことに和楽には殆んど興味を持たれなかつたやうであります。或る年、文楽が始めて興行に来た時お伴を致しました。出し物は壺坂霊験記だつたと記憶するが、人形と云ひ浄瑠璃と云ひ何もかも男爵には悉く珍ならざるはなく、薩張り訳が判らないと見へまして、奇問連発之が説明には私もホト〳〵当惑したのでありました。恐らく之は空前絶後であつただらうと思ひます。

鞏固なる信念を持し、時勢の進展を洞察し、宏遠なる理想を抱き、終始一貫正道を歩まれ、社会国家に貢献せらるるところ極めて大きく、而も人に接して春風駘蕩、福徳円満にして敬慕措く能はざる御人格は洵に得難いものでありました。敗戦後政治経済思想其他社会全般が混乱に陥り、或は一大破局を見んとするが如き秋、男爵の如き方を失つたのは実に痛恨に堪えません。今日に於て偉大なる御人格を偲ぶこと切なるものがあるのであります。

最後の一句

三菱医局　佐藤要人

秋さま〴〵病雁臥すや霜の上

これは故社長さん—外によい呼びやうもないから平素口馴れてゐたやうに斯く呼ぶ事にする—が此の世に残された最後の一句である。

私が十一月五日の朝いつものやうに病室に入《はい》ると、枕頭に看護されてゐた奥様が、「句を書かれましたよ」とおつしやつて、三寸ばかりの一片のメモ紙に鉛筆で無雑作に書かれたこの句を示された。

私は暫くじつとそれに見入つた後、社長さんに、「芭蕉に病雁の句がありますね」と申すと、静かに病臥されてゐる社長さんが只「うん……」と云はれて多くを語られなかつた。後で奥様の話された処によると、社長さんがこのメモを奥様に見せられた時「霜の上とは真白いシーツの上に横たわつてゐる事だよ」とおつしやつたさうである。

実は私はこの句を見入つた時、ぎよつとした。何となく胸中に動乱する波音を感じた事であつた。それは何となく所謂辞世のやうな句だなアと思はれたからである。然しその事は黙して只胸の内に畳み込んだ。

社長さんは今迄中々こみ入つた重患に何度もなやまされたが、それは皆癒ると確信を持てるものであつた。が今度の病患に就いては私には当初から、どうも只ならぬ〳〵と思はれた。で、特別の人々にはその事をひそかに洩らしてもゐたのであつた。然しあんなに急速に突発大変が来ようとは私ばかりでなく他の診療に当つた大家医連も予想しなかつた。御本人は固よりこの句が最後のものとならうとは、つゆ思はれなかつたらうし、況んや辞世の積りで詠まれたものではないに違ひない。然るにそれが、まア辞世句ともなつた訳で、誠に悲しい事ではある。

芭蕉は大阪の花屋に病んでいよ〳〵臨終の近きが明かとなつた時、去来が多くの病床に待つてゐた門弟達の意を代表して恐る〳〵師の枕頭に進み出で、古来鴻名の宗匠大期に臨んで辞世を残したから師もどうか辞世の一句を給はれかしと申した時、芭蕉は、昨日の発句は今日の辞世、今日の詠句は明日の辞世、我が生涯いひ捨てし句々一句として辞世ならざるはない、若し我辞世如何にと問ふ人あらば此年頃詠みたる句、いづれなりとも辞世なりと示されたい云々と云はれたさうである。そしてこれは辞世にあらず又辞世にあらざるにもあらず病中の吟な

りと
　旅に病んで夢は枯野をかけめぐる
の最後の一句を示されたのである。
　そんなやうな意味からすれば、この「秋さま〴〵」のお句も社長さんの辞世句と見られると思ふ。又さう観ずる事によつてこのお句が一層力と光を増すやうに思はれるのである。
　前に述べた芭蕉の病雁の句とは
　　病雁の夜寒に落ちて旅寝かな
で、これは彼が琵琶湖畔の堅田でものしたものであるが、それは只非〔悲〕痛の色が濃いばかりでゆとりと深みに乏しい。然るに社長さんのこの句には心境のゆとりとたゆたひがあつて、しみ〴〵と何かを思はせる深い味ひが籠つてゐるを感ずる。「秋さま〴〵」と置かれた情懐が千尋の深さを持つ。社長さんの裕かな大きい、そして事相を深く詩眼で眺められるあの風格が正しくこの一句に象徴されてゐると私は思ふ。芭蕉の最後の句「旅に病んで」と比して見ても同様の事が云はれ□〔る〕やうに思う。
　私はほんとに、この一句は社長さんの辞世句として永く後世に伝つて然るべきものと思ふ。

まことに世相の秋は殊に今さま〴〵である。
　社長さんは十月の末に長く患つた腰痛の後を無理に押して、わが三菱の、といふよりは世の混乱状態を処理するために熱海から出京されて、自身周辺の個人的の事など全く無視され国家大衆をのみ対象とし実に公正無私の大態度の下に、日夜神骨を砕いて努力され、一切の処置解決を了し一先づ安堵された所で、重患に陥り、一方ならぬ病苦に呻吟しつゝも、斯かる名什を詠まれたその風懐はまことに尊い。
　も一度重ねて記すが
　　秋さま〴〵病雁臥すや霜の上
　実に世の秋の相様とり〴〵さま〴〵なる中に病める孤雁は静かに霜の上に臥し横はつてゐるのに自らの今の姿を引き較べた切なる気持がこの句の格調の響の中に、高い詩情として澄み切つて漂ひ流れてゐるを切々に感ずる。
　少し横道になるけれども序なれば記すが、私はいつか船田〔一雄〕さんと語りあつた時、船田さんは「自分は社長の絶筆の手紙を持つことになつたよ」と云はれた。それは十一月二日に、前日、本社の総会を無事処理された船田さんに社長さんが病臥のまゝ謝意を書き送つた手箇の事である。船田さんは「表装して大切に永蔵する積りだがペン書でね」とも云つてゐた。

その手紙の事に就いて社長さんも私に話されてあつた。

私が十月三十一日の夕方病室を辞す時、社長さんは私に「明日は君も是非総会に出席してその模様を知らせよ」と云はれた。で私は翌日総会のいと穏かなりし状況を報告した。そしてその次の日の二日に伺つた節、社長さんは「今日は船田にお礼の手紙を届けたよ」など話された。

社長さんのその船田さんに送つた手跡は手紙としての絶筆である。然し実際の最後の絶筆は、仮令鉛筆書の寸片ではあるが、このお句であるのである。頗る大切貴重なものと云はざるを得ない。

私は後で、当時あのメモを頂戴でもして置けばよかつたが、一体どうなつたであらうか。或は何処かに捨てられたでもなからうかと大いに後悔した。

或る時奥様にそのことを話したら、奥様がちやんと保蔵されてゐると聞いて真に安心した事であつた。

まことに大切な一片のメモではある。どうか何時迄も、文字——あの豊円な社長さんの筆致——の薄れ消えぬやう永く〳〵大事に保存されんことを切に念ずるものである。

第一人者

三宅川百太郎

故会長の鴻徳と御人格は終始滅私奉公を念とせられたるによるものにして、率先範を垂れて社務を統轄社員を薫陶せられたるは他に匹疇を見ず。而も尚夙夜研鑽修養を積まれたるは敬慕措く能はざる処なり。

折角逸話の寄稿御希望の処、厳格なる御生涯にして老生の寡聞逸話の資料に乏しく、且高徳を叙せんには社務に関するあり、他に累を及ぼすあり、或は又自己宣伝に陥るの嫌あり、止むなく左に簡単なる事例二三を掲ぐることとせり。

強記と博識

約三十年前、老生三菱製鉄常務の頃、三菱社長としての会長御渡鮮、京城にて官民招待会開催の時、会長には午前より水原農場に御出張、老生は同僚梅野実氏と居残り数時間に渉りて当夜の社長御挨拶を研究し漸く草稿を了りたるも、間々用語に適当の句を得ず当惑したり。会長には午後五時頃御帰館、入浴後六時の開宴迄には剰す処僅に三十分、社長には草稿を一読せられたる儘直に会場に出席せられたり。梅野氏と共に結果如何と懸念したるが、会長には草稿中少なからざる数字を強記せられ、且数個所不適当の用語を訂正せられて挨拶ありたるには恐入りたり。

人格と感化

何人と雖も社長に面会したるものは、其の人格と博識卓見に感銘せざるものなく、老生の如き第一人者として常に敬服し来りしが、海軍大将にして財閥攻撃の急先鋒たりし某氏一度社長に面会するや、忽ち其の人格に打たれ、爾来攻撃を中止したりと云ふ。

衆望

五・一五事件後、或る有力なる官民有志会に於て、軍閥内閣にては前途を憂慮せらるるにより軍人以外の総理候補者を物色したるに、甲論乙駁容易に決せざりしも、某氏より三菱社長を提案したるに一人として異議を唱ふるものなかりき。以て衆望の帰する処を知るに足る。

愛国者

三谷一二

老生は故ありて故会長の青年時代より御知遇を蒙って居たのであるがお父様に似て英邁で、外祖父後藤伯（象二郎）に似て太っ腹で将来屹度偉人となり、大きな仕事をする人だと思って居た。果せるかな、学成り三菱に入社せらるゝや先づ副社長となり、進んで社長に御就任なるや、超積極的態度を以つて造船、鉱業を始め金融、商事、保険、電機等其他各方面各部門に亘り比類なき大発展をなし、国力の増進に寄与し、国家に対し無限の貢献をなされたるは周知の事実にして愛国者の模範とすべき人なり。蓋し其の一半の功績は故木村〔久寿彌太〕総理事を始め各社重役諸氏が企画経営に対し至誠一貫ベストを尽したると、各社全従業員諸氏の一致協力精励恪勤の賜なるも、之が総帥たる一大人格者故会長故社長男爵岩崎小彌太閣下の統率其の宜しきを得たる結果に外ならず。

閣下は元来自尊心高く虚礼大嫌いの御方であったが、晩年に至り益々強く、それが為め往々誤解を招かれたるの嫌なきにしもあらざりしが、常に斯道の碩学大家を聘して教を聞き修養に資せられ、又青年時代に指導を受けられたる故木村総理事に対しては終始一貫敬意を表して公私の別なく常に氏の言に聞かれたるは長老故木村氏の深謀遠慮にして、愛国思社の念強く、無類の人格者たりしにも因るべきも、又故会長の礼儀に厚き御性格の現れなりき。

又御在職中にも親しく海外を視察せられ、更に各社の有能人を絶へず欧米に派して実情を査察せしめ、又自宅に在りて読書を唯一の趣味として居られたり。従つて内外の諸情勢に精通せられ、達識にして烱眼、かゝる偉人を三菱の社長として野にのみ置いておくのは何だか惜しい様な気がしてならざりき。

平素門外漢故政治には一切容喙せぬと云つて居られたが、せめて若し故会長をして大東亜戦争勃発当時朝に在りて枢機に参与せしめたらんには、剛直無比の御方故、立論堂々其非を唱へ主戦論者を説服し、かゝる馬鹿げた戦争を阻止し得てこんな悲惨の終結を見るには至らざりしにと遺憾千万なり。

然るにかゝる崇高無比の大人格者、非戦論者の主宰する三菱を恰も利己的軍国主義的財閥なるかの如き記事の連日紙上に掲載せらるゝを見ては、職責あるのみを知つて眼中世評なき閣下もあまりの誤解と非国民的扱ひ、侮辱的暴言に対しては苦笑禁じ難く御不快の極は健康を害せられ、遂に不帰の客となられたるには非ざるやと私かに御同情に堪へざりき。電報を拝承即夜東上、御葬儀に列し感慨無量、覚えず落涙す。所感の一端を記して哀悼の微意を表す。嗟。(昭和二十一年二月)

大社長を憶ふ

三橋信三

幾十年来社長と申上げて来たため特に此の親みある言葉を用ゆることを許されたい。

吾人が明星と仰ぎ慈父の如く慕ひ其の偉大なる御人格と高邁なる御識見に絶へず啓発せられ薫陶せられて来た社長が俄かに逝去せられたことは恂に哀悼の極である。私の如く殆んど四十年来親しく社長に接し限なき数々の教訓に預り来つたものには哀愁の情一層切なるものがあり、国家の損失甚大なるを想ふのである。

社長は常に身を持すること謹厳総帥として範を衆に示して居られた。誠に敬服に堪へない。

曩に世上に滅私奉公が盛んに唱へられたとき、自分は若年の頃英国から帰つたとき既に己を捨てゝ国に奉ずることを提唱し爾来其の心懸けで事業の経営に当つて来てゐるから何も今更新しい問題ではないと言はれた。誠に堂々たる御見識と言はざるを得ない。故に私なども新に入社する社員を集めて訓示する時、いつも国家の利害を外にして三菱の事業なし即ち三菱は国家の為に事業を経営してゐるので自社の利害得失のみを考へるものでないと説いて来た。

社長は又非常な読書家であられ勉強家であられた。学は東西に通じ名実共に稀代の総帥であられた。趣味も亦極めて豊富で書を能くし、絵画に堪能で、俳句に巧で何れも堂に入らざるものはない。御壮年の頃は毎朝邸内の道場に多数の社員を集めて剣道の稽古に御熱心であられた。これも単なる運動などではなく社員に堂々たる男性的気魄を養はしめんが為であつた。其他茶道にあれ、建築にあれ、庭園の造築など何れも一家の見をなして居られた。晩年はゴルフを好まれたが之も堂に入らざれば止まず、実に堂々たる紳士的態度でその御性格を発揮して居られた。斯くの如く何事にも秀でて居られるに拘らず寛容長者の風を備へて居られたから一度社長に接したものは口を極めてその高風を讃美しないものはなかつた。

又私が性急で努力一片な性格を許されて君は全くレーニン式だがそれでは永く続かない。所謂英国式にエンヂョイしつゝ働くことを心懸けるがよいと注意せられた。誠に適切な御教訓と思つて爾来服膺してゐる。

大正八年米騒動のとき私が日本刀を帯びて暴徒を撃退した時や、大正十四年労働争議に一歩も譲らず百日以上も頑張り通した時の如き責任者として当然のことにも拘らず言葉に尽されぬ慰撫と激励とに預り泌々働き甲斐を感じたのである。

昭和十五年、私が大患で慶応病院に入院してゐたときのことであつた。或日態々お使を下さつて之れは熱海の別邸で出来た苺だが自分で出来の良いのを選んで摘み採つたのだと言つて頂戴した。社長の温情の厚きに感泣した。次いで病も追々快方に向ひ偶々総会の日取が近づいて来たので私は一日も早く退院しようと毎日院長に迫つて居た時のことである。今は故人となられた三好重道君が病院に来られ、三橋君、今日は社長の使者で来たのだから是非云ふことを聞いて呉れ給へ。君が急いで退院しようとしてゐるのは恐らく近く開催の総会に出て自ら議長をやらうと考へてゐるに違いないが、今無理をして軀に障つたら取返しがつかないから総会の議長は本社の永原君にやつて貰ふから安心して養生するやうにとのお言伝を承つて私は声を放つて泣いた。斯程まで私の身の上をお案じ下さるかと未だに当時を想ひ出す毎に感激の涙を催すのである。

昭和十六年或る問題に関し政府当局と意見を異にし、それが国家の為良くないと信じたが故に声明書を発表して其の会長を辞したことがあつたが、社長は君の態度で結構だと言はれ翌日私を呼ばれて扇面に「丈夫玉砕愧瓦全」と墨痕鮮かに書かれて私に下さつた。誠に情味溢るゝものがあり座右の銘として大切に保存してゐる。

社長自身も絶へず修養に努められ、時に高僧の如く、時に英雄の如く更に温情慈父の如く、如何なる我儘も出来る御身分でありながら吾々に対しても頗る懇切丁寧で恐れ入ることが多かつたのである。

斯くの如く過去を追想し来れば思慕の情更に新たなるものがあり、哀愁の情切々たるものがある。今や未曽有の困難に際し卒然として社長の如き偉人を失つたことは独り吾々の不幸のみならず実に国家の大損失で返すがへすも残念の極である。

偉大なりし故社長を偲びて

斯波孝四郎

今や我国は悲惨極り無き敗戦の下絢爛たりし三千年の歴史の終幕に当り、我が三菱亦大なる足跡を産業界に残して解体の憂目に逢ひつゝある此時、社長岩崎男爵忽焉として他界せられた。此間何等かの因縁を感知せざるを得ないのである。後に残された三菱人の多くは一時茫然自失慈父を失ひし孤児の思をなして悲歎の涙にくれたのも止むを得なかつたのであらう。茲に次の如き比喩を述ぶる事は寔に非倫ではあるが、昔大聖釈尊が沙羅双樹の下凡ゆる生類の悲歎をなだめつゝ衆生を度せんが為涅槃を現じたという事実に彷彿するものがないでもない。

之を思ふ時三菱人は決然気を立直し、苦難の新時代を正確に認識すると共に新しき構想の下新日本の建設に邁進する事こそ故社長の鴻恩に報ゆる唯一の方途である事今更絮説の要はないと思ふ。

今三菱八十年の経歴を徳川幕府一代に比するとすれば故社長は三代将軍より終末迄を一人にて引受けられたと

も考へられ、真に一大事業を遂行せられたのである。而も社長は傘下の事業を隅から隅迄胸中に収め名実共に指導誘捜〔掖〕の衝に当られたる事其の正確なる頭脳、精力の絶倫なる他に比類を見ざる驚くべきものがあつた。故社長は固より技術的素養のなかつたにも関せず一度工場の内容を把握せんとするや徹底的に真相を究め関係技師をして舌を巻かしむる場合が多かつた。三菱は創業よりの鉱山業より一転して造船、航空等近代式重工業、其他化学工業に全力を傾倒せんとするに当つては他の重役は多く夫れについて嘴を入るゝ能力なかりしにも関せず、立所に其の全貌を窺知せられしのみならず、人的機構をも充分に把握し随時的確なる指導奨励をせられ、為に各業の発展に大なる拍車をかけたるは寔に括〔刮〕目すべき事実であつた。此の如く三菱に於て他の追随し得ざる社長一人の余りにも大なる存在は目ざましき三菱発展の大根源たりしは勿論なるべきも、他面には却つて後患を思はしむる一因とも云ふべく、斯種偉人の現出に伴ふ弱点であり、蓋し止むを得ざる事であつた。歴史が示す如く偉人一代の業蹟は多く国家社会の進展に大貢献をなす反面には暗き一場面を伴ふは珍しからぬ事実ではあるが、社長は終始公明正大烈々たる正義一途を以て邁進せられ、公私如何なる方面にも暗翳を残さざりし事は正に特筆すべきであると思ふ。社長が機会ある毎に三菱企業の大方針、之を大本の精神と称して居られしが即ち個人としても団体としても、物質的目的以外に精神的の一大目的ある事を忘れてはならぬといふ点、尚生産は国家盛衰に重大関係ある事を考慮し此の重大なる生産の任務を国家より委托せられて居ると考ふべきが故に、「国家の為にする」といふ事が吾々団体事業経営の最終目標であり、会社本位の利潤追求のみ考ふべきでない事を常に繰返し説示されたのであつた。

傘下従業員はともすれば各自の成績を誇示せんが為、多少無理をしても利益の増大を図る如きは業務熱心の余り止むを得ぬ場合ありとするも、社長は常に厳重に訓戒せらるゝのであつた。三菱創業時代の事は固より余の知らざる所なるが、少くも故社長は業務の進行に当り多少共政治又は軍方面に接近する事を極度に忌避せられた事は注目すべき事実であつた。世人は常識的に財閥なるものは常に政党、政府若くは軍閥と抱擁して事業の便益を図り其の発展に資するものと考へ居るにも関せず、故社長は余りにも神経質に且潔僻に其の接近を嫌忌せられたのであった。従業員の或者は多少の接近を以て自己の仕事の便を図らんとする事あるも社長は断然厳戒を以て之に臨まれた。それ等の関係上軍閥関係者は時折感情的に三菱の業蹟に悪評を試むるに至り、従業員折角の努力による仕事の成績を多分に割引せらるゝ実例頻々として認められたにも関せず、社長は常に何等之に耳を仮す事なく、若し我が仕事にして正しと信ずるならば他より感情的か又は不純なる考へによる非難は断然顧慮する要なく場合によりては為めに仕事の断絶を招来するも何等恐るゝ所なしとは社長の強き信念であった。特に政治に関係する事を極度に忌避せられし一例として嘗て重工業会社の郷古〔潔〕会長が内閣顧問に就任し、尚大政翼賛会に関係した事は郷古氏の見地としては多少三菱に重きを来すものとの純情の発露たりしならんも故社長は少からず不満の意を洩されたのであった。

　以上の如く軍閥や政党に接近し又は彼等の干渉を極度に嫌忌せられしと同時に、三菱の事業は国家本位であるが故に岩崎一家の独占すべきに非ず飽くまで国民全般と相提携し其の協力によるべく、門戸を開放し各方面の有能なる人士を加へんとする達見の下に大正九年他財閥に率先して三菱鉱業会社の株式公開を計られしは三菱経営方針の一大進歩として括〔刮〕目すべき事実であった。要するに近時称へらるゝ事業経営の民主主義は故社長が率先実行せられしものといはねばならぬ。

　対米英開戦に際して故社長の信念は「我等平素国民の一員として政治外交等の問題に種々意見を立て主張を明にせる点無きに非ざれども事茲に至りては真に止むを得ず意必固我を一擲して挙国一致に邁進すべきである」として日頃軍閥に反抗せられしにも関せず、涙を払ふて大詔の示し給う所に向はれしは真に立派な態度といふべきであった。尚開戦後英米人旧友に対する心構として「在来我が三菱と事業に於て相提携せる幾多の英米人あり……旧誼は之により滅すべきにあらず……他日平和克復の日来らば、彼等は過去に於て忠実なる好伴侶たりしが如く将来に於ても亦忠実なる盟友たる可く、斯くして両者相提携し再び世界の平和人類の福祉に裨益するの機在るべきなり」と喝破されし事今より考ふれば正に当然の事ではあるが、当時軍閥全盛の最中誰憚らず大声称導せられし故社長の強固なる信念は真に多とすべきであった。

之等を以て見るも三菱が軍閥と手を握つて戦争開始に努力せる如く考ふるものあらば真に驚くべき誤解と云はねばならぬ。

以上は故社長が会社経営の態度にして余の眼に映じたる一場面を誌したるに過ぎず、其の多方面に亘る高邁にして且深き趣味の発露は随時随所に驚くべき閃きを示し貧弱なる禿筆の及ぶべきに非ず、尚遺徳を偲びて述べたき事多々あるも紙面に限りあり遺憾乍ら茲に擱筆するものである。

信念の人

江口定条

過日は態々御来訪被下候処小生病臥中にて不心御面会出来不申失礼致候。故社長岩崎小彌太男爵追憶記、小生に於ても謹みて何か子細に申述度候も、何分にも目下心気未だ勝れ不申候為、男爵に対し平生脳裡を去らざる所感の一端を、左に簡単に記し以つて追悼の微志を表し度候。男爵の卓抜せる識見、多方面に渉る済世の勇図英断等に就ては、夫々他の諸君に於て詳記せらるべきも、小生の特に感ずる所は、男爵の比類稀なる意思の鞏固にあられし事に御座候。自ら信ずる篤く、自ら持する堅く、事に当っては、特立独行、卓然所信敢行、又人の是非を顧みず、又平生苟も世に迎合するを潔しとせず、彼の世間の所謂、交際お附合等の如きは、努めて之を避けられたるが如し。蓋し男爵の此の豪邁なる性行は、偉大なる先代岩崎、後藤両家の血筋を紹伝せられたるものなるべし。且又一面に於て、男爵には、同情の心念深く、苟も世に不幸の出来事等ありたる際は、事の大小を問はず、躊躇なく救恤援護の道を講ぜられ、情誼に細かにして、知己交友に敦く、部下後進の育成に不断の用意周到なりしこと、是亦男爵の美しき性格の一として特記すべきものと存ぜられ候。

（本文は故会長追悼記に関し同氏より養和会に寄せられたる書翰なり。この一文を頂戴したる後、同氏も去る三月十四日易簀せられたり。茲に謹みて哀悼の意を表す）

故社長の回顧

平井　澄

群盲象を按ずるといふ話があるが、故社長のやうな偉大なる人格者を按察するに当つて私は尠くも群盲の一人である事を先づ御断りしておく。故社長は御生前永平寺から居士号を贈られて居たが深く禅道に悟入せられて居た方だと思ふ。超然浮世を逸脱せられた処の半面に熱意を以つて繁多なる俗世を処せられた。豊なる天資があったとはいへ一念細心の工夫が茲に至らしめたのであらうと常に私は観て居た。或時西下の途上列車内の雑談中私はこんな質問を試みた事がある、「誰しも人間として戦争位厭はしいものがないのに何故此の世界に戦といふ人類の殺し合ひがありますかねぇ?」と。此時、社長は微笑を浮かべてこんな面白い事を言はれた、「君、僕は箱根山荘に多年行つておるが、あの山で年によると笹に実の成る時がある、さうすると急に之を食ふ鼠が繁殖して何百何千という群をなして畑を荒し人家を襲ふ。さうすると、又急に此の動物を餌食にする蛇が殖えて来て之が又何万と山を蔽ふやうに成る云々」今も耳底に残つて時々考へて見るが、人間はいつも文化的生物といつて威張つてゐるものの、やつぱり地球上に繁殖した獣類に過ぎない。戦争の動機といつて色々と理窟はつけても結局は鼠や蛇の食ひ合ひのやうなものだ。併し翻つて思ふに吾人の属する国家といふ団体の中から言へば戦争は重大なる公的闘争である。吾々は心身の全部を捧げて勝利を争ひ国を守るの義務がある。だからこんなことを言はれても社長の平等観は差別の世界に処して間然する所がなかつた。社長は丸の内を爆弾が揺るがした時にも泰然自若素の通り各社幹部の誰かと事業の話をして居られた。防護団長として小生が情況の報告に伺つても大要を聞き終ると態々立上つて火を睹るでもなし、窓越しに一寸眺められる位で平然として事業の報告を聴かれて前後の態度は終始変らない。空襲警報が鳴り渡つて電話で御出勤をお止め申しても、もうお邸を立つて居られた場合が度々あつた。戦争の形勢に多分の懸念があつて訪問者から色々の取沙汰をお耳に入れても一向に話を合はされるやうなことはなく『刃の戦は軍人の受持だ、吾々は軍需品の製造に義務を果せばよい、弱音をはかずと全力を挙げるさ』と言はれるだけであつて成敗孰れにせよ国家の為に何時でも身命を捧げて居られる態度は実に見上げたものであつた。官吏のする非実際的机上式の政策には何時も憤慨を禁じあへぬ御言葉が屢々あつて『こんな事をして居ると戦は敗けるぞ』と言はれたこともあつた。

社長の皇室に対する忠誠は驚く計りで『天子様』とい

ふ敬語を屢々用ゐられた。神仏に対する尊崇の念も深く協力工場内に祭られた眇たる氏神にも叮嚀にお賽銭を上げて敬礼をされた。さうかと思ふと株主総会に於ける国民儀礼には反対された。『之はビジネスであるからその必要は毫もない。若し、株主の内一人でも立つて抗議する者があつたら、自分がその理由を説明する』と言はれて終始本社の総会にはこの儀礼を省略した。社長位形式の事を嫌はれた人はなかつた。社内の事務にしても整然と部課を分けたり参事其他の名を用ゐる事など一応無用なりと抗議された。査業課の復興にも絶対的反対で委員会の事務室といふ意味に於て査業室を置いたに過ぎない。万事に無慾恬淡、その言葉も素朴平易、何によらず実質主義で表面的なる施設には凡て反対であつた。そして凡てが身を以て率ゆる方針で部下の者の勤怠振りを口にせらるゝやうな事は遂になかつた。

　社長の人類愛は国際の域を超越してゐた。之はかの開戦直後の御訓示にも歴然と表はれている。その要旨はかうである。『吾吾の事業の中には外国資本が入つてゐる。今や心ならずも国と国との戦が始まつて残念乍ら暫く袂を別たねばならぬ。然し一朝平和再来の日には又胸襟を開き彼等旧友と手を携へて事業共栄の楽を頒つのであるから、戦時中政府として色々の保護を講ずるではあらうが、併し我が三菱としては出来得る限り留守中彼等のインテレストを擁護しておく事を努めねばならぬ』と云ふのである。社長は外国資本を日本に導入することは大賛成で之と携へて三菱が事業をなす事には大なる興味を持たれてゐた。従つて外人に対する接待振りなどは非常に注意を払はれ所謂至れり尽せりであつた。

　社長は一高を卒業後渡英せられてケンブリヂー大学を卒業せられ、地理学会の一行に加はつて英国からアフリカに見学旅行をされたお話も承つた事がある。かうした訳で英国風の感化か日常の私生活は純粋の英国式紳士であつた。家居の一切は頗る厳格であつて、而も人に対しては慈顔愛語春風駘蕩であつた。社長は出世間的なる半面に於て俗事に処して少しも執着がなく、招客酒宴の坐興に婦人から箏を強請まれる時でも気軽に之に応ぜられて簡単な箏でお茶を濁されたのを見たことがある。併し御人格の根本が超世的であるので趣味界の事にかけては茶道に、俳句に、古陶器に、書道に、建築に、造園に、農事に、随処遠く凡俗を脱し、時に玄人の域を抜いて優に一家をなせるの観があつた。

社長も当節の闇の食生活には困られた。之に対処すべく色々と苦心をされてゐた。先づ主要食料は自家農園からの収穫を供出後自給に供せられたらしい。肉類には甚だ困られて居たが、蔬菜類や果実は熱海其他で御自分で指導されて略々完全に自給せられて居たやうだ。薪炭は箱根で作つて居られたやうに承つた事がある。自動車も従つて木炭に変へられた。こんな風に戦時生活にも遺憾なく独創力を発揮せられてゐた。

社長は本来頑健の御体質で往時剣道に熱中せられた頃は三十三貫で当時常陸山と同体重であつたと御自分でも言つて居られた。年と共に三菱各社の事業が発展拡張するに到つた結果、総指揮官としての社長の肉体への重荷は益々増す一方であつたが社長の事業報国の至誠は飽く迄直面するあらゆる苦難を克服してその義務を全ふせんと昼夜努力せられた。斯かる奮闘的の御生活が社長の肉体に少からず悪い影響を与へたことは当然であつて、既に数年前から夜分充分に御眠りになれないといふ痛ましき現象を齎らすに至つた事は呉々も残念であつた。社長は平均毎夜四時間余りしか眠られないというお話があつた。その理由を伺ふと『事業の事を考へ出すと、結論が付く迄考へ抜く癖になつたからだ』と仰せられた。かう成つては前途憂慮すべき事で、そこで吾々も成るだけ余計な御心配の種はお耳に入れない様に自然に注意するやうに成つた。然しもう遅かつた。肉体に押しかゝる重圧は遂に終戦前後の多事多難を伴つて惜しくも遂に発病に至らしめたと私は信じて居る。終戦直後、熱海に伺つた折はお具合も悪かつたが、愁然として徐ろに感想を述べられた。『戦さも遂に敗けた。然し日本国民の全部が其の愚を悟らねばならぬ時は今だ。今にして悟れば本来日本人は平和を愛好出来る国民であるから将来禍を転じて福となす事が出来よう。神国といふからには先づ世界の何処からも笑はれることの無い神々しい国に成らねばならぬ』とお声は小さかつたが粛然として私の胸に迫るの力があつた。

帝大病院阪口内科への御入院は其後間もなくであつた。病中十一月五日社長は

秋さまぐ〵病雁臥すや霜の上

という句を詠まれたのが絶句になつた。思へば昨秋こそ日本国初まつて以来の多事な時季であつた。折柄無念に

も社長は病まれて霜のような白い病床に万感の思ひを載せて臥して居られた。その御心境や如何に。御察しするだに唯涙あるのみである。然し社長が如何程御長命に成つても畢竟人生には限りがある。〔否〕□残された御事業は日本国と共に無窮であり、偉大なりし御人格の薫化は永へに社員一同の胸に生きて働くであろう。云ふ迄もなくこれからの三菱の事業は多事多難である。然しあらゆる荊棘の道を分けて至純至誠、一念報国の意気で貫いて来たのが社長六十七年の御一生であつた事を想へば吾々はこの御精神を以つて御遺業を護持し、日本帝国復興のため、延いては世界文化への貢献のために心身を捧げることが故社長への唯一つの御恩返しであり回向であると思ふ。

社長は戦時中『こんな時こそ本当の修養の出来る時だぞ』と激励して下さつた事が二、三度ある。養和会に対する教条にも人の一生は修養の道場といはれ「日日是好日」と知れと諭された。私は或時、『悟つたという境地はどんなものですかねえ?』といつぱしの理窟めいた事をお尋ねした事があるが、其時、社長のお答は『悟つたといつて不動な境地ではないものらしい。矢張り大聖人、大哲人でも心の動揺は常にあるものらしい。それを修養で正しい道に繋ぎ止めて居るものらしいよ』といふのであつた。さう承つてみると、社長も日々の心の研磨には相当な御苦心を払はれたものと推察する。玉川の御邸に御伴をした時にも御茶室にこの文句の軸が懸つて居た。日々是れ好日、敗戦の今日何が好日であらう。然し之をしも好日なりと観ずる処が社長の激励せらるゝ修養ではなからうか。夙夜一寸の間も惜んで澎湃たる波濤の内に屹として揺がざる巨巌の如き故社長の大人格を想ふ時、凡人の私でも何としても立上らねばならぬといふ勇気を鼓舞せらるるやうな感じがする。然し今日の事業は荊棘路遮り、毒蛇落葉に隠れて暗夜どうにも動きがとれない。幸にも社長生前の御遺訓は茲にも光明を与へて下さる。『和を養へ、相倚り相扶けて倶に歩め』といふ事である。養和は畢竟社長最後の事業訓であつた。

関西旅行随行の思出

元良信太郎

昨年五月中旬から六月初にかけ約二旬に亘り故会長には久し振りで静岡、名古屋から京阪神地方の各分系会社工場の視察旅行をされたのであつたが、私は幸にも終始随行の光栄に浴する事が出来たのであつた。恒例の視察旅行もこゝ数年間交通機関逼迫の為見合せられて居たのであるが、一昨秋以来敵の空襲激化と共に我が工業生産力が著しく低下の徴が見えるやうになつたので、故会長には一方ならず苦慮せられ、空襲下旅行が一層困難となつたにも拘らず是非現場の実情を視、又従業員を激励せんとの切なる御希望から万難を排して今回の旅行を決行せられた事と拝察された。空襲下各工場が諸所に分散して居るので日程の編成も頗る困難であつたが、本社の石黒君が苦心惨憺専ら其の任に当つた。時節柄汽車があてにならないので、往路は凡て自動車で工場を歴訪し、帰途は京都から急行列車で熱海へ直行御帰邸の事とした。随行も極度に切詰め石黒君と私だけとし、別に最寄りの工場から予備車一台と工場幹部が一二名がリレー式にお伴する事とした。何分にも空襲が最も烈しい地方を半月にわたりての旅行故何か事故が起らねばよいがと念じて居たのであるが、果して日程の第二日目即ち五月十九日興津から名古屋への途上、浜松附近で所謂絨緞爆撃の真只中に閉込められ、浜松市郊外の国民学校の壕内に故会長と約二時間爆弾の雨を身近に感じつゝ身をひそめて居た。私も空襲の苦い経験は数回持つて居たのであるが、此時程危険を感じ心配した事は無かつた。幸ひ、事無きを得たからよかつたやうなものゝ案内役として大失態たるを免れないので真に恐縮したのであつた。然し故会長にはこの危急の際にも終始泰然として平常と少しも変らず壕内で談笑して居られた。爆撃の為め道路の破壊甚しく予定の前進不可能となつたので一旦引返す事とし、大井川の右岸の小夜の山中に差しかかつた際、有名な夜泣石を見て行かうと言はれ、折柄の微雨を衝いて態々小丘上の伝説の跡を訪ねらるゝ等恰も遊覧旅行の気分になつたのであつた。この事故の為一旦熱海に御帰邸になり、東海道の復旧を持〔ママ〕つて二十二日更めて西下の途に上られたのであつた。此後は幸ひ大した事故はなかつたが、只六月一日京都から大阪を経て宝塚に行かれる際、午前中阪神に大空襲があつて途中から一旦引返され午後更めて大阪の北を迂回して宝塚に直行されたのと、六月五日京都から汽車にて帰東の予定の処同じく午前中阪神空襲の為急に予定を変更して再び自動車で御帰邸になつた位で危険と云ふやうな事はなかつた。然し何分にも日程が盛り沢山で連日自動車で東奔西走各工場を巡視され、夜は又各現場首脳者と会食懇談等の事があつて真に寸暇もなく、其上日程の関係上日々田舎の旅館を転々として居たので設備万端甚だ不完全で定めし御不自由であつた事と察せられたのであるが、それにも拘はらず一言の不足がましき事を漏されず、常に極めて元気に又極めて熱心に工場の実況を視察せられ、殊に空襲激化の際各分系会社は一層連絡を密にし一致協力増産に邁進すべきことを力説され、六月四日京都にて御休養の予定なりしにも拘はらず特に同方面に滞在の各社重役其他幹部を銀行京都支店に招集し、親しく連絡会議を主催せられたる如き如何に故会長が戦時下生産増強に絶大なる関心を有せられ又其の実現に努力を惜まれなかつたかを知るべきであつて吾々は真に深い感激にひたつたのであつた。然しこの多事多端なりし旅行が原因をなしたものか、御帰邸後兎角健康すぐれず半歳ならずして遂に永遠の旅に出立たれた事は誠に痛恨の極みである。而も此間戦争は悲惨な終末を告げ尚続いて騒然たる世情を病床から眺められ、果して如何なる感慨を抱かれたであらうか。御胸中を察すれば真に黯然たらざるを得ないのである。然し私としては二旬に亘り日夜側近に侍し親しく崇高偉大なる御人格に接し甚大なる感銘を受けたのであつて、終生忘れ得ない貴重なる体験を味はつた次第である。

故社長と其の事業

山室宗文

故社長岩崎男爵は三菱合資会社の副社長就任以来実に四十有余年三菱事業の全般を親ら統轄し、故社長の在る所三菱の事業あり三菱事業の在る所即ち故社長あり、三菱関係事業の発展史は又故社長個人の経歴と謂つても過言ではない。

故社長が始めて三菱事業に関与された時には三菱の事業は未だ其の範囲も規模も今日に比して至つて狭小のものであつたが、年を経るに従つて事業の種類も多くなり、各事業の規模も漸次拡大して現在の如く偉大なるものとなつた。是等の発展過程に絶えず故社長親ら統轄の任に在つたので、自然三菱事業の凡ての部門に於ける其の発達の経緯と其の事情とを充分に把握することが出来た。その上に故社長の人と為りが英邁の資性、闊達の気質と、周密なる思慮を持つて居られたので事に処して極めて適切の判断が出来て、裁断流るゝが如く而かも総合的見地より各事業の担当者を夫々良く指導し、其の向ふ所を誤らしめず以て各事業の発展に至大の貢献を為されたのである。

然し故社長は単に上述の如き意味で三菱事業発展の原動力であつたのみでない。常に国家の富強と社会福利の増進とを念頭に置いて是等の目的達成を我が三菱事業経営の大方針とされたことを特に銘記せねばならぬ。故社長の就任当初の三菱事業は尚未だ岩崎一家の私の事業たる域を脱して居なかつた。それを漸次事業の選択に於ても又其の経営の方針に於ても今日の如く社会的公共的たらしむる為には長い間に於ける故社長の非常なる絶えざる努力があつたのである。

三菱事業の運営を公共的たらしむるには先ず以つてこれに従事する役職員を此の方針の下に指導訓育することが必要であつた。それで大正四年三菱関係従業員全部を打つて一丸とした三菱倶楽部を設けて精神的結合を図り、質実剛健の気を養ひ、読書詩歌を奨め、趣味の向上を計り、健全なる心身の育成に率先垂範を努められたのである。斯の如く従業員の人格の向上が即ち事業の向上を齎す所以であると当時『倶楽部に対する希望』と題して是等の点を縷々述べられた内に「凡ての国民の中に在つて特に重大なる責任を有する実業界の人々は其の品性に於て其の操行に於て共に国民の模範にならなければならぬ」と切言して居る。これは国運の発展も国威の宣揚も国力の充実なしには到底望み難い。国力の充実には実業の振興が最も肝要であると云ふ故社長の固き信念に基づくものである。斯様な趣意からして全従業員の協力一致の精神を要望し、事業の運営に当つては公明正大の心事を大切とし、事を成すには無我没我の心境を説き、斯くして「心を合せて修養を怠らず人格を完成して範を社会に示すに至るは最も悦ばしいことではないか。況んや其の団結の偉力を以て会社事業の発展を計り其の主義方針を遂行し以て国家社会に貢献することを得るに至らば何よりも愉快なことではないか」と従業員に対して真に厳父慈母の訓であるが、之即ち故社長の事業経営に対する大本の精神であつて、親ら此の主義方針を個人としても事業としても実践躬行されたのである。

抑も国家の充実を図るには如何しても経済の独立を得なければならぬ。我が主要産業を外国に依存して居つては経済の独立は期し得られない。此処に於て故社長は三菱事業の選択に当つては常に此の点に意を用ひられ、夙に重工業方面の各種事業の確立に努め、又化学工業の振興に力を致した。御承知の通り我国には早くより軽工業の発達は相当見るべきものありしも重工業や化学工業方面の発達は極めて幼稚であつたので、其の創業に当つてはこれに要する資金に於ても其の経営に於ても甚だしき困難を伴ふものであつたが、これを押して敢行されたのである。後日国家の危機に際して是等の産業が如何に国力の充実に役立つたかを思へば其の意図をよく了解することが出来るのである。

故社長の事業観としては金融、貿易等の商業方面よりも直接生産の鉱工業により多くの関心を有して居られたやうである。而して其の生産に対する考へ方は生産を以つて国力充実の基礎となし、生産の消長は延いて国家の盛衰に大なる関係を及ぼし、社会文化の進運に非常なる影響を与ふるものであり、吾々実業家は斯の如き重要なる生産に従事するものである。謂はゞ国家社会より斯かる重大なる任務を委託せられて居るものである。故に国家社会の為めにすると言ふことが吾々の事業経営の最終の目的であると極言されて居る。

因より商業に就いても深き理解があつた。商業は生産者と消費者との中間に立ちて最も便利に且つ最も廉価に物資の分配を掌るものである。即ち国内の生産品を我が生産者の為めに有利に且つ広く海外に輸出する、或は外国の生産品を我が国内の生産者又は消費者の為めに低廉に且つ便利に輸入するにある。それで社会に国家に対して此の重要なる任務を遂行することが我が商事経営の第一義である。而して此の任務を遂行するに当り需給の関係と時と場所との差異を善用して正当なる利益を得るに努むる事が其の第二義である。此の両義とも等しく我々の活動の重要なる目的であること勿論であるが、第二義は何処までも第二義であつて第二義のために第一義を犠牲にすることは断じて許されない。

斯様な企業観、商業観の当然の帰結として前に述べたる如く事業の経営は国家社会に対する奉仕を大本の精神とし、又商業に対しては特に同業者との競争に於て公正なる可きこと、而して其の競争をして量の競争よりも寧ろ質の競争たらしむべきを説き、射利投機を戒め公明正大と奉公の大義とを以つて、商業経営の方針たらしむることを強調されたのである。斯くして三菱の事業は故社長の威徳を以て益々荘厳されたのである。

又三菱関係の各事業を其の経営組織の方面より漸次社会公共の事業と為すことに決意し、大正九年に於ける鉱業会社の株式公開を初として逐次各事業の株式を公開して其の既定方針を実行されたのである。従来の三菱事業経営の方針はたとへ其の経営の精神が常に国家社会を対象として居つたとは言へ形式の上では資本を一家に独占する形であつた。然るに其の方針を改めて社会の進歩に応じ事業の発展に伴ひ資本の一部を社会公衆に頒ち出来得べくんば従業員をも参加せしめて開放的に其の事業を経営せんと決意し其の第一歩として先づ鉱業会社の公開を断行されたのである。

尚三菱事業会社株式の公開に就き特に注意を要するのは事業の創設に困難あり其の経営も初めの程は頗る危険を伴ふものであるが、斯かる困難な創業時代は三菱が全く独自の責任を以つて経営し事業の基礎確立し、これならば社会公衆に公開しても差支ないと見極めがついてかられを実行された点である。鉱業会社の公開に次いで重工業、銀行、商事、電機等の諸会社相次いで株式の公開を行つたが、全く如上の方針に基づいたものである。現に化成工業会社の如き満五ヶ年以上も無配当を続け、終に其の事業の基礎が出来たので初めて株式の公開を行つた如きは最近に於ける其の適例である。

株式の公開と関連して今一つ述ぶべきは三菱事業の或る部門に外国資本を導入して斯業の発達を企図された事である。電機会社と石油会社とは一は技術指導、他は原料供給の関係により夫々米国の会社に一部資本の参加を求めて共同経営をなし、その成果の見るべきもの多かつたが、偶々両国干戈を交ふるに及び米国会社との関係は中絶の止むなきに至りしも、其の権益の援護其の他爾後の処理につき他日再び戦前同様の提携を為すべき意図を有つてこれに対する用意あるべきことを特に注意された如きは故社長の寛宏達識を示すものと謂ふ可きであらう。

以上述べ来りし如く、遂に各事業会社の公開一段落ついたので其の中枢たる三菱合資会社も嚮きに其の組織を改めて株式会社となし、更に此の三菱本社の株式を増資公開して其の過半数の株式を社会公衆に頒ち、此所に本社並に各分系会社を通じて三菱事業全般の運営を社会的公共的たらしむると同時に三菱事業の総合的組織の整備を達成されたのである。而して故社長の予ねて意図された如く、三菱本社経営の首脳者は従来岩崎一家の人々が就任する慣行を改めて、今後他に適任者あればこれを経営の首脳者と為し得るやうに同社の機構を改め其の方針を確立されたのである。

私は故社長が常に奉公の大義を念頭に置き三菱事業の社会性、公共性の発揚に終世渾身の努力を払はれ其の病重きに及んで尚三菱本社株主大衆の利害に思を致された事を想起して実に終始一貫此の大本の精神に徹せられた事を感銘措く能はざるものである。

今や終戦後の三菱本社は解体の方針の下に其の準備を為しつゝあり、此の時に際して故社長の長逝に逢ふ、嗚呼何等の因縁ぞや。我が三菱各社の事業に従事するものは故社長の遺志を承けて今後日本経済の再建に専心傾注することが故社長の霊を慰むる最善の道たることを敢へて切言するものである。(昭和二十一年二月五日認)

岩崎男と教育事業

財団法人成蹊学園
常務理事
松岡梁太郎

此度、頭書のような発題で、養和会から私に本号へ執筆の御依頼がありましたが、実は先般、男が御逝去遊ばされてから急に思ひ立つて成蹊学園関係史料の蒐集に取り掛つたので、それが完成すれば「岩崎男と教育事業」の全貌が纏まると思つて居ります。男は成蹊の経営には財政関係は勿論、生徒指導の場面にも相当に関心をもつてをられ、将来一層打ち込んでみたいといふ御考へを漏らされてゐたから話題も多い。しかし本稿に於ては紙面に制限があり、私が平素男に親炙の余り感銘の深かった二三のエピソードを織り込んで男の教育上の見識が遠く凡流を超えてゐた点を私が感じたままに申述べ、男が成蹊を経営するやうになつた経緯などにも少し触れてみることにして会員諸賢と共に敬悼の微誠を捧げることにしたいと思ふ。

成蹊学園の経営は、現在では初等学校から七年制高等学校まで継続して十三年一貫の教育を施すことになつてゐる。池袋時代の当初から、成蹊は生徒の品性陶冶に重きをおき、その人格を一応は完成して卒業させてやりたいといふ学校の念願で、それが世間からも段々と認められるやうにもなつて、よく官庁や会社などで成蹊の卒業生を採用してみると、どことなく躾けが良い。人間として卑しいところがない。それに物の見方が国家的であるといふところが多分にあつて、自然に人に長たる素養も出来てゐるといふ話を聞かされる。私としても学校の苦心が多少酬いられたと思へば、満更悪い気持もしないので、話の序でにそれを男に申上げると、勿論お喜びにはなるが、学校の当局がそんな世間のお世辞をきいて喜んで居るやうでは駄目だ、教育は本人の躾けは大切であらう。しかし躾けがよいのばかりが人間の凡てゞはない、君達は精神教育といつてゐるが、精神教育の効果は三十年や五十年で本当に分るものではない、教育は国家百年の計だよといつてお諭しになられる。よく味はつてみると大いに考へさせられるのであつた。この一言だけでも故男の教育事業に対する徹底した態度が分る。兎に角教育といふ話になると一三菱、一岩崎など眼中においてはいけない、教育はそんな小さなものではないよといはれるのが常であつた。実際に私が学校といふものを扱つてみてゐると、富豪が単に社会的の意味から相当な金を投じたからといつて、生徒としてはそれだけを有難いとも何とも思つてゐない、その施設は一旦寄附してしまへば寄附者個人とは離れた別個の公共的観念が附与される。

教育は元来国家的なもの社会的なものであるから官公立と私立との別なく、生徒は国家の認めた施設で教育をうける公的の権利自由があると考へるのである。しかし嫌な官僚臭いところがないのが私立の私立たる所以であつて、幸にして設立者に功利的な考へが更になくて、それに教育愛と申しませうか、何かの情味もあり、幅の広いゆとりがあつて、職員や生徒に何となく潤ひが感じられると、そこから官立などには見られない一種の風格が生み出されてしまふやうである。それが校風といふものでありませう。私は寧ろ教室以外で生徒の校友会の活動の場面がその発源地となるやうな気がする。学校は人間と人間との接触であるから理でなく情であるといふのが私の実地の観察であつて、私は岩崎男の大人格によつて設立された成蹊には、一種藹然として外には見られないものが存在し、本当に仕合せな学校だと思つてゐるし、それに男は御逝去遊ばされる直前まで、吾々に方向を誤らせないやうにと、私にも口頭なり御書面なりで細大御指導をされたやうな訳でその御精神は永へに亡びるものではないと思ふ。男の考へはいつも生徒のためにといふ情愛の籠つてゐることが多い。昨年九月に熱海の御別邸で、朝の九時から午後二時まで成蹊の今後について、私に御話しになつたことが最後になつたが、今になつてみると何だか虫が知らせたやうな気もする。その一つは成蹊の基本金の問題から自分が達者なうちは不自由などはさせないと言はれ、それにしても成蹊も行く〳〵は社会に開放するやうにするのがよい、理事なども三菱以外から選任する必要がある。しかし成蹊の私立としての独自の精神だけは失はないやうにして貰ひたいといはれた。私から、成蹊の精神といつてもそれはあなたの教育愛から生まれたものでありませう、私が学校にゐてみると、校長が代つても理事が代つても、最初あなたと中村先生との教育方針から生まれた成蹊気風が長い間卒業生から在校生へと、言はず語らずに脈脈と伝つてゐるやうに見えると申したら、男は自分も英国の学校を見てゐたが、矢張り歴史とか伝統といふものが出来てくると学校は本物になる、父兄といふものは兎に角自分の子供を可愛がつて貰ひたいというのが一杯で、そんな自分本位の気持の父兄に学校行政などに干渉させると、学校は堕落の第一歩を踏み出すことになるから注意を要する。しかし卒業生は別だよ、卒業生が自分達の学校は成蹊だといふ誇りをもつやうにならなければいけない、結局は、学校は卒業生へ引渡すやうにするのが本当だらうといふ御意見であつた。

少しく男が成蹊の経営に当られるやうになつた経緯についてお話すると、男は内地で高師附属から一高を経て東大政治学科に入学されてから、英国の剣橋大学に転学されたが、御留学中に日本と英国との学生生活を比較してみて、日本の学生が教室本位で教科書の詰込主義に当毒され、英国の学生にみられるやうな自主独往の生気潑剌たるところがないのは、国家としてもその将来が思遣られるといふことで、一つ国へ帰つたら官庁から制肘をうけない学校を是非建てゝ自分の理想を実現してみたいと三土忠造先生とも話し合つてゐられたさうで、帰朝後、附属時代からの友人中村春二先生と意見が大いに一致して、成蹊実務学校を設立したのが抑々成蹊教育の発足である。

中村先生の教育改革は一世を風靡されたが、男は積極的に支援され、池袋時代だけでもプライヴエートに補助したのが七十万円を下らない。現在八万坪の校地を擁し巨額のファンドを積立てたのは全く男一個人のお力である。私は成蹊の教育は岩崎男と中村先生とのフレンドシツプによつて生れた社会改革の事業であつたと思ふ。岩崎男あつての中村先生でもあり、中村先生あつての岩崎男でもある。こんな抑々の歴史を知らないと成蹊教育の精神の根本は本当に掴めないと思ふのである。段々と社会情勢の推移に伴ひ学校の性格が変るのは免れないわけで、最初は英国のイートン・スクールに模してヂエントルマン式教育をといふわけであつたが、男は世間で成蹊が民間の学習院だといふ評判があるといふことを聞かれて、何か特権階級の子弟を養成するやうに誤解されては自分の本意でないとよく申され、先年、篤農家の子弟などで学資に困つてゐるものがあれば補助してやつて貰ひたいと別途に基金として五十万円を提供されたこともある。自分は本来は自由主義者だとよく言はれて、時々は社会変革の見透しについても私に話されたものである。

　最後に、私は男の面目を躍如たらしめる一挿話をお話したい。先年学校には配属将校の制度が設けられて生徒が銃剣術や色々実戦に対する猛訓練に寧日なく、学科はそつちのけの疲労困憊を男が聞かれて、箱根の御別荘の地内七万余坪を学生の為に自由□《に》使はせて大いに浩然の気を養はせたいといふお考へになり、私に現場の視察を命ぜられたことがある。帰つて来た其の晩に早速電話で、何か使ひ途があるかと云ふお尋ねでしたが、私は一木一石余りにお手入が届きすぎてゐて何か湯屋の三助が一万円の富籤を当てた時のやうで、只今其の使ひ途について思案中でありますとお答へしたら、自分に案が思ひついたから明日相談したいと言はれた。男は此頃の学生は本当に可愛想だ、何とかしてノンビリした気持にしてやりたいと言はれたのである。私は全く感激してしまつた。それからグライダー格納庫の設計にも入念にお目を通されて、その建築の場所も御選定になり、競漕用カツターも備へていたゞいた。御寄附を受けた地内一帯は乗風夢、元のゴルフ・ハウスは仰高堂と御命名になつたのである。或日、高等学校の生徒が素裸で作業の最中に半ズボン姿で突然お見えになり、生徒なども気のおけない御態度で一場の訓示をされ、本当に感じのよいお話であつた。又職員達とは例の田舎家の縁側に腰を掛けたまゝ世間話などに興ぜられたのであつた。職員の一人はその気高いお姿に打たれて感涙に咽んだのである。後で男は私に向つて、青年に接すると明るい気分になるね、之からは訓話の材料でも集めておかうか、自分も段々年をとつたから一つ成蹊の先生に傭つてもらはうかなど御笑話をされたのであつた。嗚呼今やその寛厚にして親しみの溢れる大人格に接することが出来なくなつた。蒼天何ぞ無情なる、悲哉。

寂然不動の真味

中山博道

丸の内道場の大額に「寂然不動」とお書きになり、又「思無邪」ともお書きになられた社長さんは誠に武道に於いて其の道に達せられて居られた方で寂然不動と書かれ、思無邪と書かれる資性を有せられた方だと思ひます。又「無着」と言ふ語をよく扇面にお書きになりましたが之などもよく当てはまる様に思はれます。

社長さんは御承知の様に私の軀の二倍以上もあられ様と言ふ偉大な立派な体格を持たれて居られ乍ら、其の力を力任せに使用せずに実に刃筋のよい稽古をされました。そして其の偉大な体格を非常に敏捷に取扱はれる稀に見る稽古で、而かも全く混り気のない所謂筋のよい剣であられました。誠に武道の専門家としたならば恐らく日本一の折紙も付けられたであらうと思ふのであります。

斯様に武道の修業に就ての天才的な傾向は多分に持つて居られたのですが、夫れ等のことは先づ第二として私が特に社長さんの偉大であると思ふのは此の武道を自分で体験して然る後に皆の者に及ぼしたと言ふことであります。

社長さんが剣道を始められたのは明治四十二年頃だと思ひます。其の頃は未だ御邸内には道場はありませんでした。次第に稽古されて約三年の後之は是非皆の者もやつた方が良いと御考へになつて、邸内に道場をお建てになり会社の人達にもやられる様になさつた。一般には人にやらせて自分は何もやらんのが多いのでありますが、一番初めに自分で体験されて皆に及ぼした。自分で剣道を始められ之は良いものだと言ふ体験を得られ、其の得られた体験を皆の者に及ぼされたのであります。故に此の駿河台の邸の道場が基となつて全国各地の三菱の場所に武道が盛んになつた訳であります。引いては之が三菱の精神となり会社の事業に裨益されたと承つて居ります。

実にあれだけ立派な天の成せる体格を保たれ、加ふるに偉大な精神を持たれた社長さんにして初めて寂然不動と書かれ無着と喝破されるのが生きると思はれるのであります。

故岩崎男爵と読書

諸橋轍次

故男爵は誠に天分の豊かな御方であつた。豪邁の気象、明徹の頭脳、博雅の風懐、そして己を持すること極めて厳なるに拘らず人を待つこと極めて寛なる徳量を備へて居られたから、至る所志業の成功を見、春風の薫化を他に及ぼした様である。就中経済界実業界に残された足跡は蓋し巨大なものがあつたであらう。併しその方面に関しては他の人々の寄稿も多い事と思ふので、予は只三十年来文学文化の縁によつて知遇を得た関係上、専ら其の追憶を辿つて故人の一面を偲びたいと思ふ。

静嘉堂は慥に故男爵遺愛の一面であつた。其の蔵書は勿論大半先代蘭室男爵の時代の蒐集に係つたものではあるが、之が内容を充実し施設を完備したのは全く男爵の力であつた。今から満二十五年前、予が男爵の義貲にあずかつて無事支那留学から帰京すると男爵は直ちに予に文庫の整理を依嘱された。当時文庫は高輪に在つたが、整理も一応の程度であり、特に公設図書館としての体貌は全く出来て居らなかつた。そこで来るべき蘭室男爵の十七年周忌を機とし、それ迄に改めて新文庫を砧村紅葉岡に建設し、一般学者にも広く閲書の便を得しめたいといふのであつた。かくて図書の整理は大正十年より始められ、建築は同十二年に完成した。云はば今の文庫は男爵の先考に対する孝心の奠羞でもあつたのだ。爾来予は文庫長として管書の任に当つたが、文庫に関する限り如何なる提案にも男爵は常に快よく其の要求を入れ、重貲を吝まず珍籍の購入も許された。そして常々和漢の典籍が東洋文化の精髄なる事を強調され　此が保存は自分に課せられた任務の一面であるとさへ言はれてゐた。文庫開設以来、彼のペリオ氏などを始め有数の東洋学者の来訪も少くなかつた。

かくて庫中に蔵してゐた秘笈珍籍が如何に世界文化の上に貢献を為してゐるかは茲□《に》言ふまでもないと思ふ。男爵は更に秘蔵の美術品を移して静嘉堂第二期の完備を期して居られた様だが、其の実現を見ずして今日に到つた事は返す／＼も遺憾の至りである。

古典の保存に興味を有せられた男爵は自然古典に蔵め

られた文化に自らを涵泳するの興味を覚えられた。何時の事であつたか時日に確たる記憶はないが、或日男爵は静嘉堂を訪ねられ、『此から少し文庫の本も読んで見たいが何か講義して呉れぬか』との事であつた。勿論毎日の事ではなく一週一回位とし、一年の或る時期に先ず或る一部のものを読みたいとの事であつた。固より結構の事であるからと云ふので、直ぐその話合ひもまとまり、ここに男爵と静嘉堂とはまた読書の縁を結ぶに至つたのである。

最初に読んだのは確か論語であつた。其の後老子荘子、大学中庸、孟子詩経、菜根譚などと順序も無く次ぎ〳〵に読んで行つた。場所も初めの中は静嘉堂と定めて居たが、後には鳥居坂の御邸でやつたこともあり、最近数年は夏季の一二週間箱根の別邸で読んだこともある。最初講義を始める前、多忙の男爵が果して或る一部の書の完読が出来るかどうか疑問にも思はれたので『大部ものは仲々終りまで読了するのは困難でありますから先ず手軽なものからお始めになつては』と申上げたが、男爵は『いや自分は始めたら必ず終りまでは中止せぬから』と云はれた。果して其の言葉通り上述の諸書は一部でも中途で止められた事はない。且講義と決定した日は特別の事故以外は決して中止されなかつた。或日非常な暴風雨で途中の橋は流れる、電車は止まると云ふ騒ぎのあつた事がある。まさか今日はお出でも無からうと思つてゐたが定刻になると篠つく雨を犯して男爵は来られた。そして何時もの通り静かに二時間の読書を済ませて、また暴風雨の中を帰られたことがある。かかる些事にも物に屈せぬ約を重んずる男爵の風格が偲ばれるのである。

読書の時間は大抵前後二時間位でその中、始めの一時間は予の講義、あとの一時間は其の講義を中心としての雑談であつた。雑談と云つても古賢の鑽仰もあれば、今人の評論もあり、時折には世相世態に対する論断もあつた。そして其の時予は何時も識見の高い、経験の多い男爵から教はる事が多いので茲に至れば講義する人と講義を聴く人との主客は正に転倒するのであつた。

上記諸書の中、老子は文章に癖があるのみならず論理の立て方もくねつて居り『天下皆美の美たるを知れば斯れ悪のみ、皆善の善たるを知れば斯れ不善のみ』と云つた様に兎角解り難いのである。荘子は話も面白く語句も艶麗ではあるが此亦文章に詰屈の所が多いので初学の人には難物とされてゐる。然るに此の二書とも男爵に取つては極めて容易に理解せられた様である。と云ふのは老荘は仏学と相通ずる所があり自然仏学に造詣ある男には分かり易かつたものと思はれる。但し二書を読了された後の男爵の評語は『此も人生の半面だが余り矯め過ぎては居らぬだろうか』といふのであつた。老荘と関係して菜根譚を読んだ事もあつた。此書は『人若し菜根を咬み得ば百事做す可し』と云ふ禅味たつぷりの著述であるが、独り仏教のみと曰はず儒道二教の長所をも巧みに取り入れ、之に加ふるに著者一流の奇警雋抜《しゅんばつ》の観察を以てしてゐるから仲々面白い。『道徳に棲守する者は一時に寂寞たり、権勢に依阿する者は万古に凄涼たり…』とか『醲肥辛苦〔甘〕は真味に非ず真味は只是れ淡なり。神奇卓異は至人に非ず、至人は只是れ常なり』と真面目な論議があるかと思へば、ずつと砕けて『声妓も、晩景良に従へば一世の胭花碍り無し。貞婦も白頭守を失へば半生の清苦、倶に非なり』と云ふ様に世態人情の機微を穿つた所も多いので、世の所謂実務家などには可なりに愛読せられたものである。男爵も勿論此に一応の興味は持たれたが、全巻通読の後に静かに評せられた一語は『何か浅い様な気がする。調子も少し卑しくはないでせうか』と云ふのであつた。此は正に菜根譚の著者に下した頂門の一針であらう。孟子を読んだ時『天下の広居に居り、天下の正位に立ち天下の大道を行く。富貴も淫する能はず、貧賤も移す能はず、威武も屈する能はず、此れ之れを大丈夫と曰ふ』と云ふ一条に至ると、男爵は再び三たび其の句を反復された。論語の『三軍も帥《すゐ》を奪ふべし、匹夫も志を奪ふ可らず』『士は以て弘毅ならざる可らず、任重くして道遠し』などの句を読んだ時も同様であつた。蓋し此等に横溢する正大の思想は男爵の豪邁の気象とぴつたり合つた所があつたのであらう。常々男爵に接して居た人々には此の間の消息は理解される事と思ふ。之に反して予の最も強く感じたのは、中庸の至誠息むこと無しの章を講じた時の事である。中に『天地の道は博し厚し高し、明かなり、悠《とほ》し久し』の一句がある。此の句は常人から見れば常の事柄を常の言葉で表してゐるに過ぎないのである。

然るに何故か男爵はこの句に痛く感動し、平素何事にもあまり強い表情をされない方であるにも拘らず、此の時許りは殆んど案を打たんばかりに共鳴せられた。男爵が何故に此の一句に無限の興味を感ぜられたか、又予が何故に男爵の感動せられたことに興味を感じたか。其の間の消息は一寸説明が難しい。要するに人は古典を読んで古訓を得ると云ふが実は読む古典によつて『我』を現はすのである。『我』が古典を見るのではなくして古典の鏡によつて『我』が写し出されるのである。今男爵が中庸と云ふ古典の鏡に照らされて真の自己の姿を表はされた。その姿を側目から見た予が男爵の凡人に非ざることを改めて認め驚歎したのである。

詩経を読んだ時男爵の他の性格の一部が写し出された。小雅蓼莪《りくが》の詩は嘗つて孝子をして卒読に堪へざらしめたと云ふ名吟ではあるが、元来が貧困の民が親を養ひ得ない憾を述べたものであるから、物事に不足を知らぬ世の富貴の子弟などには動もすれば興趣を感じない事もある。

然し男爵は『哀々たる父母我を生みて劬《く》労す。…父や我を生み母や我を鞠《やしな》う。…之が徳に報いんと欲すれば昊《かう》天極り罔《な》し』の一句には無限の感慨を寄せられた。谷風の詩は国俗頽廃の当時、貞婦が放蕩の夫に棄てられた俚俗の民謡である。然かも男爵は其の中の『我が梁に逝《ゆ》くこと毋《なか》れ、我が笱《から》を発《あば》くこと毋《なか》れ。我が躬すら閲《い》れられず、我が後を恤《うれ》ふるに遑《いとま》あらんや』の一句に於ては、深く其の純真素朴の美あるを歎賞せられた。斯かる点にも男爵の人情味豊かな一面がまた偲ばれるのである。

最近の数年は時局の推移につれ男爵の生活も多忙となり、常の日に共に読書する機会は得られなかつた。そこで夏季の数日函嶺の別邸で御相手する事となつた。予は湖畔に宿を定められ、大抵朝の九時頃寓を出て、権現の赤い大鳥居を潜つて杉森の中、雑木林の中、幾うねりにうねつた小径を辿つて別邸に行くのである。そして例の通り一、二時間共に読書して、あとは読後の清談に時を移したが、邸前に開けた一碧万頃の湖面、湖面に浮ぶ山光雲影の数々、全ては塵寰を外にした仙境である。時には夕景に伺つて栖鳥の声静まるを待ち、初秋の虫の音に耳を澄ませながら古関の月を眺めた事もある。此は今に忘れられぬ楽しい想出である。男爵も心から『読書の後は心が清が〳〵しい』と云つて居られた。拙い詩ではあるがその時の即吟。

癸未八月訪㆓岩崎男爵於函嶺㆒。倶読㆓書于見南山荘㆒。

（原漢文）

老杉鬱兮として蒼穹を摩し　祠を繞り林を穿ちて一径通ず。
緑蔭春を蔵して鶯頻りに囀じ　蘚砌《せんぜい》早已に鳴虫を着く』。
候門の僮児善く客を識り　慇懃我を迎へて雲屐《げき》を蹋《ふ》む。
孤丘高き処山荘有り　遠く南山を見て湖碧に臨む』。
湖中影を倒にす幾烟鬟　天造の罨昼塵寰を隔つ、
主人襟懐何ぞ瀟洒たる、　清秀老いず高士の顔《かんばせ》』。
また識る君が身神骨あるを　経済場裡靖節を推す。
余事句を敲いて巨陶と号し　笑つて言う亦是れ長生の訣と』。
読書已に会す万物の元　我を延いて更に究む古聖の言
道を釈老に講じて杵格無く　経を墳典に誦して皆原に逢ふ』。
脱却す人間風塵の域、　詩書領得す安楽の国、
読書の楽、楽窮り無し　神は今古に馳せて翼有るを疑ふ』。
良晤未だ央きざるに暮色収まれば　白雲岫に帰して夜悠々。
栖鳥声定って天地寂たり。　皎月高く照らす古関の秋』。

此は其の後揮毫して男爵に差上げた。戦災にもあの幅は焼けなかったと過日の御話であった。

暮年の男爵は益ゝ円熟の期に入つたのであらう。知見も広まり経験も積み、人情の浮沈も世態の険夷も、凡ては不思議なく理会せられた様である。或る時突如『此の次には何を読んで頂きませうか』との問であつた。『易経などはどうですか』『易経とは一体どんな書ですか』『陰陽消長の理から説き起して、易らぬ中に易るものを認め、易る中に易らぬものを認めたものの様ですが』と御答した所、それは面白からう是非お願するといふ事であつた。然るに此の一二年移り行く世界は全く目まぐるしい変化を遂げた。国は亡び国は興き、人は衰へ人は栄えた。男爵の身辺にも様々な事柄が叢り起つたことであらう。遂ぞ此書を読む機会は無かつた。併し去秋十月末、熱海の別邸にお訪ねした時、『愈々自分も会社を辞するから幾分優悠の日月もあらうと思う、今度こそ易でも読んで見たいから時折来て貰ひたい』と云ふ事であつた。盈虚消長、有無、高下、流転の姿を静観した男爵には定めし易理の興味も深かつたであらう。予も偏に其の日あるを楽しんでお別れしたが、越えて旬日男爵の病は伝へられ、越えて三旬突如男爵の訃は伝へられたのである。故男爵と読書とに就いての予の追憶は此丈であるが、最後に予は男爵の示された養和会教条にある

『書を読むはひとり愉楽の為のみに非ず、知見を広め、また清明の心を保つに資すべし』

といふ一句が全く男爵自身の経験の語であつたことを附記して筆を擱く。

昭和二十一年二月十三日

高浜虚子

巨陶氏の俳句

巨陶氏が何年頃から俳句を始められたか確な記憶はないがもう二十年位にもなるであらうか。何でも佐藤漾人氏を通じ赤星水竹居氏に話があり、水竹居氏から私に依頼があつた。十句か二十句位と言ふ事は凡ての人の句稿を見る時分に私の条件となつて居るので巨陶氏からも二十句を越して寄越された事は一度もなかつた。最初から初心と思はれる句はなく既に一家をなして居られる様な句であつたのは、沢山作られた句の中から自撰して出されるものであるのか、それとも一句を作る上にかなりな努力を払はれて仮初には作られないものであるのか、どちらかであらうかと思はれた。

何か俳号を附けて呉れとのことであつたので私は古陶と言ふ号を撰んだ所が、古と言ふ字は気に喰はなかつたと見えて自ら巨陶と号されたのである。この「古」を嫌つて「巨」を撰んだ所に巨陶氏の面目がある。

嘗て水竹居氏等と一緒に京都に遊んだ事があるが、丁度その時分二条の別邸に行つて居られた巨陶氏は、私等が吟行して俳句を作る様子を見度いと言はれて一緒に嵯峨に行つた事があつた。私等は道端の小さい草花に心を惹かれたり、畦道の末枯れの草に興を催したりして、暫くひと所に停んで無言のまゝ何の為す所もなく居るのを、向ふの方から林霜林氏と共に此方に豁歩して来られた。巨陶氏は暫く私達の様子を見て居られたが、其は少しも興を惹かなかつたらしく再び豁歩して向ふの方に行つて終はれた。さうして再び帰つて来られなかつた。此処にも巨陶氏の面目が窺はれる。

鳥居坂の邸宅とか、箱根の見南山荘とかを見た人は、規模の大を好む巨陶氏の面目は直ちに窺ひ得られると思ふが、氏の体軀の偉大であつた如く、氏の気宇も亦雄大であつた。併しこれは私の言及すべき問題でもなく自ら他の人を俟つべきであるが、併し氏の俳句にも其が窺はれる。一句を成す上に於て規模が大きく、こせ〳〵しない所があつた。

初釜の軒にたばしる霰かな

初釜やいけし椿は大神楽

たれも来よかれも来れと桜狩
京に来て朧の夜のつゞきけり
牡丹いけて宿酔の心蘇る
来る人を往く人と見し秋の暮
昨日今日吹く秋風に山親し
空谷に何か音して山眠る
うれしさも悲しさもなき枯野かな
冬の山これに対するものは誰ぞ
月倶して花に宿かる旅寝かな
武蔵野に住むよろこびは落葉かな

「誰も来よ」の句の如きはその意味から想像が出来るのであるが「京に来て」「武蔵野に」の句の如きは京に来てといひ武蔵野に住むといつた事がその重要な構成の一分子をなしてゐるものであつて、自ら氏の句をおほまかなゆとりのあるものにして居る。この事は氏の句をして品格あらしめる事にもなるのであつて、その材料、その調子、凡てに巨陶氏でなければならぬものがあるのである。

氏は私等が嵯峨野の小道で草花や末枯に興味をもつて写生してゐるのを余り興も惹かずに去つて行つたといふ事を言つたが、併し其は細かい写生には興味を惹かれなかつた丈であつて、

春蘭の香にひたりつゝ写生かな

と言ふ句がある様に、もとより写生と言ふ事に重きを置いて居た。おほまかな景色の写生、心境の写生ともいふべきものは氏の句集「早梅」のいたる所に発見される。

氏の心境を詠じたと思はれる句は

客去つて軽き疲れや蚯蚓鳴く
われ独り世に寝ぬ人か夜半の冬

等の句に見られる如く其の境遇に在つてももとより相当な、うるさく感ぜられることもあつた事であらう。併し乍ら、

冬の山これに対するものは誰ぞ
冬の山真を求めず妄捨てず

の如く其等に煩はされない所に氏の面目がある。

氏は俳句よりも大分古くから茶事にたずさはつて居られたやうである。従つて前に掲げた初釜の句もあり又

山中の茶席に釜かけし折
椿いけぬ呼子鳥とはうべもいひし
秋雨や日ねもす茶杓けづりして

等の句があり、もとより寂と言ふことには思ひ至つて居られたことゝ思はれるが、併し俳句を作るやうになられてから更に自然の趣きと言ふ事に一歩を進められたかと思はれる。例へば

留守の間に誰が刈り捨てし蓼の花

と蓼の花の刈り捨てゝあるのを惜んだり

我庭に興なし落葉掃きつくし

と落葉を掃いてゐるのを恨んだりして居られる。私がよく言ふ様に、庭の落葉が汚いからと言つて箒を手にしてこれを掃くと言ふのも人間の自然であるが、併しその落葉を落葉として眺め必ずしも汚いものとしないやうになるのは俳句の徳である。

武蔵野に住むよろこびは落葉かな

半日の閑に満目の落葉かな

氏はよく落葉の趣きを解したものと言いてよい。

調子の迫らないゆつたりした所は明治時代の句を彷彿せしめるものがある。殊に巧緻を弄せず素朴な言葉遣ひをして居るのに

箱根見南山荘

去年うゑし小萩伸びたり尺余り

長崎

月夜よし南蛮料理唐《から》の酒

の「尺余り」と言つたり「唐の酒」と言つたりする所は子規の句に似通つて居る。

氏の如き位置に据り繁多な務めに在つた人としては、俳句を作り初めてから今日まで常に作句のゆとりを持つことを忘れなかつたと言つてよからう、もとより多少の冷熱があり作句の途絶えたかと思はれる期間もあつたけれども而も常に俳句に気をとめて居られた様であつた。漾人君の手紙にその病床に於ける最後の句と思はれるものは次の句であつた。

秋さま〴〵病雁臥すや霜の上

氏の句集「早梅」をひもといて見ると病ひの句がかなりある。

病臥の身さむれば即ち梅の花

病臥の身慈眼して見る梅の花

病める身の清閑にあり梅薫る

病歩遅々とゞまる処梅の花

これ等はたま〳〵梅の花の咲いた時分に病気にかゝられた時の作であらうと思はれるが、

潺湲の春水見たし病苦の身
病臥久しいよゝ親しむ冬灯
臘梅の淡きを好む病苦の身

等の句もある。強健な体軀の持ち主であつた様に思はれた氏も存外病苦に悩まされる事が多かつたのかも知れない。又

無月北平に病む
旅に病む友にはゆるせ秋の風

の如くとくに人の病ひに心を寄せた句もある。

故会長と養和会

養和会

故会長は全く本会の生みの親、育ての親として我々の銘記しなければならぬ御方である。本会の設立は昭和十五年であるが、その発祥をたづねると、大正三年三菱倶楽部の創立に淵源する。当時はいまだ各地の場所毎に独立の社員倶楽部が設けてあつたに過ぎぬが、これを全国的に統一して全三菱を横の紐帯に結び『三菱マン』の団体を創ることを提唱されたのが故会長であつた。三菱倶楽部が設立されるや、当時副会長であられた故会長は自ら副会長となって、事務上一切の部務を統裁せられたのである。三菱倶楽部の目的、機構、規模共に我国経済界に斬然頭角を抜くものであつたことは決して我田引水の見解ではないとおもふ。星移り霜変ること三十有余年、此間社業は広大し社員の数も厖大となつたが、同時に時勢も亦急転した。茲に於て、故会長は旧倶楽部の組織では今日の事態に適応し難いとの御見地から新たに三菱養和会の創立を発起せられ、かくして生れたのが本会である。新しい養和会の発達向上に就ては、故会長は我社の何人よりも深甚なる御関心を寄せられ、並々ならぬ尽力をなされたことを我々はよく知つてゐるのである。

故会長は社業統裁の傍ら、社員の修養、体育等、われらの心身の向上陶冶のことを常に念願せられ、実践躬行、自ら先ず範を垂れて全員の向ふ所を示された。近年に於ては会社の機構が厖大化し、全国、全世界各地に無数の会員が散在する関係上、自然以前と趣きを異にするに至つたが、かつては本会の催しには必ず会長のお姿があつた。会員は会長と親しく武道やボートや陸上運動などに上下隔てなくいそしんだものである。ボートの推進力たる三番、四番を漕がれたり、運動会で軽々と砲丸を抛げ

て選手の塁を摩す好記録を作られたこともあつた。当時の駿河台の御邸には剣道々場を設けて会員と稽古をされたが、これは本会武道部の濫觴となつた。又本会の役員会にも毎回必ず出席せられて種々の企画をせられたものである。

かく自ら率先陣頭に立って会員の薫化に努められたことが本会の今日ある所以である。それは単に運動競技の方面のみでない。故会長は本会に対し常に高遠なる理想を与へられ、会員の精神的結合と向上に就て最も関心を注がれた。故会長の偉大なる御人格と高邁なる御見識を以つて、本会は最も大なる師父によつて育てられた。このことはわが機関誌上にも再三自ら筆を執つて教示せられた御文章に明らかであり、又或る時は自ら編輯企画さへなされた程である。雑誌に掲載された『倶楽部に対する希望』(部報第一号)或は『養和会設立に際して』(養和会誌第一五七号)は故会長の御理想が三十余年一貫せるものであることを語つている。

本会に対する故会長の最後の御事蹟としては『教条五則』を自ら筆を執られたことや、御作歌によつて『三菱の歌』を制定されたことであろう。この『教条』と『三菱の歌』とを誦するものは、故会長の抱懐せられた御理想、御遺訓の博く遠いことを端的に諒解することが出来る。それは時勢の変転を超越し、本会並びに『三菱マン』の憲章として永へに会員の指標となるであらう。甚だ簡略ではあるが、故会長が本会の為に又会員の為に御尽瘁下された一端を誌し、御冥福を祈るよすがと致すものである。

二　追　想

（一）とっておきの話　岩崎小彌太の寄付

三島徳七（東京大学名誉教授）

私には今さら、とっておきの話はほとんどない。しかし、せっかくのご所望をすげなくお断りするのもどうかと思うので、あまり一般的ではないが、東京大学工学部付属総合試験所ができた時のいきさつをお話しよう。東大の正門を入ってすぐ左手の工学部の一角に四階建の建物がある。あれが総合試験所で、昭和十三年にできたものです。もう、だいぶ古い話だから、今となっては私の自慢話になることもありますまい。

私がＭＫ磁石鋼を発表したのは昭和六年だったが、そのころの研究者はみんな世界一を目ざして大へんな精進をしたものです。朝、大学へいったら戸が締まっているので、これはけしからんと小使に文句をいおうと思ったら日曜だった――私自身にもこんな思い出があります。月給は、助手を雇う給料や実験費の一部につぎ込んで、家へほとんど持って帰らなかった。それでも親のスネかじりで暮らしには困らなかったんだから、まあ、大へん仕合せだったわけです。

そのころ、工業が進歩し複雑になってきたので、専門分野相互の連絡と総合が強調されるようになった。一方、理論から工業化への中間の段階として小規模な工業試験をする研究所の設置を望む機運も強くなってきた。そこで昭和九年、当時の田中芳雄工学部長を中心に総合試験所をつくる構想がねられたのです。予算は約百万円、今なら約四億円でしょうか。ところが、文部省は一銭の予算も認めてくれなかった。その後工学部長は平賀譲博士に代ったが、平賀先生も趣旨に大賛成で、また予算を要求することになった。

この間、私自身は一応研究も完成したので、昭和十年六月に欧米の金属工学進歩の状況を視察見学に出かけ、マル一年で帰国し平賀工学部長にあいさつに行ったところ「総合試験所の予算はまたダメになった。もうサジを投げた」とがっかりしたようす。そこで「私も、最後の努力をしてみたいから二、三週間の猶予をいただきたい」と申上げた。

私は心に期するところがあったので、まず私財から五万円、今の金にしたら二千万円近くを建設費に寄付した。ここでMK磁石鋼の工業化のようすをお話しておく必要がある。特許は昭和六年にとったが、その権利は東京鋼材（のちの三菱製鋼）に譲った。この会社で順調に製品ができていたのです。だから、私は、この際、三菱に話をしてみようという下心だった。そこで私の家の経済面をおまかせしておった当時の三越常務幾度永（きど・えい）さんに相談をしたところ、同氏とジッ懇の間柄だった三菱の総理事三好重道さんに早速話を通じてくれた。その結果、そのころの三菱幹部が科学技術の研究について強い関心と深い理解をもっていてくれたことが幸いして、百万円程度の寄付を出してくれることに決まった。

後に三菱製鋼社長の松田貞次郎さんから聞いたことだが、そのころ三菱では多額の寄付金を出す場合は三菱翼下の十数社が資本金に応じて負担するのが慣例だったのに、この時に限って三菱本社社長岩﨑小彌太さんがポケット・マネーから大部分を出すとの発言があったのだそうです。

間もなく三菱から岩崎さんの代理として三好さんが来られ、長与又四総長に「約百万円の見当で大学側の設計通りの建物を寄付したい」と正式な申入れがあった。

こういう話はずいぶん簡単に運んだようだが、そうではない。裏にはいろいろと骨折った人があった。しかし、結局のところは、信じあえる人と人のつながりがあったことと、当時の財界人には、優秀な研究で国のためになるなら、金を惜しみなく使うという気持があって、それらがうまく重なり、ああいうことになったのだと思う。

こうして工事がはじまったのが昭和十二年。ところが日華事変で鉄鋼が足りなくなる上に、建築資材が値上がりをはじめた。私は心配になってそれとなく三菱に聞くとその答がまことに立派だった。「私どもとしては建物を差上げるとお約束したのだから物価の値上りで予算を越えて、百万円が倍になろうがご心配には及びません」とのことだった。しかも運が向いてくると不思議なものです。二回も予算要求をけった文部省が三年継続で四十五万円を出すと通知して来たので、結局太っぱらをみせた三菱は総工費百三十三万七千円のうちの八十三万七千円出せばよいことになった。

　この試験所は工学部内の総合研究はもちろんのこと工学部と他の学部との共同研究や民間からの受託研究の場所としてその成果は高く評価されている。しかしこの総合試験所建設に使った寄付金が出たいきさつを知っていた当時の関係者は誰も口外しなかったし、今はほとんどこの世を去られて私の他には三菱に当時銀行頭取だった加藤武男さんと米寿を過ぎた幾度さんが知るだけとなった。大学では建設のころでも首脳部さえほとんど真相を知らなかったから、まして今では工学部関係の教授連もご承知ないと思うので、記憶に残せば何かの役に立つかと考えて、あえてお話したわけです。

（『朝日新聞』一九五九年九月六日朝刊）

〔註〕ほとんど同文のものが「とっておきの話　岩崎小彌太の寄付」（『特殊鋼』八‐一一、一九五九年、九　頁）および『私の履歴書』（第二〇集、日本経済新聞社、一九六四年、二五九～二六一頁）に掲載されている。ちなみに、このとき建設された建物は、工学部六号館として現存している。

（二）日本経済新聞社編『私の履歴書』より

諸橋轍次（文学博士・静嘉堂文庫文庫長）

　大正十年支那留学から帰国すると間もなく岩崎小彌太男から、静嘉堂文庫長として整理に当たってくれとの委嘱を受けた。静嘉堂文庫は小彌太の父彌之助の創立したものであるが、清国四大蔵書家の一、陸心源の旧蔵本を主体とし、それにわが国国学者の旧蔵本をも併《あわ》せ蔵した和漢書、ことに漢籍の図書館としては世界的に貴重なものである。委嘱を受けた瞬間、私は知己の感を得るとともに、かかる世界的の文献を保護し整理することは、学者として意義ある貴い使命だと考えた。当時文庫は高輪の邸内にあった。前文庫長重野安繹博士が没してから、そのまま家蔵されていたものである。そこで小彌太からは私にできることなら学校の教授はよして、文庫専任になってほしいとの懇望を受けたが、公私のつごうで学校の教授は継続し、文庫整理の事は快諾して爾来文庫の全責任を負うてその経理に当たった。図書の調査、目録の作成はもちろんのこと、松井文庫、大槻文庫その他貴重な典籍三万余冊の購入がそのおもなる仕事であった。

形の上では右に述べただけのことであるが、実は私の素願としては、この貴重な典籍を利用して学者の研究を助成し、東洋文化の宣揚を図りたいということを考えたのである。幸いに文庫の整理とともに学者のこれを利用する者日に多く、ひとり邦内のみならず中国はじめ欧米各国の東洋学者が研究の資をここに求むるものも多くなった。文献学・書誌学などは典籍の実存なくしてはなし得ない。この点間接ながら、わが文庫は近時の斯学《しがく》の興隆にも寄与したと確信する。

ただ経営の中間、実は幾多の事変に遭遇した。大正十二年九月一日には、例の関東大震災があった。そのとき、私は雑司ヶ谷の宅におったが、文庫が心配になって、さっそく高輪に行った。幸いに文庫は焼けてはおらなかったが、さて中にはいってみると、書架は全部倒れ、せっかく整理した十八万の蔵書の位置はめちゃくちゃになっている。さて今後の整理をどうしようかといろいろ前途のことを考えながら、往復六里、しかも火の海の町の中をトボトボ歩いて夜半宅に帰った。大正十三年にいまの玉川の文庫が建設された。これは小彌太男が先考十七年忌に捧《ささ》げる記念の一計画であった。移転計画の当時あまりに遠隔に過ぎぬかとの愚見も出したが、それに対して男は文庫は永遠の保存を考えねばならぬ。市塵のうちではいつどんな変災がないともかぎらぬからと言われた。その後大東亜戦争で満都が日々戦火の洗礼を受けたとき、つくづくその先見の明に敬服した。

昭和十五年に財団法人静嘉堂ができて公開図書館としての文庫も着々その歩を進めたが、二十年には例の終戦、そしてその年の十二月には小彌太男は急逝した。全くたよりの綱を失った思いであった。このとき私も進退を決すべき時機だと一時は考えたが、一面また文庫の運命の見定めもつかぬうちに、身を引くことは知遇に酬《むく》ゆるゆえんではないと思い直して、そのまま踏みとどまった。しかし経営の方案は全く立たない。やむなくば、文庫を一時閉鎖してある時機を待とうかとも考えたが、ちょうどそのとき、国会議員の某氏がやってきて、東洋文庫も国会図書館の支部に決定したから、静嘉堂もどうかとの話があったので、これならばまず間違いもなかろうと昭和二十三年以来その形になったのである。

話してみれば簡単だが、この間、実はいろいろの問題もあった。軍部からは土地を明け渡せといい、駐在各国からは建物を借してくれという。明治年間に購入した陸心源の蔵書まで中国から引き渡し要求の形勢も見えた。こんなわけで一日として心安らかな日はなかった。しかしこの間にも国会図書館長金森徳次郎の特別の好意もあり、ともかくも文庫の前途の見きわめもついたので、昭和三十年の春、私はいよいよ辞表を提出して許可を得た。文庫長在職前後三十五年。その当時、友人の中には大学教授の生活をした君が、国会図書館の一司書としてその幕を閉じるのはどんなものかと心配してくれた人もあったが、私としてはこの道をたどることによって、小彌太男から受けた付託の大任を幾分なり完《まっと》うし得たことを、むしろ喜んでいる。それに文庫は国会図書館の支部になったとはいえ、蔵書をはじめ、設備いっさいは財団法人静嘉堂のものであり、近ごろは三菱各社の尽力で漸次、その基礎も固まりつつあるから、あれやこれや、私は今なんの物思いもなく、楽しみと望みとをもって文庫の前途を見守っている。

(『私の履歴書』第二四集、日本経済新聞社、一九六五年、二四二～二四四頁)

(三)日本経済新聞社編『私の履歴書』より

高杉晋一(三菱電機相談役)

さて戦争が始まると、一にも二にも飛行機で、名古屋の三菱重工航空機製作所はたいへんなウエートを持ってきた。私が名古屋に赴任したとき、岡野君はその航空機製作所の副所長だったが、間もなく所長になった。岩崎小彌太三菱本社社長の信任があつかったのである。

岩崎社長はときどき航空機生産を視察、激励のため名古屋へ来られた。社長は三菱各社の社長級の重役を必ず二、三人連れて来られた。駅には各場所(製作)長や駅長らが出迎えている。駅を出ると、関係者の自動車がずらりと並んでいた。宿舎は名古屋ホテル二階のロビーを借り切っていて、社長は着くともう関係者といろいろ話を始められている。社長は主として飛行機の工場や、その電装品を作っていた三菱電機の工場を見られたが、ときには銀行や信託にも立ち寄られた。私は場所長としての特権でそのたびに社長の視察について回ることができた。

岩崎社長は身長五尺八寸ぐらい、若いころは三十貫以上もあったといい、堂々たる押し出しだった。温厚にして聡明《そうめい》よく人の言を入れた人だ。北昤吉先生も社長には敬服していて、戦争中「頭のよさ、度胸のよさは人並みすぐれている。理想的な軍需大臣を選ぶなら岩崎社長以外にない。しかしそれには総理大臣に宮さまをもってこなければならない」と言っていた。

緒戦の景気のいいころは、社長は名古屋へくると「河文」という料亭に会社の幹部連を呼んでごちそうしてくれた。社長はふだんは洋服で四季を問わずねずみ色の無地を着用されていたが、宴会のときは羽織袴《はかま》だった。その社長が床の間を背にぴたりとすわると、あたかも大山のごとく近づきがたいような威厳があった。が、いつもはにこやかで、春風駘蕩《たいとう》の感があった。

伝え聞いたところによると、社長は撃墜されたB29の合成樹脂のガラスの一片を日本化成の重役に示し「研究してこれと同じものをこしらえろ」と命令した。そう言われてもなかなかつくれるものではなかったが、社長命令なので一生懸命研究して、とうとうつくり上げてしまったという話だ。社長は万事にそういうふうな人で、工場視察のときも、これこれの点にもっと力を入れろと、細かく注意を与えていた。三菱の重役連中は社長の前ではうかつな意見は述べられない。

というのは〝大社長〟ということもあるが、社長の方が仕事についてははるかによく知っていたからだという話である。

当時の三菱では、私や岡野のクラスは東京にいてはとうてい社長にお目にかかることはできない。地方に来られたときだけ、そこの場所長という資格で目通りができるというわけだ。ところで、昭和十八年春ごろのことと思うが、来名のとき、社長が「みんなの忌憚《きたん》ない意見を聞く」と言い出した。幾組かに分けて、その一回目に私と岡野君、三菱電機名古屋所長の本間亀吉氏の三人が呼ばれた。場所は名古屋ホテルだった。

「きょうは君らの意見を聞きたい。言いたいことを言いたまえ」

私は昔から相手がだれであろうと、言いたいことは言うことにしていた。まず私が口を切った。

「三菱の財産は何よりもまず人だと思います。三菱は国家が養成した人材をよりどりに集めて仕事をやらせています。そのため人材が多すぎて、他社へ行けば重役の勤《〔ママ〕》まるような人を部長ぐらいにしています。こんなぜいたくな人の使い方をして事業がうまくいかなかったらおかしいぐらいです。われわれから見れば、国家の人材をこういう使い方をするのは国家に対して申しわけないと思います。もっと人材を登用し、適材を適所においてじゅうぶんに力量を発揮させることにすれば、三菱はますます栄えるでしょう」

岡野君も「その通りだと思う」と述べた。社長は何も言わず、にこにこしながら私たちの言うことを聞いていた。私たちは出された昼食を腹いっぱい食って帰ってきた。

岡野君も思うことをずばずば言う直言居士で、しかもやるときは命がけでやるというような行動力の持ち主だった。社長はちゃんとそれを見抜いていて、岡野君には全幅の信頼をおいていたようだった。

そんなことがあってその年も終わりに近くなったころ、本店頭取の加藤武雄《〔男〕》さんから突然私に上京するよう言ってきた。何事だろうと思って行くと、いきなり「電機（三菱電機）に行かんか」と言われた。寝耳に水である。第一私は銀行マンで、電気のことなど皆目わからない。「少し考えさせて下さい」と言うと、「この話はあっちこっちへ相談されては困る。君が断ったものはほかへ持っていけなくなる。いやなら無理にと言わんから、いまここでイエスかノーか決めろ」という急な話。行けば監査役で、そのうち仕事を覚えたら取締役にしてやるというのである。

銀行にいても別に重役にしてくれるという保証があるわけではない。頭取にたてついて銀行に残ってもろくな取り扱いは受けないだろう―そう思い直した私は、その場で行きましょうと承知してしまった。それから三菱信託の山室宗文さんをたずねて報告かたがたこの話をすると、「それでいいんだ。悪くは取りはからわぬから行ってみろ」と言われた。山室さんもすでに私の人事を知っていたのだ。そのときはまだ気づかなかったが、この人事は重役人事だから岩崎社長も了解の上のことだったのである。

当時、三菱電機は本社常勤重役が社長の宮崎駒吉、常務間四郎、技術担当常務松木良一の三氏だけで、あとは平取締役として三菱電機大場所の所長若干名。社外重役として三菱各社の社長または常勤重役が平取締役または監査役としてはいっていた。

三菱電機は技術を主とする関係上、技術家重役が多く、事務重役が少ないのが一つの欠点で、これを少しでも埋めるために私が選ばれたものと思う。そしてこれは前述の通り、名古屋で私が社長の前で大気炎をあげたのが一つの原因をなしていたのではないかと思った。少なくとも私としては、あんなことを言った以上、断われない筋合いのものであったのだ。もし断わっていたら、高杉は口だけで、とんでもないヤツだと思われたに違いない。

監査役になって初めてボーナスをもらったとき、あけてみると一万何千円かあった。いままでの何倍かの額だ。「重役になるとたくさんもらえるものだな」と感心した。

このときの人事で、同期の石黒俊夫君は三菱銀行三宮支店長から三菱本社の社長秘書兼総務部長になった。石黒君は入社以来の親友だった。私は碁の好敵手で友人としては私がいちばん番数多く打った相手である。資質重厚で、誠実の権化みたいな人であった。岩崎社長の信頼が厚く、戦後本社解散の大役を果たし、岩崎一門の善後処置については気の毒なほど心胆を砕いていた。その後も同僚先輩の信任厚く、三菱全体の取りまとめ役を果たしていたが、惜しいかな、三菱地所会長、成蹊学園の理事長という要職にありながら、三十九年ついになくなってしまった。

さて、私は上京する前、一ヵ月ばかり三菱電機の名古屋工場で実地見学することにし、工場通いを始めた。所長の平山謙三郎君が説明係をつけて何から何まで説明してくれた。私も電気に関する本を買ってきて読んだが、英法科出の銀行マンには雲をつかむようでさっぱりわからない。とうとう私はドロなわはやめることにした。そして将来とも技術のことはいっさい口を出さない方針を固めた。以来私は電気のことは何を聞かれても「わからない」で通してきた。後年何かの雑誌に「この社長ぐらい電気のことを知らない社長はないだろう」と書かれたが、事実だからしかたがない。いいかげんなことを言うよりはその方が間違いがない。

こうして三菱電機の監査役にはなったが、本社へ行くようになっても毎日の仕事は、場所（製作所）の報告書を見たり、場所長会議をだまって聞いていることだった。

そうこうしているうちに昭和十九年八月、私は宮崎社長の依頼で新しく三菱の系列にはいった東京製線の社長として監査役のまま出向することになった。この東京製線は崎山刀太郎という人がつくった古河系の電線会社で、川崎駅前に工場があり、崎山氏没後、令息の義一氏が社長欠員のまま常務として経営に当たっていた。軍需会社だったが、軍部が値をたたくので赤字が累積し経営が苦しくなって三菱になんとか助けてもらいたいと言ってきた。三菱ではこの懇請をいれて、三菱鉱業、三菱電機、崎山氏がそれぞれ三分の一ずつ株を持ち、経営は三菱に任せるという条件で再発足することになったわけである。

工場へ行ってみると、なるほど陸軍や海軍の監督官が毎日来てがんばっている。採算が悪いのはこれらの軍人が、何度電線の値上げを申し入れても「軍人が命がけで戦っているのだから少しぐらいの赤字はしんぼうしろ」という調子で聞いてくれない。そこで電線業界が一致結束して「民間の会社組織というものは社員の生活を保証しなければならないから最小限度、損の出ない程度に値上げしてもらわなければ困るのだ」と軍に要望した結果、やっとある程度の値上げが認められ、いくらか黒字が出るようになった。

しかし戦局は日に日に敗色を深め、川崎もいつ爆撃されるかわからない状況になった。そこで私は海軍監督官の熱心な協力もあって、工場を仙台の近くの古川というところに移すことにし二十年の四月、監督官とともに現地調査に出かけた。

最初、そこの工業学校を接収しようとしたが、これは無理とわかったので山の方に敷地を求めることにし、あちこち見て回った。そして忘れもしない四月十九日、宮城県知事丸山鶴吉氏と工場疎開の相談をしていたとき、私は前日の大空襲で川崎が全滅したと、丸山知事から知らされたのだった。

〔中略〕

八月十五日、私は陛下の玉音放送をその市川の家で聞いた。前から知っていたので、ついにくるものがきたかと思ったが、陛下のお声が痛ましく耳に響いた。断腸の感とは全くこのときの気持ちであろう。

しかし私は、敵の上陸作戦が実行されない前に終戦になって日本は助かったと思った。竹やりで抵抗などして、日本全土が戦火にさらされたとしたら、いったい日本はどうなったであろう。これはのちに聞いたことだが、軍は信州の松代に陛下のご在所と参謀本部をつくって、いざというときにはそこにたてこもるつもりでいたという。松代をもって武田勝頼の天目山にしようというのである。私はこの話を聞いたとき、冷たいものが背筋を走るのを覚えた。

私は昭和二十一年八月三十一日に東京製線社長に〔ママ〕辞任したのだが、これより前、二十年五月に三菱電機監査役から同社の取締役になり、さらに同年九月には常務取締役に就任した。戦争末期になると三菱の各工場はほとんど戦災を受け、戦後はまたその再建という大問題が起こったので、急遽《きゆうきよ》本社に呼び戻されたというわけだ。こうして私は、戦後の想像を絶した混乱時の中で、一方ではGHQの財閥解体―日本経済の弱体化政策とたたかいながら、会社再建と取り組むことになるのである。

終戦直後、三菱各社は丸ノ内の三菱本社ビルから進駐軍の命令でみんな追い出されてしまった。当時、進駐軍の命令は絶対だった。しかたがないので三菱本社や重工などは三菱銀行のあきべやに移り、三菱電機は丸ビルの二階に引っ越して、そこで爆撃を受けた工場と、多数の人間をかかえた戦後処理を始めた。このときの三菱電機の工場群は伊丹を除き神戸、長崎、名古屋とおもなところはほとんど完膚ないまでに破壊されていた。しかも財閥解体指令で三菱そのものが、あすどうなるかもわからないというときである。われわれはどこから再建を始めたらいいか、その方策も立たない状態だった。

さらに悪いことは重なるもので、終戦の年の十二月二日、三菱の大黒柱岩崎小彌太社長が他界された。社長の経営方針は徹底した職域奉公で、重役社員の政治関与はいっさい禁じていた。郷古潔さんが三菱重工社長のとき、不用意に内閣顧問を引き受けたために社長の逆鱗《げきりん》にふれ、重工社長を引退させられたことは有名な話である。占領軍が財閥本社の解体を指令したときも、社長はがんとして聞き入れなかったという。三菱は軍需品を生産したが、それは国民の義務を果たしたにすぎない。政治、軍事にはいっさい関与していない。ゆえに戦争責任を負う理由はないというのであった。このため時の蔵相渋沢敬三氏が、わざわざ熱海の社長寓居《ぐうきょ》に出向いて委曲を尽くして説得し、やっと承諾してもらったという話である。そのとき社長の心中にはおそらく「わがこと終われり」という感慨があったことと思う。

社長はそれまでの献身的苦労の結果だったのであろう、終戦後病を発してついにこの世を去られてしまった。われわれは焼け残りの品川開東閣の一室で社長に最後のお別れをした。「ああ、巨星ついに墜《お》つ」という無量の感慨であった。そしてわれわれは、今後長い長い苦難の道を歩かねばなるまいと思った。

このあと、財閥家族の企業支配力排除法により、岩崎久彌氏ほか一門十人の人々が、三菱関係企業に関与することを禁じられた。このうき目を見られずになくなられたことは社長にとってむしろ幸いであったかもしれない。財閥としての三菱企業が、そのはなやかにして雄大なページを閉じたとき、この不世出の偉大な統率者も静かにその生涯の幕を閉じたのであった。

翌二十一年二月二十八日には公職追放令が施行された。ミズーリ号艦上で日本が無条件降伏文書に調印した二十年九月二日を起点とし、その日現在資本金一億円以上の会社の常勤の取締役と監査役は既往にさかのぼって、その職にあった者まで、いっさいその会社の経営にタッチしてはならないという、あの有名な追放令である。三菱電機もこれを適用され、宮崎駒吉社長以下の該当重役は会社に立ち寄ることもできなくなった。残ったのは私と関義長常務（現社長）の二人だけである。

私はその追放の基準日となった九月二日より、一週間ほど遅れて常務に選任されたので危うく追放を免れた。これも運命なのであろう。その後この追放令は岩崎、三井、住友など財閥の利益代表とか縁戚《えんせき》関係者にまで適用範囲が広げられたが、私も関君も普通のサラリーマン重役なので、これも免れたのだった。

（『私の履歴書』第二三集、日本経済新聞社、一九六五年、二二八〜二三八頁）

〔註〕類似の回想に、「敗戦と財閥と三菱と（二）高杉晋一縦横談」（『経済往来』三〇 - 二、一九七八年、一七三〜一七七頁）がある。

（四）巨人を偲ふ

原耕三（三菱重工業常務取締役）

二八、三、二四

大社長は号を巨陶と称せらる。其源由は承知致さゞるも、陶は陶然、神人合一の境地を指す意ならんか。社長は平素夫れを如実に示し居られしが、然し私は巨陶は他面巨統、巨濤又は巨塔にも通すと想ふ。産業軍百万の衆を陣《つら》ぬる統師となられ、七つの海に亘り澎湃と押寄する大濤の間、寂然不動と万般の画策指揮をさるゝのみならず、自ら陣頭に立~~てられたり~~ち而して~~大衆~~三菱軍の目標たる巨塔として儼然として樹ち、~~社像~~其の向ふ所を示さる光明の塔たるは勿論、常に其頂に~~立たれ~~座し大局高所より世を達観し、見えさる物を見、聞なき聞を聞かれしは蓋し超人の至芸ならんか。

三菱の大は組織の力でもなく財力の勢でもな~~し~~い。一つに岩崎家歴代に斯る巨人顕はれたればこそと思はる。

小磯内閣組織さるゝや新首相は親しく大社長を招致され国事を相談せられし事《こと》、実に三日間に及ぶと聞く、以て其巨大さを知るに足らんか。

事業は人にあり、三菱の国家への御奉公の実を挙くる前に先つ従業員の心身の向上修養にありとせられ、従来各場所にて更生施設とか親睦とかを主としたる運動倶楽部を本社直轄統一の大組織体とせられ、大正三年七月其改組を発表せられ、物心両面の向上を謀られしなり。

東京にては同年十月三十一日六義園にて初の運動会を開催せられたり。其良果に鑑み之れを恒久的施設になさんと染井に理想的の運動場を設け、大正四年十月に工成り、十月に開場式を挙けらる。

水上の進展も陸と同様著しく、葉山に海水浴場を設くる外に墨堤にボート部復興を画され、三十貫の巨軀を擁して蔵前の高取艇庫より御乗艇、親しくオールを取られしは未たに忘れ難き一事なり。

水上運動気運の躍進の結果、我倶楽部専属の艇庫並に新艇も所要となり、墨田村に艇庫を建て着々発展の一路を辿る。

往年ありし三井三菱郵船の三社レースも大正四年には再現す。我社は従業員の元気の涵養に資する為め、激を全国~~を動員して~~に飛ばし有数のボート選手を東京に集め~~て~~対戦したるも時利あらず敗戦したるが、爾後毎年恒例として挙行する事に三社間の取極めとす。

我倶楽部は三谷一二氏を委員長、副委員長に奥村政雄氏とし、余並に西林幹助氏其他を常任委員として対策を練り、毎年定期的に行ふ。爾来連年連勝す其回に及ぶ。蓋し我社の如き上下完全の一致の気風は他社は望むへからず。此態度に戦意を失ひたる他社は終に中絶するの止むなきに至れるは当然と云ふへきか。

精神修養の一面として秦慧昭師の講話並に小林一郎氏のほけ経の講義あり、少数の人を招かれたり。

倶楽部幹事は時々大社長より親しく御方寸を承り、其反映に務めたり。戦争も酣になり国民総力を挙け生産に従事するにつれ、大社長の御繁多は一層其度を加へ暫く幹事の御招集もなかりしが、其時局に鑑みて《或時》特に御繰合せ幹事一同を高輪の開東閣に招待せられたり。

戦時中の事とて食料物資窮乏の折柄なるにも不拘、食卓には特に配意せられたる為珍味佳肴豊富にして、私の如きは此珍らしき御馳走には枯腸を潤す以上存分に頂戴せし結果、食堂終り愈談話室にて同夕の眼目たる大社長の御説示を承る際には幻想の境を往来し、今となりて告白すれば実際は居眠りて御説を承る事を得ざりしなり。大社長に於かせられては嘸御立腹御不満なりしかと帰宅後自責終始苦悶せし実情なり。

翌朝出社するや間もなく大社長御呼ひですとの通報に冷水を浴ひたる心地し、愈来たなと決心の臍を定めて社長室に参すれば、社長は平常と少しも変らずにこやかに、原君は昨夜はいゝ気持で眼をつぶつて居られた《つたから》自分の話が充分耳に残つて居らぬかも知れんからと一言の嫌味も交へずに、

「世上三菱精神とか倶楽部魂とか彼是云うが、自分はそんな事を云つた覚はない。只真の人間になる心構の同志が三菱と云ふ団体を形成し、互にはげみ合ひ国家に御奉公するのが吾人の念願だ」と前夜の要旨を再述せらる。

只恐懼して引下がる。

自分は昔なれば御手打位に値する罪と自覚して居たるに、何等の御とかめもなく終始親心で説かるゝ御態度は、真に慈悲心《大慈大悲仏者》の権化てはあるまいか。

戦争も末期に近つき飛行機一基でも多く要する様に其れ《な》るに反し、金属材料不足し来り増産が却つて減産にならんとの悲観材料多く生し来《状態にな》りしを以て、従来の方式はすは要求に応し兼ぬるを以て《を変へ》寧ろ昔に還り飛行機は木製に不如との議出で来り、昭和十八年頃より其方面の研究

起り、十九年には本社内に具体的に木質委員会なるもの設けられ、極秘の裡に社内より委員を選任して種々研討をなし、其結果大体の見透もつきたるを以て、二十年春より委員会を打切り愈実行に移さるゝ事となる。

私は其実施の当初に始めて参加する事となり、爾来度々大社長より親しく御指示を受け、三菱木製飛行機株式会社なるものを創設し、大社長より社名も御命名相願ひ御名刺に親書されしも、此社専務西川清君長崎にて原子爆弾の災に遭ひ、肌身離さすに懐中せし此名刺も同君の生命と共に~~昇~~散華す。

同社の計画は当時日本のベニヤ板の生産量と略同一量にして、同社出来れば日本の生産量倍額となる程度のもの。加之其工程中には各種の法定制約ありて~~急~~急速に製作出来さる~~所~~実情なりしに、当時軍需省の高官連も是非三菱にて此部面を担任し、山林の生木を伐り製材し運搬しベニヤに加工し、機に製作しエンヂンを据付け、一週間で空中に飛揚し呉れんとの要望もありし程なり。

当時南方との連絡益々不良となり、飛行機の需要一層しき列〔ママ 熾烈〕となる。~~其~~欧州は天空〔ママ〕にては木製のモスキートと称する小型機活躍し、其あごがれに促されて新聞記者尋ねに来る。其所思はず三菱も其考あるとの事を内示せるに、翌日ラヂオに放送さる。国民は驚喜したるやも難斗も、余り之れは早やまつたと内心困り居れり。

然る所社長室より原に一寸来て呉れとの御呼出あり。之れはしまつたと思ひしも、致方なく又々社長室に罷出つる事となりたり。

社長は「木製飛行機に就ては何か君が話したのかい」との御下問。依つて「新聞記者は心配してくどく聞きましたので」と御答したる処、「未た充分極まらぬ事は云はぬ方がよいよ」と。

依つて「国民に安心感を与へませんと戦争に勝てませんから」と申上けしに、社長は「不言実行だよ」と只子供へ訓す様に話さる。私は恐懼して「良く判りました」と引下がるのみ。

爾来社長の御訓の如く不言実行を旨とし、一日も早く木製機を作らんと爆弾雨下の許昼夜を問はす奔走建設に努力したるも、新会社創立後僅か一ヶ月にして終戦に際す。万事休すとは~~此事か~~嗚呼。

（三菱史料館所蔵）

〔註〕岩崎小彌太の伝記編纂に関する社内文書群「小彌太伝

ノート」に含まれている原耕三の追想。同史料には、小彌太と親交の厚かった旧幹部の証言・メモ・編纂会宛の書状等が多数含まれている。

（五）「巨陶集」を読む

高野素十（医学博士・俳人）

拝啓いろ〳〵と忙しき事あり思はず御無沙汰いたしました。巨陶句集御送り被下との御葉書あり、その後中々到著せぬので気を揉んで居りましたが昨日正に頂戴早速拝誦いたしました。

厚く御礼申上げます。

句集についての評をせよとの御命令ですが、私など評をするなどゝいふ柄ではないのですが以下拝見中に感じたことを述べて見ませうか。勿論速読妄読ですから当らぬところは御許しを願ふ。

巻を開く前に一番私の興味をひいたところは巨陶氏の句といふのは門外不出ですからどんな句が展けてくるかといふことでした。ところが開巻第一に、

事多き身には恋しき枯野かな

といふ句が出てきたにはびつくりしました。勿論句もうまい殊に「枯野かな」は大へんいゝと思ふのですが、それよりもこの句は巨陶氏の全生活又はこの一巻を全部言ひ表はし得てをるのではないかと考へました。しばらく此句を見て考へ込みました。事多き身ですね。大小の差こそあれ誰でも事多き身ですね。僕も之から余り不平を云ふまい。――少しは云ひますよ。この枯野を恋ふる心が虚子先生の開眼によつてこの一巻を成したものではないんですか。

老いぬれば薄の中に庵せむ

など見るといよ〳〵その感が深いですね。

巨陶氏の句を通読して得た感じは、すく〳〵と伸びた巨木を見るやうな感じです。そして風流だといふことです。耕雪氏の句――あの人の句を僕は大好きなのですが、――あの句ほどの風流気はないがしかも充分風流でそして大きい。虚子先生の句に大へんよく似た感じの句が多いです。赤星さんの句だと何といふかもつと「腕つぷし」とか「力瘤」とか云ふものが感じられるのですが。呵々。

小ましやくれたとか小器用とかいふところのないのは

甚だ嬉しい。尤も之は境遇にも依りませうが境遇ばかりではないですね。昨日も家で話したことですが、あの人はどんな境遇にあつても必ず自分の大きな素質を育てゝ行ける人だと云ふ感じがしますが如何ですか。

お茶の趣味といふのはどんな風なのか一向不案内ですが、是の一巻の句に行き亘つてをるように思ひますが。

とり寄せし京の薄茶や今朝の雪
花入れて扇忘れし茶室かな
でゞむしに日もすがらなる茶会かな

等は直接お茶に関係ある句ですが、その他随所にさういふ趣の句が見られます。

笹鳴や南をうけし手水鉢
笹の葉につもるもしばし春の雪
月の庵白萩ばかり植ゑ置きて
月さして忘れ扇の畳かな
笹の葉をすべり消えゆく春の雪
田楽の串は嵯峨にて削られし
嵯峨にゐて花をよそなる庵かな

風流ですが、風流の趣ばかりでなく、写生なのがいゝと思ひます。

重ね行く雨の水輪や春の水
東山うつりてひろし春の水
また此処に落花の水の流れをり
鶯や流るゝ水もゆるやかに

かういう句を私も作つて見たいと思ひます。

大伽藍炎上もして京の春

などと云ふ句は到底真似の出来ぬ句ですね。京の春はいゝ、大きくてなごやかで。

こんな風に書いてゆくときりがない。以下之等の句以外の仮に〇をつけた私の好きな句を抜いて見ます。年代順にやはり句がよくなつて来てというふと烏滸がましいが、枯れてきてをるように感じました。

佇めば障子開きけり菊の家
階前の落葉しばらく掃かしめず
忘られし春雨傘のそのまゝに
春水をへだてゝ遊ぶうなゐ哉
春雨や傘借りにやる中宮寺
湖の今日波立つや青嵐
芋の露月を宿して大きけれ
元日やひそかに立つる志

われ老いし思ひに籠る風邪かな
鶯鶯に伸び出し熊や雪の松
麓まで迎ひの僧や桜狩
行春の庭に洽し落椿
初夏や水をへだてゝ東山
初夏の山とり入れて深庇
松あれば灯籠あるや月の浜
大原女の何興じゆく夕紅葉
選み伐る七夕竹の雫かな
雨粒の面にいたき野分かな
蝶しばし萩を離れて松の上
大年の枯木に鳩の動かざる
寒紅や雪さら〳〵と窓の外
窓あけて驚く今朝の木の芽かな
蛤を掻く手をあげてさし招く

等です。「朝鮮人夫朝鮮語」とか「裏店に」とか、

肩あげのある子ない子や針供養

等の僕達の生活に接近した句を見ると、いつこんなところを見たのだらふかと軽い興味を誘はれます。

とに角短かい年月の間にこれ丈いゝ句をつくられたかと思ふと更に驚きますし、しつかりとして常に「ゆとり」のある心持で句を作つてをられるのは誠に羨しき限り。

愉快に拝誦出来、心の持ち方や物の写し方や、大へん教はることが多かつたのを感謝します。

大伽藍炎上もして京の春
こと多き身には恋しき枯野かな

ですね。

妄評多謝。素十のやつ何を書きなぐつたと思へば腹も立ちますまい。

この暮には出かけられたら上京したいと思つてをります。其時は又伺つて「中」といふ字の懸物にもお目に掛ります。

十二月十九日　　　素十

水竹居様

新潟は霰。

（『ホトトギス』四〇 - 五、一九三七年二月）

（六）巨陶集

下田実花（俳人）

私が俳句を作り出してから少したつた頃と思はれるので、昭和十一二年頃か、丸ビルの発行所で、大阪の立派な品のよい句集を拝見したことがあつた。それは巨陶集といつて三菱の社長岩崎小彌太氏の句集で、この方はどこにも発表もされず句を作つて楽しまれ、虚子先生に師事されて居られたが亡くなられたので、三菱の方方が「巨陶」といふ号そのまゝの句集を出されたといふ事であつた。限つた方にしかお分けにならぬとかで、私はその時四五枚パラ〳〵と繰つて見たゞけであつたが、どのお句もおほらかなその方の大きな心を感じる句ばかりで、ゆつくり拝見したいと思つたが借しても頂けなくてそのまゝになつてしまつた。

去年の暮、三菱の俳句好きのS氏にふと巨陶集のお話をした処

「そんなに見たければ、借してやらう」

と言つて下さつて、お仲間のおやま姉さんのお家まで届けて下さつたので、急いで家のきよちやんに取りに行つて貰つた。

一月も始めのうちは昼から家に落著くことがなく、やうやく二十日正月も過ぎての日曜やつと自分の体になつて心ゆくばかり「巨陶集」を手にすることが出来た。安田靫彦先生の白と紅の山茶花の表紙絵も美しく菊版といふのか活字も大きく本文も和紙の厚目のふちが切り落してないやうな紙で、そして序文も跋文も頁番号もなければ刊行者も発行所も書いてないといふ、なんともおほらかな句集であつた。虚子先生の

身みづから白わび助を生けもして

と

事多き身には恋しき枯野かな　巨陶

の句が扉にあるだけであつた。昭和五年から始まつて十年で終つてゐる。拝見してゆくと実にこの方でなければ出来ない鷹揚な句、その上、鳥や草花への思やりのよく出てゐる句が多く、大変楽しいものであつた、がこの句集はお返ししなければならないので、書写さうと思つた。急いで墨をすつて横綴ぢの恰好なものがあつたのを幸ひ

「昭和五年……」

と書出して写し始めた。始めのうちは略字だのくづし字

だのを書いていたが、句集の通りに書かうと思つた。頁を繰る度毎に筆を置いて、墨つぎもなるべく正しく、句の前書等も丁寧にと思ひながら、食事もそこ〳〵にして一日書写した。古字の鎧といふ字や爐、傘、烟などその通りに書いた。箱根の句がたくさんあつて、蘆の湖に昔、岩崎別邸であつたといふ、山のホテルには私も戦後二三度行つたことがあるが、その蘆ノ湖畔の句には一層心をひかれた。京都もお好きなようであつた。私はこの方には御目にかかつたこともなく、何処か壁に掛つてゐた大きな写真を見たやうに思ふのだが、句を書写してゐると、この方をよく知つてゐるやうな気がしその折々の心持がよくわかつた。世に聞えた、何の不自由もない方が枯野を恋しがつたり、芒や通草を好まれたりするお句を見ると親しさがまして、一句一句読んだり諳誦したりして書いて行つた。句は思つたよりたくさんあつた。横綴ぢの本一冊だけでは足りさうもないので別に墨ののりさうな小さい本を用意した。日曜だけでは書写せなくて、翌日もその翌日も夕方お座敷へ行くまで写した。全部で四百八十句あつた。その晩、小時さんに御座敷で逢つたので、そのことを話すと

「へえ、どんなの」

「いゝのよ『帰りには貰ふて行くぞ梅の鉢』つていふの」

「あらいゝわね」

「広いお庭なんでせうに『轉に我か庭せまきを思ひかな』鋏で紫苑の露を払つてやつたとか、とても草や木に愛情を持つた句が多いのよ」

「私にも見せてよ、すぐ返すわよ、後はあんたが写したのを見るから……」

　早く返さなければと思つたが、本物を見せたいので届けることにした。

（『ホトトギス』五九－四、一九五六年四月）

（七）伯父小彌太の思い出

岩崎英二郎（慶應義塾大学名誉教授）

父輝彌は三男で末っ子、彌之助の長男であった小彌太とは八歳もの年の開きがあったから、まだ二十歳そこそこで父親を失った輝彌にとっては、伯父の小彌太はまさに父親代わりの絶対的な存在で、伯父のことをお兄様、

お兄様と慕っていた父の声がいまでもはっきり耳に残っている。というわけで、子供が生まれればその命名は当然のごとく伯父に依頼したらしく、兄の毅《よし》太郎も、またわたくし自身の名前も、いずれも小彌太が決めたものである。ところで岩崎家では、すくなくとも曾祖父彌次郎以来、男子の名前には「彌」をつけることになっていて、彌太郎家では、彌太郎、久彌、彦彌太、寛彌と、昨年（平成二十年）寛彌が没して彌太郎家が絶えるまで、事実この方針が貫かれていたが、彌之助家のほうは、長男小彌太には子供が生まれず、次男の俊彌には女子（八重子、淑子、温子）しか生まれなかったために、小彌太がわれわれを毅太郎、英二郎と命名したことによって、結果的には彌之助家からも「彌」の字が消えてしまった。これは私の忖度にすぎないのだが、小彌太は、弟輝彌に男子が誕生してその命名を頼まれたとき、これが彌之助家に誕生した最初の男子であることは知っていたはずだから、それ以前に六年に亘って英国に留学し、帰国後まだ二十八歳の若さで三菱合資会社副社長に就任し、さまざまな理想に燃えていた小彌太であるだけに、男子にはかならず「彌」の字をつけるなどという旧弊を、これを機会に意図的に排除したかったのではないだろうか。

　ところで小彌太のつけてくれたその名前だが、英二郎命名の由来は子供のころからよく聞かされていた。わたくしが生まれたのは大正十一年四月二十九日だが、たまたまその日、来日中の英国皇太子プリンス・オブ・ウェールズが伯父の招待を受けて箱根にある伯父の別荘に滞在中だった。そこに弟の輝彌から、次男が生まれたから名前をお願いしたいとの電話がかかってきたので、咄嗟の思いつきで、英国の皇太子にちなんで英二郎にしたとのこと、ずいぶんお手軽な名前だなあ、と子供心に思ったものだ。

　そのほかにも伯父についての思い出はいろいろある。伯父とはいえ、年に一度の正月に俊彌一家と輝彌一家が家族ぐるみ麻布鳥居坂邸に招かれるときに遠くから眺めるのが唯一の機会で、文字通り縁遠い存在だったので、いわゆる学徒出陣で昭和十八年の十二月に横須賀の武山海兵団に入団する直前、お別れの挨拶をするため鳥居坂に伯父を訪ねたのが、伯父と二人きりで言葉を交わした最初、そして最後だった。そのさい日本刀を一振頂戴したが、折角のその刀も、昭和二十年八月の敗戦後、残務処理のために残っていた九州博多の玄海海軍航空基地から、同年十一月初旬に帰宅するさい、敗戦のどさくさに紛れて失われてしまった。いまごろはどこに睡っているのだろうか。あれはたしか敗戦直後の昭和二十年十二月二日の夜だったと思うが、同年五月の空襲で焼夷弾の犠牲になった開東閣の僅かに焼け残った付属屋で、その日亡くなった伯父の通夜を、父と二人で寂しく営んだことも忘れられないが、それから数日後、桐ケ谷の斎場で荼毘に付されたばかりの伯父のお骨を、養子の忠雄ではなく、血のつながりのあるわたくしが手にもつようにと、伯母の孝子からきびしく指示されたことなども鮮明に記憶に残っている。

思い出はなお尽きないが、このへんで筆を措くことにしよう。

〔註〕岩崎小彌太の「家長」としての側面を伝える追想。
岩崎氏は二〇一七（平成二九）年に九五歳で逝去された。

【解説】岩崎小彌太　人と史料

日本大学文理学部人文科学研究所研究員
荒船俊太郎

はじめに　岩崎家と岩崎小彌太の生涯

本書は、三菱の第四代社長を務めた岩崎小彌太（一八七九～一九四五年）に関する史料（約三〇〇点）を収録した史料集である。

周知のように、土佐藩出身の岩崎家は、幕末期に初代の彌太郎（一八三四～八五年）が頭角をあらわし、海運事業に進出して政商となり、後の企業グループへの基礎を築いた（九十九商会、のち三川商会、三菱商会、郵便汽船三菱会社）。その実弟である彌之助（一八五一～一九〇八年）は、第二代社長として郵便汽船三菱会社と政府系の共同運輸会社の合併を実現し（日本郵船株式会社）、海運事業を切り離した後（社名を三菱社に変更）、本格的に鉱山・金融・倉庫事業等に乗り出し、傘下事業を多角化させるとともに、日本銀行総裁にも就任して黎明期の日本経済の舵取り役を果たした。彌太郎の長男久彌（一八六五～一九五五年）は、第三代社長に就任するや社名を三菱合資会社に改称し、社内整備を進め（総務・銀行・営業・炭坑・鉱山・地所の各部を設置）、造船業の拡大に努めるなど、事業の多角化を一層推進した。

第四代社長となる岩崎小彌太は、彌之助の長男として一八七九（明治一二）年八月三日に誕生した。

母は、土佐藩参政であり、明治政府で参議や閣僚を歴任した後藤象二郎の長女早苗である。小彌太は学習院予備科に入学し、ついで東京高等師範学校附属小学校に転学、同校の中等科を経て第一高等学校に進学している。一高時代の学友に中村春二（一八七七〜一九二四年）・松平恒雄（一八七七〜一九四九年）・大久保利賢（一八七八〜一九五八年）等がおり、中村とは後年ともに成蹊学園を創立している。一高卒業後、小彌太は東京帝国大学法科大学に入学したが、一年余りで中退してイギリスに留学し、一九〇二（明治三五）年一〇月にはケンブリッジ大学のペンブローク・カレッジに入学した。

本書収録史料は、この留学への途次、船内から発信された書翰から始まっている。三年後、小彌太は同大学の歴史学科を卒業し、Bachelor of Arts（教養学士）を修得している。一九〇六（明治三九）年に帰国した小彌太は、三菱合資会社副社長に就任し、四〇年におよぶ三菱での生活をスタートさせた。翌一九〇七（明治四〇）年には男爵島津珍彦《うずひこ》（久光の四男）の長女孝子と結婚し、翌春父彌之助の死去により男爵を襲爵、彌之助家の家長となった。そして、一九一六（大正五）年七月、小彌太は久彌の後を受け三菱合資会社の社長に就任し、以後三〇年近くにわたり三菱（合資会社、のち株式会社三菱社、株式会社三菱本社）を指導し続けることとなったのである。

社長時代の小彌太の事績としては、第一に大正・昭和戦前期の時代状況に合わせた組織改革を推進したことである。とりわけ、社内の事業各部門（造船・製鉄・倉庫・商事・鉱業・海上火災保険・銀行）を順次株式会社として独立させ（三菱では直系の各社を分系会社と呼んでいる）、合資会社は「本社」として各社を統括する「持株会社」に再編成し、多角的事業経営（コンツェルン形態）を展開した。これに伴い、本社と各社株式の公開も漸次進めていった（ただし、不景気や戦争のため、小彌太の生前には部分的な実現にとどまった)。

第二に、自らの経営理念を折に触れて社内に告示したことである。特に、商事会社創立時(一九二〇年)の訓示である三綱領(所期奉公・処事光明・立業貿易)は、現在も三菱各社の社是となっており、後年社内幹部に配布した『随時随題』にもこの精神が貫かれている。本書においても、利益至上主義に陥ることなく、投機を排した節度ある事業展開を説き、三綱領や『随時随題』の精神の喚起に努める小彌太の姿勢が散見される。

第三に、深刻化する日中戦争やアジア・太平洋戦争に対応するため、本社の統轄機能を高めるべく、合資会社を株式会社三菱社(一九三七年)、ついで株式会社三菱本社(一九四三年)と改組したことである(いずれも小彌太は取締役社長)。合資会社の廃止に伴い理事会も廃止され、各社との連絡調整のため三菱協議会が新設された。さらに戦争末期には、本社と分系各社の協力体制の緊密化を図るため、本社に三菱総力本部を設置している(いずれも会長は小彌太)。こうした社内改革は、全て小彌太の在任中に行われたものである。

また、三菱造船会社と三菱航空機会社を合併して三菱重工業株式会社(一九三四年)を誕生させたことに象徴されているように、重化学工業・軍需産業部門への傾斜を強めることになったのも小彌太の主導するところが大きい。国家の要請に応じ、三菱が総力を挙げて天皇および国家のために尽くすことが小彌太の使命だったのである。

しかしながら、晩年の小彌太は苦難の連続であった。アジア・太平洋戦争により、多くの社員を戦地や傘下の軍需工場で失い*1、自身も腹部の大動脈瘤を患って箱根(見南山荘)・熱海(陽和洞)での療養を余儀なくされ、本社での社内統治がままならない状態となっていく。そうした中で、終戦を迎えた小彌太は、ＧＨＱによる占領政策、とりわけ四大財閥の解体に向けた機運が加速する中で上京し、政府や占領軍に傘下事業の沿革を説き、軍国主義に加担したとの謂われが事実無根であることを説明すべく奔走した。そうした矢先、病に倒れた小彌太は静かにこの世を去ったのである（一二月二日、享年六七歳）。墓所は、東京都世田谷区岡本にある静嘉堂の敷地内、父彌之助・母早苗夫妻の墳墓（建築家のジョサイア・コンドル作）に合葬されている。

一．史料状況

以上のように、巨大企業グループ（「財閥」）を率いた岩崎小彌太には、「正伝」である『岩崎小彌太伝』*2が刊行されている。小彌太の没後すぐに岩崎小彌太伝記編纂委員会が組織され、史料収集や関係者からの聞き取りが進められたこともあり、『小彌太伝』には手がけた諸事業の概要のみならず、近親者一七人の回想（＝「諸家の小彌太観」）*3、社長時代の経営理念を集約した『随時随題』（一九四四年発行の最終版を補足したもの）*4、俳句（『巨陶集』〔一九三〇年、四八〇句〕・『早梅』〔一九四四年、二〇二句〕・補遺一八句）、年譜が収録された史料集である。

その後二〇〇四（平成一六）年に、小彌太ゆかりの静嘉堂から、没後六〇年を記念して『岩崎小彌太書翰集』*5が刊行された。同館や諸機関が所蔵する小彌太の発信書翰（一一九通と遺句）を影印で掲載するとともに、『随時随題』を再録し、釈文・解説・年譜を付したもので、小彌太や三菱財閥研究にとって不可欠の史料集である。以上二冊を紐解くことで、おおそのイメージを掴むことができる*6。ところが、かかる史料状況を見渡すと、些かの疑問が生まれてくる*7。それは、小彌太が三〇年にわたって三菱の社長に在職し、複数の秘書や側近者を抱えていたにもかかわらず、執務書類や来翰類が一切残されていないことである。ちなみに、鳥居坂の本邸(現:公益財団法人国際文化会館)は、一九四五(昭和二〇)年五月の空襲で焼失し(焼け残ったのは若干の倉庫群のみ)、疎開できなかった調度類は全て失われたと言われている。ところが、公私の区別に厳格だった小彌太が、戦局が悪化する前に重要文書類を避難させなかったとは考えにくい*8。しかも、晩年小彌太は大病のため遠方の別邸で療養することが多かった。これらの別荘に残されたと思われる関係文書類は、戦後の混乱の中でいかなる運命をたどったのであろうか。本書を準備する過程で関係者にお話しを伺い、各史料保存機関を訪ね歩いたものの、史料群の「本丸」ともいうべき小彌太のお手許文書類は、残念ながら発見できなかった。今後、ご子孫や関係者のところから発見される可能性があるため、将来的な課題としておきたい。

二.収録史料~書翰

本書第一部には、岩崎小彌太の発信書翰(二八五通)を収録した。史料の採録にあたり、徹底した原史料の再調査に努め、『書翰集』収録分も重複をいとわず再録し、全て年代推定をやり直している*9。また、原本の行方が分からない史料のみ、『書翰集』の影印や写本等を「底本」として翻刻・校訂した。その一方で、昨春三菱史料館に一三〇通を超える小彌太書翰が寄贈され、公開の運びとなった(新規八八通・既知三六通・遺句、他に若干の書類）。編者はそれらを一点ずつ確認し、既知の分については『書翰集』に含まれていなかった封筒の情報を採集することができた（「凡例」参照）。また同書が、当時存在が確認されていた小彌太書翰（数百通）の中で特に内容の豊かなものを収録した、との指摘を踏まえ（編纂を担当された原徳三氏の談）、本書では編者側の調査で存在が確認された書翰については全て収録する方針を採用した。あえて内容の選別をせず、多方面に残された小彌太書翰を出来る限り収録することで、小彌太の折々の行動や思考の一端に迫ることができると考えたからである。

収録した書翰を多い順に並べると、石黒俊夫宛（五五通）・岩崎久彌宛（二九通）・永原伸雄宛（二〇通、他連名宛一通）・中村春二宛（二〇通）・小川平吉宛（一六通）・森本政吉宛（一三通）・赤星陸治宛（一三通・他連名宛一通）・諸橋轍次宛（一二通）・関屋貞三郎宛（一〇通）等となっており、小川・関屋・中村を除きいずれも親近者や三菱重役である。

それ以外では、船田一雄宛（八通）・三好重道宛（七通、他連名宛一通）・池田亀三郎宛（六通）・元良信太郎宛（六通）・山室宗文宛（五通、他に連名宛一通）・松岡均平宛（五通）・舟越楫四郎宛（五通）・斯波孝四郎宛（四通）・岡野保次郎（三通）となっており、やはり三菱幹部宛が多い。

小彌太が筆まめであったことは有名である＊10。しかしながら、それ以上に、明治後期以降の情報伝達には電話が用いられるのが日常的であった＊11。謂わば「電話の時代」に、小彌太がこれほど大量の書翰（しかも内容のあるものが多い）を発信したのは、時代的制約を受けたためである。空襲の激化、敗戦に伴う都心の混乱が重なり、小彌太は連絡手段として使書（手紙を家族・知人・執事に持参させること）と郵便を多用した。「拙宅之電話思ふ様に通ぜす寸楮得貴意候」［元良信太郎宛（201）］、「電話は時に良く聴取出来ざる事あり小生頗る不得手故、使者を以て手紙差出し候」〔石黒俊夫宛（269）〕は小彌太の偽らざる心境であろう*12。さらに戦争末期になると、

> 誰れか会社の若き人にて、貴台及び永嶋氏と近き気のきゝたる人を当分当方に御派遣の上、当方より日勤為致候事不相出来候や。〔中略〕当地よりの日勤は多少苦労と思はれ候も、此頃伊藤〔東〕辺よりも日勤するもの多き由、朝六時過熱海仕立の汽車にて至極便利の由に候。夕刻は少し早く退出して帰宅、充分と思はれ候。右の事出来候はゞ当分の間にてもよろしく、小生と東京との連絡頗る好都合と思はれ候。

と書き送り〔石黒宛（205）〕、熱海にいる小彌太と東京の本社を往復する人材を求めている。

かくして、小彌太がおびただしい書翰を発し、「大社長」として彼を敬愛する旧三菱幹部の手元に多くの直筆書翰が残され、その一部分が三菱史料館等の史料保存機関に寄せられたことで、歴史資料としてこれらの遺墨に接することが可能になったのである。

その他、数通の小彌太宛書翰（平生釟三郎や渋沢栄一）と孝子夫人の書翰が確認されたので、第一部末尾の「関係書翰等」に収録した。また、成蹊実務学校の祝辞や直筆の挨拶原稿類は「書類」に区分して収録した。

三．収録史料～追想

第二部には、岩崎小彌太に関する追悼文や回想を中心に八点を収録した。筆頭には、『養和会誌』（一

七五号、会長追悼号）に掲載された追悼文（一七点）を掲げた。本誌は、一九四〇（昭和十五）年に三菱倶楽部（一九一四年設立、社員の福利厚生団体）を改組してできた財団法人三菱養和会（現在、公益財団法人）の会報である*13。小彌太は副社長時代から同会の育成や会員との親睦に情熱を注ぎ、自ら会長を務める傍ら、折に触れて自己の経営理念や俳句を掲載した。最後の「告辞」を初めて公にしたのも本誌である。こうした小彌太との深い関係もあって、彼の死去半年後に編集された「会長追悼号」には関係者の証言・秘話が多数含まれており、本書収録史料の理解を深め、かつ小彌太の生きた時代背景をも窺うことのできる好史料である。

ところが、社内会員向けの会報であるため発行部数が少なかったものと思われ、まとまった形では三菱史料館にしか所蔵されておらず、利用しにくいことが難点である*14。加えて、『小彌太伝』には前掲「諸家の小彌太観」が収録されており、重複する部分が多いため（特に旧三菱幹部）、使い勝手の良い『小彌太伝』ばかりに目が向けられてきた。しかしながら、双方を丹念に検討すると、『小彌太伝』に掲載された分には内容の一部を省いたと思われる箇所が散見され、かなり編者の手が加わっていることが推察される。編集年代から見て、この「会長追悼号」に掲載された追想類や「小彌太伝ノート」（三菱史料館所蔵の伝記編纂資料に含まれる関係者の書翰やメモ類）を底本として、それらの要旨を「諸家の小彌太観」に掲載した可能性が高い。従って、旧三菱幹部の回想を利用する場合は、「原典」の一つである「会長追悼号」を第一に検討しなければならない。そこで三菱史料館のご協力を得て、同号に含まれる追悼文を全て収録することとした。

次に、著名人の小彌太に関する追想・書評等から主要なもの七点を取り上げた。冒頭は三島徳七（東京帝国大学名誉教授）の「とっておきの話 岩崎小彌太の寄付」である。準戦時下、物価高騰による事業費の膨張には目もくれず、本社の寄附委員会（註31参照）を通さずに、研究棟を建築して東京帝国大学に寄附した逸話からは、小彌太の懐の深さや育英事業にかけた信念を窺うことができる。

日本経済新聞社『私の履歴書』からは、諸橋轍次と高杉晋一の回想を掲げた。諸橋は、静嘉堂文庫（小彌太の父岩崎彌之助が創立）の文庫長として漢籍や美術品の収集・保存に尽力し、小彌太の後半生を支えた*15。特に、三綱領を筆頭に社長名で発表する告示等の重要文書の起草・推敲にも従事し、高輪別邸の由来調査*16、元箱根別邸の碑文*17や同所に新設した茶室の命名を依頼されるなど、小彌太の信頼が厚かったことで知られている*18。一方、高杉（戦後に三菱電機の社長・会長を歴任）の「大社長」小彌太に関する逸話は、戦中期の小彌太とその周辺の様子を詳細に描いている。かなり後年の回想ではあるものの、社内において小彌太が象徴的存在として認識されていたこと示す回想である。

三菱重工業常務取締役であり、「次期社長」との呼び声の高かった原耕三の「巨人を偲ふ」は、前掲「小彌太伝ノート」に含まれている関係史料の一つである。従来、相手を気遣う小彌太の優しさや寛大さを論じる際に引用されてきた有名なエピソードであるが*19、それにとどまらず三菱倶楽部や三菱養和会の運営に小彌太が情熱を傾けたこと、戦争末期に社内で木製飛行機の開発が進められていたことを示す重要な証言でもあることから*20、全文を翻刻して収録した。

俳句雑誌『ホトトギス』からは、小彌太の句集『巨陶集』（一九三五年）の「書評」二点を収録した。評者である高野素十・下田実花は、ともに高浜虚子門下の著名な俳人であるが、小彌太との面識はなかった模様である。それゆえに、第三者の立場で率直に小彌太の俳句を論評しており、信頼できる文献と言える。同誌のバックナンバーへのアクセスが難しいことも収録を決めた理由である。

最後は、ドイツ語学者・岩崎英二郎氏の回想「伯父小彌太の思い出」である。氏は小彌太の実弟輝彌の次男であり、その青年時代に「家長」として彌之助家を率いた小彌太に接した経験を有する。小彌太が一門の子女たちの命名役を担っていたことや小彌太の葬儀に関する証言は大変貴重である。氏の存命中に本書をお届けできなかったことが悔やまれる。

次に、小彌太に関する人物研究を概観しつつ、本書収録史料の中で特に重要なものを紹介したい。

四．収録史料の特徴

(一) 岩崎小彌太研究の展開

戦前の人物評および戦後の経営史研究において、三〇年にわたって三菱財閥を率いた岩崎小彌太の経営手腕については、初代彌太郎以来の伝統である「独裁政治」*21・「陣頭指揮」*22・「社長専制主義」*23を展開したことが論じられてきた*24。

その後、一九六〇年代に『三菱社誌』が公開され*25、同書を駆使した実証的な経営史研究が可能になると、小彌太の社内統理についても言及されるようになり、①一九一六年の社長就任から一九三〇年頃まで(合資会社の各部門を分系会社として独立させた後、合資会社そのものを持株会社に改革する期間。一九一九年の理事会新設や一九二二年の改正(合議制導入と三年後の権限縮小および社長権限の強化))*26、②二年にわたる休職からの復職(一九三一年末)と社長室会の設置(専門経営者達による合議制の展開、すなわち

「陣頭指揮」の後退）＊[27]、③戦時下の本社改革（三菱合資会社から株式会社三菱社への改組（一九三七年）と株式会社三菱本社への再改組（一九四三年）〔謂わば「陣頭指揮」の象徴化〕＊[28]）等について考察された。

以上のように、一九八〇年代末までの小彌太研究は、三菱財閥研究の一環として進められてきた。具体的には、社内規則の変遷を中心に検討が行われ、①一定の「陣頭指揮」は認められつつも組織の巨大化・複雑化により彌太郎時代のような強大なリーダーシップを発揮することが難しくなったこと、②専門経営者を多数抱え、彼等の経営判断が小彌太の意思決定に影響を及ぼし、単独での意思決定が行われにくくなったこと、などが明らかにされた＊[29]。総じて、時代とともに「陣頭指揮」の内実が変化したとの見方である。

一九九〇年代以降、三菱史料館（一九九六年設置）に籍を置く研究者が中心となって、同館が所蔵する旧本社史料を駆使した精緻な実証研究が行われるようになり＊[30]、近年では戦前・戦中期における本社の経営実態の解明が進められつつある＊[31]。そうした中で、小彌太の経営手腕についても新たな評価が下されるようになってきた。

たとえば、小彌太が、単にコントロールやガバナンスといった表面的な「統制」概念ではなく、「三菱グループとして一定の秩序（＝統制）を保ちながら、同心協力、一致団結の精神によって参加企業が主体的に相互に連携することによって、財閥全体として組織能力を向上させ、シナジー効果の発揮を目指すための中枢機関」として三菱本社を位置づけ、その実現のために尽力したことが論じられるようになったのは、その代表例である＊[32]。

この他、日本郵船社長人事への関与（一九二四年）＊[33]、三菱石油新設に際して三菱商事から三菱鉱業への担当会社の変更（一九二九年）＊34、三菱製鉄の解散決定（一九三四〜一九三五年）＊35、三菱商事会長人事（一九三五年）＊36などが「陣頭指揮」の事例として指摘されているものの、なお小彌太に関する一次史料が少ないため、本格的な人物研究が待たれる状態である。

（二）経営

こうした研究状況を踏まえつつ新収史料（特に書翰類）を俯瞰すると、小彌太の社内統理の一端を垣間見ることができる。比較的史料状況の良い一九三六（昭和一一）年以降に絞ってみても、現存する書翰は、従兄久彌と歴代秘書兼本社総務部長である森本政吉・石黒俊夫＊37を除くと、そのほとんどが三菱各社の幹部クラスである。しかも、東京以外（箱根・熱海・南禅寺の各別邸）から発信されたものが非常に多いことに気がつく。これは、小彌太が鳥居坂本邸に滞在している間の連絡手段が、主として電話だったことの裏返しである（前述）。内容は多岐にわたっているものの、詳細な事業説明を求めることはまれで、小彌太自身の健康状態を伝えつつ、各社事業の進捗状況を気にかけるものが多い（移動のたびに、複数の親近者に近況を知らせているケースもある）。たとえば、「東京之仕事のこと時に気に懸り候も、全癒之上帰京致し度〔中略〕其他種々事業進行中と拝察致居候。不日拝顔親しく拝聴出来候事と相楽しみ居候」〔池田亀三郎宛（149）〕、「会社の近状時に御報らせにあづかれば仕合せに有之候」〔池田亀三郎宛（230）〕＊38といった具合である。

アジア・太平洋戦争の開戦直後は、「皇軍の連勝に何となく明るき正月を迎へ得、御同慶に不堪候」〔赤星陸治宛（145）〕と戦勝を祝う書状が見られるものの、それもつかの間、戦局の悪化とともに小彌太自身の健康状態も悪化し、熱海や箱根での長期間の療養が常態化していったことが分かる。従って、本書に収録した多くの書翰は、療養中（静養中）の小彌太が、東京にいる本社や分系各社の幹部たちを激励し、一層の協力や体制の引き締めを依頼するものばかりなのである。

それゆえ、本史料群から見えてくる戦時期の小彌太の「陣頭指揮」とは、「激励」によって傘下各社の協力体制を強固にし、三菱の生産性や国への貢献を一層発揮させるための触媒役を果たすことであった*39。もちろん、必要に応じて熱海や箱根の別邸に幹部を招き、現状を聞き取り、それに対する意見を述べることで間接的に傘下企業に影響力を及ぼし、グループの引き締めを図ることもあった*40。こうした「緩やかな統合」というべき手法で、小彌太は巨大企業グループをまとめ上げていたのである。ただし、注意すべきは、東京を離れて各社の経営状態を見守っている場合でも、小彌太が経営の実権、すなわちグループ全体に関わる重要案件の把握と最終決定権（＝本社社長としての「陣頭指揮」）を手放したわけではないことである。それは、新設された三菱総力本部の会議議事録作成を命じ、「閉居療養中不断に事業の進行の事気に懸り居候」と繰り返し本社に指示していること〔石黒俊夫宛（226）・（231）〕、後述する戦後の社内改革を単独の責任で実施しようとしたことからも理解されよう。

ここで本書収録史料の「白眉」というべき、石黒俊夫（一八九二〜一九六四年）宛書翰（全五五通）について触れておきたい。愛知県出身の石黒は東京帝国大学を卒業後、一九一七（大正六）年に三菱合資会社銀行部に入社した。小彌太が合資会社社長に就任した翌年である。その後石黒は三菱銀行に勤務し、大阪支店副長・三宮支店長等を経て、一九四三（昭和一八）年一月に本社秘書に抜擢されて小彌太の側近となった。ついで、同年一〇月本社総務部長、終戦直後には本社常務取締役に昇任している。ＧＨＱ

による財閥解体指令により、三菱本社の解体が決定されると、石黒は船田一雄（本社理事長）・北原浩平（総務部副長）とともに代表清算人を務め、本社の清算事業に取り組んだ。戦後は、成蹊学園の監事・理事・理事長を歴任し（通算一七年間）、一九五三（昭和二八）年からは三菱地所会長を務める傍ら、財閥解体により細分割されていた三菱各社の再結集に尽力したことでも知られている＊41。

『書翰集』では、石黒宛の書翰は五通の収録にとどまったが＊42、昨春三菱史料館が公開した史料群には五〇通もの石黒宛書翰が含まれており、質・量ともに史料群の中核をなすものである。そうした小彌太と石黒について、高杉晋一は次のように回想している＊43。

同期の石黒俊夫君は三菱銀行三宮支店長から三菱本社の社長秘書兼総務部長になった。石黒君は入社以来の親友だった。〔中略〕資質重厚で、誠実の権化みたいな人であった。岩崎社長の信頼が厚く、戦後本社解散の大役を果たし、岩崎一門の善後処置については気の毒なほど心胆を砕いていた。その後も同僚先輩の信任厚く、三菱全体の取りまとめ役を果たしていた〔後略〕

石黒が公私にわたり小彌太の篤い信任を受けていたことは、「私用も色々御相談致し度〔中略〕急ぎたる小生私用の為めに小生より召喚ありたりと〔会社に〕御説明被遊度候」（250）といった部分からも理解される。特に終戦前後、最晩年の小彌太は、社内に心配をかけまいとして療養が順調であるように書き送ったケースが多い＊44。真の病状、すなわち「小生の病気外見には軽快と相成候様なるも、自覚は不断の疼痛あり、時々の激痛に難義罷在候。早く快気の上翻身跳躍を期し度くと養生罷在候」（233）、「小生病勢は〔中略〕殆んと快癒致し候。只時に異様の感覚有之候間用神致し居候」（249）と伝えたのは石黒だけだった。

かくして戦争末期、遠隔地で療養する小彌太からの指示を本社・分系会社に伝達するとともに、各社からの報告を取り次ぐ形で、石黒が三菱財閥の「司令塔」というべき役割を担うこととなったのである。とりわけ敗戦後の石黒宛書翰には、小彌太からの指示や近況、最高経営責任者としての苦悩が多く綴られ、従来の経営史研究の空白を埋める新事実が含まれている。今回は、その内の二点（三菱本社の自主的改革案と告辞の起草経過）について紹介したい。

一九四五（昭和二〇）年九月二二日、アメリカ政府が発表した声明には、「日本の商業及び生産上の大部分を支配し来つた産業上及び金融上の大コンビーネーションの解体を促進」することが謳われ、連合国軍の進駐によって財閥解体が不可避の情勢になっていく。それと前後して、小彌太が療養先で三菱側の「自主的改革案」（以下「改革案」）を決定していたことが知られている。これは、三菱本社では小彌太が取締役会長（元取締役社長）、彦彌太が取締役社長（元取締役副社長）、副社長は岩崎家以外から選任し、新設される相談役に旧経営陣の多くを就任させるプランであった*45。従来の研究では、この「改革案」は『小彌太伝』に依拠して論じられており、「司令部の財閥解体の線から見れば姑息的な嫌いがあつた」、あるいは「旧役員の総退陣ではなく、小弥太と彦彌太の権力はまったく変化しないように考えられてあった」*46との手厳しい評価が下されている。

しかしながら、この「改革案」がどのように作成され、社内でいかなる反応があったかについては、ほとんど明らかにされていない*47。口絵写真に掲載した石黒宛には、これに関する記述があり、小彌太が「本社分系会社機構改刷等頭を痛め〔中略〕小生としては独自の主張により現下の状勢に応し立案致」し、確定案を船田一雄理事長に送ったこと（249）、その案に対し石黒が「胸中に描かれ居りし処と

大分差異あり」、ひどく不満であることが記されている(250)。小彌太としては、石黒の反対に理解を示しつつも、

づい分頭を悩したる結果落付きたるものに有之候。且此問題につきては両老及社長、茅町等の希望も出で、各々異なる立場よりの主張もある事とて、それ等を斟酌して先づ落付かせ候ものにて、小生としても必ずしも上出来とは考へ居らず候。然しかゝる場合には何時も起る通り、先づ多少不徹底不充分なりと考へても兎角落付く処に落付かせでは不相成、各人各様の見解を総而満足せしむることは出来不申候。それも小生が今後全責任を負ふて実行に当るなれば如何様とも独自の立場より決定す可きも、自ら一歩退くと云ふ事情の基にありては必ずしも自己の主張のみにはより難く、此辺に落付きたるものに有之候。其辺の事情御勘考被下候て、御不満にても御承知相願度候。〔中略〕但し今回の案は小生の責任に於て小生最善と信し提案実行致し居る事は勿論に候。只貴下の御抗議に対し内情説明致し候次第に有之候。(250)

と指摘し、「改革案」への理解を求めていることは注目に値する。東京にあって、占領軍と直接交渉している三菱商事から刻々と情報を得ていた石黒(や本社幹部)は、この案ではGHQ側の理解を得ることが難しいと判断していたのである。そうした現場の声に耳を傾けつつも、「陣頭指揮」を執る大社長としては、既述の「改革案」を強行せざるを得なかったのである。「自ら一歩退く」とあるように、小彌太は取締役会長に退き、彦彌太に経営の現場を託すことで決着を図ろうとしたものと推察される。しかし、石黒から小彌太の「改革案」を聞かされた本社内の動揺は激しかったものと見え、小彌太も「機構改正等相当広範囲に亘り居り議論百出の事かと存じ申候。余り小生に心配させぬ様願ひ度く候」と事

態の鎮静化を依頼する書翰を翌日発信したほどである〔251〕*48。

もう一点は「最後の告辞」についてである。四大財閥解体の決定と前後して、小彌太が「告辞」(一九四五年一一月一日付*49)を作成し、一切の公職を退くことを表明したことは有名である(同日の本社株主総会で公表予定だったが、諸事情から公表されず)。ところが、これまでの研究では、その起草過程が十分に解明されていなかった。新収史料には、その作成経緯が断片的ながら記されている。八月末の石黒宛〔239〕に、

社長告示の儀は先日平井氏来訪の際話し有之候も、小生疼痛激しき際にて何か草案作り呉るれは拝見可致と申置候。今回の〔時局〕転換は余り急激に有之、且将来の見すかし充分ならざる際、急ぎて告示致し候にも不及と愚考致し候。此頃多少腹案を練り居候。いつれにせよ諸橋先生の加筆を得ざれば小生の文章にては不充分と存し居候。〔中略〕但し貴台の草案により理事諸賢の小筆のもの是非御作成相成度く、小生考慮の上に而大の参考に相成可申候。

とあり、戦後直後から小彌太が平井澄(本社取締役・常務理事)に依頼し、社内告示の起草が開始されていたことが窺える。しかし、占領統治がいかにして進められ、日本の復興がどのような手順でなされていくのか、見通しが定まっていない段階で軽々なことは言えないとして、石黒にも草案の起草を依頼し、それらをたたき台として社内幹部の見解をまとめてくるように要請している*50。諸橋轍次の校閲を経なければ、文案が完成できないとしている点も小彌太らしい。その後、石黒から本社側の告示文案を受領した模様である〔石黒宛〔242〕〕。約一ヶ月後(この間の起草課程は不明)、諸橋に案文への加筆と熱海への出張を要請している〔石黒宛〔251〕〕。

かくして、一〇月一五日に諸橋轍次の来訪を得て〔石黒宛（253）〕、二日がかりで完成させたものが最後の「告辞」であった。石黒宛（254）には、「諸橋先生の御助力を得て小生の告辞兎角作成仕り候。今回は相当詳細に小生の意途を尽し度くと存じ、少々長文と相成候につきこれは会社の場所長以上か責任ある人々に頒ち、若し必要あれば外部に配布しても差支へ無しと相考居り候」とあり、諸橋に告辞の簡略版の作成を依頼したことも分かる。

（三）政治

生前小彌太が、公的活動にあたって政治と一線を画していたことは有名である。社長在職中、彼は繰り返し社員の政治活動を戒めた。特に戦時中、翼賛政治会と三菱とのかかわりが問題となった際や、一九四三（昭和一八）三月に郷古潔（三菱重工業株式会社社長）が東条英機内閣の内閣顧問に就任した後、小彌太が「役員職員の政治不干与」（『随時随題』一四）を通達し、郷古を会長に「昇格」させて敬遠したというエピソード*51にそうした姿勢がよく表れているとされている。

この「政治不干与」に関し、新収の久彌宛（30）は特に重要な史料である。一九一三（大正二）年一月、桂太郎首相が新党結成（後の立憲同志会）を表明した際、岩崎家一門の長老である豊川良平（三菱合資会社管事）がこれに賛同し、三菱が新党を支援するとの情報が流れた。副社長であった小彌太は、「此儘に致し置き世間多数の誤解を招く事商事会社としては甚だ不面白と相考え居候。私等の私的関係若くは政見は兎に角として、三菱会社なる商事会社は何れの政党政派に対しても厳正なる中立の地位を保つ可き事は勿論にして〔中略〕此誤解を抱かしむる様の行動は大きにつゝしむ可き事と信じ候」と社長の久彌に進言している（この直後に豊川は三菱を引退）。六〇歳に達した豊川の勇退は既定路線だった模様だが、三菱の「政府不干与」は、小彌太にとって青年時代からの企業ポリシーだったのである。

かかる原則を堅持しつつも、新収史料中には小彌太と政治との繋がりも確認できる。特に立憲政友会の領袖・小川平吉との関係は特筆される（全一六通）。既刊の『小川平吉関係文書』全二冊には、この内五通が収録されており、小彌太がしばしば小川を支援していたこと、親友三土忠造の初入閣への協力を依頼していたこと等が知られていた＊[52]。その上で、今回新たに判明したのは、近年研究者の熱い視線を集めている右派新聞『日本』（一九二五年創刊）＊[53]や戦時下の右派政策研究団体である精神科学研究所とのかかわりである。

〔小川は〕六月下旬某有力者の後援を得て日本新聞を発刊し、純正日本主義を標榜して皇道精神の振興淳風美俗の維持を図り、併せて東西文明の融合新文化の建設を唱へ、自主的外交によつて東洋平和を確保する方針を宣明した。その論調は時流を抜き、言論界に於ける指導的機関として一異彩を放つたもので、爾来孤軍奮闘十星霜、為めに共産党の撲滅は一般の国論となり、外は則ち満洲国の独立、国際聯盟の脱退、内は則ち日本精神の復興を見、日本新聞発刊の目的は略々達成するに至つたので、昭和十年之を休刊した。其間資を費すこと実に莫大の額に上つたといふ＊[54]。

小川はこの新聞の継続を望み、資金調達を画策していた模様である。小川の日記によると、彼は『日本』休刊後の一九三六（昭和一一）年から、一九四二（昭和一七）年二月に没するまで、年に一回程度の割合で小彌太を訪ねた。特に、一九三六年五月一八日には、「岩崎小弥太氏を訪ふ。日本新聞補助の件なり。応諾す。時事を談ず」とあり、翌日には「青木〔菊雄・三菱合資会社元常務理事〕氏、岩崎氏の使として半ヶ年分前金持参す」として小彌太が小川のために出金したことが確認できる＊55。時期が遡るものの、既知の小川宛(56)・(57)・(284)も同新聞の補助に関するやりとりである。

日中戦争が深刻化すると、両国の関係改善を模索していた小川は、小彌太と頻繁に接触するようになる。小川日記には、他の史料では窺い知りえない小彌太の率直な対外観や政治当局への認識が綴られている。

午後二時岩崎男を会社に訪ふ。一昨年来久々の面会なり。男は相変はらずの元気にて、やーと呼びて応接室に入り来り互に健康を祝し、公私の談話一時間半にして帰る。男は媾話の急務を唱へ戦争の終結し難きを慨し、且つ経済界も三菱の如きは戦時工業多くして利益多きも、他の部分の工業商業中には漸次困難を感ずるものあり、又物資欠乏にて軍需工業も容易ならざるものあり、たとへば銅の不足の為め電気工業に障害を及ぼすが如きあり、転業の不能なるものは今年末位には余明〔ママ〕窮状を暴露せんと憂慮せられたり＊56。

同年一〇月の面会では、

七日十時半、岩崎小弥太氏を訪ひ時局を談ず。氏は政府の方針不徹底を批難し、首相の態度に慊らず、閣内統一の力乏しきを慨し、外相再度の辞職を以て首相の責任なりと断じ、語気頗る厳なり。又官僚繁瑣政治の弊を指摘し、何故に商店法の如きものを此戦時中に発布して人心を刺激するやと訝る。言論大に聴くべし。終りに新党問題に関して曰く、新団体の力を以て時艱を克服せんとするは則ち他力主義なり云々と。議論堂々傾聴に価す。辞去に臨み若干金見舞を贈らる。

小川はさらに続けて、「岩崎氏は此日珍らしくも元気よく外交をも論じ、独乙も対露関係の外は利害によりては頼むに足らず、或は英と握手せんなどと云へり。全然同感なり。共に日本人の浅薄観を慨す」と記している*57。

翌年夏、小川が小彌太を訪ねた際は、

男頗る元気なり。去冬一寸眩暈し又酒を止めたりといふ。支那問題に一時間半を費やし、後に少しく内地談あり。官僚の非難同感なり。男曰く、やはり官僚より政党がよろしと。予は更に素論を述べ、この国民と政府と最も一致協力を要する時に当り、最も国民を知らざる権力至上主義者が政を執るは国家の不幸なり*58。

小川が最後に小彌太と面会したのは、一九四〇（昭和一五）年一二月であった。この時小川は、「思想問題を談」じ、小彌太に「日本学研究所補助を勧」めた。小彌太は、近衛文麿が関係する事業ならば可能だと答えた模様である*59。その後小川が没するまでの一年三ヶ月、彼の日記には三菱等の財閥から自身を介した精神科学研究所への寄付金のことが度々記されている*60。

以上の小川とのやり取りから、経営者として小彌太が（戦時下の）統制経済ではなく、自由経済を望んでいたこと、急成長するナチスドイツ（あるいはそのドイツと提携しようとする軍官の動き）を訝しがっていたことが看取される。政党領袖だった小川との会見という側面を考慮しなければならないものの、後の大政翼賛会につながる挙国的運動が一世を風靡しつつある中で、「官僚より政党がよろし」と断言する小彌太の鋭い時局認識には、驚嘆させられる*61。

年代不明ないし短文で内容がよく分からない書翰が少なくないものの、小川宛（274）・（276）・（283）は、そうした小川に対する資金援助に関係する内容である。特に（130）・（132）・（133）・（134）は精神科学研究所の補助に関するもので、(134)には、「先日御来談の研究所補助金の儀は年額弐万円とし参年間継続の儀昨日決定致し候」とあり、小彌太の指示により三菱が精神科学研究所を支援したことが分かる。この支援は、小川の没後、同研究所が当局によって解散に追い込まれるまで続けられたものと考えられる。

もう一つ忘れてはならないのは、天皇および宮中との関係である。先述したように、小彌太の基本的な経営理念は三綱領に集約されているが、三菱の第一の経営目標は、その筆頭に掲げられている「所期奉公」、すなわち創業の理念でもある国家と社会の公益の増進を図ることであった。つまり、三菱をして国家に奉公することで国利民福の増進を図り、それが延いては天皇への奉仕につながるとする考え方である*62。本書収録史料にも、学友の松平恒雄宮内大臣を介した宮内省への自動車や地所の献上について論じた石黒俊夫宛(184)や久彌宛(272)が含まれており*63、小彌太が天皇や国への奉公の念を絶えず抱き続けていたことが分かる。

また、直接天皇・宮中に関係する内容ではないものの、関屋貞三郎とのやり取り(全一〇通)も全て関屋の宮内次官在職中に集中しており*64、小彌太が天皇に直接通じるルート(=宮内省関係)を重視していたことの裏返しと見ることもできる。この他、久彌宛(85)に見られる、昭和天皇の即位を記念して製作させた屏風(鏑木清方・橋本関雪・前田青邨・川端龍子・堂本印象の制作)の献上も小彌太および岩崎家の深い皇室認識を示すものである*65。

(四)育英事業・文化事業

ケンブリッジ大学への留学中、小彌太は同じく滞英中の三土忠造に対し、英国の学校教育は個性を尊重し、自由な雰囲気によつて行はれてゐる。これは日本の学生が教科書の詰込主義に毒されて自主的精神を失つてゐるのに較べ誠に羨ましい。私は日本に帰つたならば官庁の掣肘をうけない学校を建てて理想的な教育をやつてみたいと思つてゐると語った*66。帰国後、小彌太は友人の今村繁三とともに、同じく一高時代の親友である中村春二を援助し、成蹊学園（最初は成蹊実務学校）を開校した（一九一二年）。成蹊学園に対する小彌太の物心両面の援助は、彼の死去まで三〇数年にわたって続けられ、中村の没後は理事長として学園の維持・拡張に尽力した*67。

このような学校経営と並行して、小彌太は有為の青年への育英事業にも取り組んだ。山田耕作（音楽家）のドイツ留学*68、諸橋轍次（漢学者）の中国留学費用を負担したことは有名である（第二部収録の諸橋轍次『私の履歴書』を参照）。育成対象となる学生の選抜は三土に依頼していた模様である。

他にも、小彌太が『日本百科大辞典』*69や諸橋轍次の『大漢和辞典』、高楠順次郎・滝精一・黒板勝美・山本鼎等の出版事業を援助したことが確認されている*70。また、平城京・藤原京・朝鮮半島の古墳等の発掘調査事業に対する支援、戦争末期に実施された奈良法隆寺五重塔の解体疎開も、小彌太の隠れた文化的貢献と言うことができよう。

小彌太は育英事業・社会事業の対価を求めず、そうした事実をほとんど口外しなかったため、現在では忘れられてしまった事柄が多い*71。本書では、有馬頼寧の融和事業に対する支援〔渋沢栄一宛（55）・（58）・（61）・関係書翰（1）〕、画家・山本森之助*72の絵画購入〔中村春二宛（27）〕や甲南病院に対する寄附〔平生釟三郎書翰（4）・（5）〕にそうした側面が表れている。また、成蹊学園卒業者の三菱への採用に関する中村宛（42）、および広瀬格彦の留学について、本人が帰国し学問が成就してから公表すればよいと忠告した中村宛（43）には、学校経営と育英事業に対する小彌太の考え方が良く表れている。戦争末期、成蹊学園のキャンパスが軍の管理下に置かれないように対処した山室宗文宛（176）も教育関係の重要史料である。

（五）趣味

①ゴルフ

出勤前に駒沢ゴルフ場で汗を流し*73、元箱根別邸に七万坪のゴルフ場（九ホール）を設けるなど、小彌太のゴルフ好きはよく知られていたが*74、新収史料中にもそれを窺わせるものが多い。特に野村駿吉宛（68）には、実業家・赤星六郎と相談した小彌太が野村を通じアメリカ製のゴルフ道具を取り寄せていたことが記されている*75。野村は小彌太の姉・松方繁子の娘婿にあたり、小彌太の親戚筋（姪の婿）でもあった。ちなみに、野村・赤星ともに日本ゴルフ界の草分け的存在であり、野村は一九二七（昭和二）年、赤星は一九三〇（昭和五）にそれぞれ日本アマチュアゴルフ選手権で優勝している。

②俳句

巨陶の俳号を持つ小彌太は、高浜虚子に師事する俳人であった*76。『小彌太伝』および『岩崎小彌太句集』に収録された二冊の句集『巨陶集』・『早梅』（七〇〇句）は、その代表作である。本書収録書翰中にも多くの俳句が添書きされ、中には両句集に収録されていないものもある。たとえば、「野菜果実等大量に盗まれ唖然と致し候」と報じた石黒俊夫宛（226）には、「盗まれて残りし茄子をいつくしむ　ぬすっとも採らぬ胡瓜のまかり様　盗人の採り残したる茄子の味」と添えられており、食糧難が深刻化した戦争末期の作品であるにもかかわらず、どこか人の心を和ませる「やさしさ」や「おおらかさ」がにじみ出ている。昵懇であった三菱幹部の赤星陸治（水竹居）・船田一雄・永原伸雄宛には巨陶と署名した書翰も多く、『養和会誌』に自らの句を掲載し*77、友人や社員達に句作を奨励していた*78。第二部に収録した高浜虚子「巨陶氏の俳句」、『ホトトギス』誌の高野素十と下田実花の書評をあわせてご覧いただきたい。

（五）家族

本書に収録した史料の中で、小彌太の家庭環境を伝えるものは、関西出張中に発信した孝子夫人宛(203)・(204)である。几帳面な性格を反映し、小彌太は旅先から夫人に毎日手紙を書き送ったとされる*79。そうした相手への気遣いにこそ、小彌太の人柄が偲ばれるものである。また、小彌太は本家の家長である従兄久彌を兄のように慕っており、折に触れて事業上の報告を行い、公私にわたる相談を持ちかけている*80。久彌宛書翰が二番目に多い二九通に上っているのはこのためである。この他、日米関係急迫のため便船を繰り上げて淑子夫妻を帰国させることにしたと報じた久彌宛(135)からは、子どもの安否に気をもむ小彌太の親心が看取される。養嗣子となった岩崎忠雄については、森本政吉宛(194)の中で、「忠雄儀其後勉強致し居候や否や。〔中略〕相当役に立ち居り候や。今の時世には率先難局に当るの気魄を養生するの好機と信じ候間、此際九洲辺に何等か用事を以て或期間出張せしめられ度くと希望致し候。然して何か難かしき仕事に当らしめられむ事希望致し候」と要請しており、「可愛い子には旅をさせよ」のことわざ通り、次期社長・岩崎彦彌太を補佐する幹部（あるいは将来の社長）候補として、現場での経験を積ませたいとの希望を抱いていた。

彌之助家の家長としては、小彌太が一門に生まれた子女の名づけ親となっていたことが確認される〔岩崎八穂子宛（139）〕。これは、本書に収録した岩崎英二郎氏の回想を裏づけるものである。

おわりに　日本再建への展望

戦後直後、岩崎小彌太は強大な占領軍の圧力を前に、

総司令部は財閥は過去を反省して自発的に解散せよといふが、三菱は国家社会に対する不信行為は未だ嘗つて為しえた覚えはなく、また軍部官僚と結んで戦争を挑発したこともない。国策の命ずるところに従ひ、国民として為すべき当然の義務に全力を尽したのであつて、顧みて恥づべき何ものもない。況んや三菱は社会に公開せられ、一万三千名の株主を擁してゐる。自分は会社に参加せられた株主各位の信頼に背き自発的に解散することは信義の上からも断じて為し得ない＊81。

と断言し、政府からの命令がある場合を除き三菱本社の自主的解散を拒否した（最終的に小彌太の入院後、船田一雄理事長らが本社解散を受諾）。同じ頃、小彌太は「冷静なる国民の態度こそ望ましく候」〔元良信太郎宛（236）〕、「要は彼等〔占領軍〕の思想信習慣を尊重し、当方も亦正しきを正しとする態度を持する事緊要に有之候。日本人の僻として徒らに奮概《〔ママ〕》又は迎合するのきらひあるは一番禁物に有之候。其辺三菱としては注意致し度きものと存し候」〔石黒俊夫宛（246）〕と本社に注意を喚起している。かかる境

遇にあっても、いささかも揺らぐことのない小彌太の信念は高く評価され、唯一のノンフィクション小説の題材ともなった＊[82]。その意味で、戦後直後の数ヶ月は彼の生涯におけるクライマックスだったと言ってよい。

しかしながら、現在のわれわれが小彌太の生涯から汲み取るべきポイントは、そうした占領軍への「抵抗」以上に、日本再建への明確な展望を抱いていたことである。傘下各社の人的・物的被害は甚大で、海外展開した在外資産のほとんど全てを失う文字通りの惨状だったにもかかわらず、小彌太の発言（遺言）には復興への展望が綴られ、そこに三菱が貢献できるという信念が漲っていた＊[83]。自身の体調が悪化し、物資の欠乏から入院もままならない状況に陥り、絶体絶命の中にあって、こうした姿勢は驚嘆に値する。

> 戦時体制より急遽平時の体制に転化することすら頗る困難に有之候処、加之米国其他の我国産業に加ふる圧迫の程度不明の今日、洵に方針の立て様無之有様と推察罷在候。当面解決す可き諸問題につきては政府の施策と相待ちて所理《〔ママ〕》を致す外無之と存し候。さりとて臨機の措置に専念する余り百年の大計を立つるに遺《〔ママ〕》算無き様致し度くと希望致候。小生の昨今考慮致し居る処は技術上の問題に有之、技術を生命とする貴社の如きは殊に将来日本の産業を維持せむが為めに考慮を要する点かと存候。戦時中相当技術上の発達進歩ありし事とは存候も、今後は従来の様な生優しき態度にては不充分と思はれ候。研究の徹底、生産技術の向上、経営の能率至上方針こそ真に今後徹底実行せざる可からさる処と愚考致候。原料其他の資材関係に於て益々不利の立場に置かるゝ以上、只経営によ

りて能率を向上し、技術の向上によりて価格の低廉を期し、以て他国と競争し得るに到る外途無しと相考へ居候。今後の大方針御確立の際は此点充分の御留意相願度候。兎角かゝる急変の際は当面の問題に逐はれて将来の大計を忘るゝの傾有之候間、我等は之等の点留意を要することゝ勘考罷在候。貴会社は元より平和的事業が大部分なりし関係上其点は転換比較的容易なりとは考へられ、又米国の会社と経営を共にしたる事あるにより、若し他日機を得て再び提携し得ざるとは思はれざるも、戦争前とは異なり米国の態度に大なる変化あるものと見ざるを得ず、之は余りあてには出来不申と相考へ居候。これ等は要するに我国が今後の態度によりて世界の信用を恢復しての後の事にて、今は飽迄も自力更生の覚悟を以てせざる可からすと愚考致し申候。〔三菱電機社長・宮崎駒吉宛〕

(238)

時運の急転が常に敏速なる臨機の措置を要するは言ふ迄も無之候も、時宜応急の策に専念するものが動もすれば永遠の大計を立つるに遺漏あるは此亦古今の通弊に有之候。重工業会社が将来嚮ふ可き途を決定すること、もとより国家の方針並に米国等が日本の生産に加ふる圧迫の程度の如何により今日には予測し得さる処に有之候も、何れにせよ原料資材につき今日迄の如く保護助成を得ること困難なる可く、平和事業に転換するとしても相当不利の立場に立つこと明瞭に有之可申候。これを打破して日本の国利民福を計るの途は技術の向上進歩を計るの外なしと確信仕候。今日迄も相当進歩の跡を見候も、斯様の事にてはまだ〳〵目標を相立る事遠しと愚考致し候。今後は此点につき技術者諸君の一層の覚悟と努力を要請せざるを得ず、又経営に当る者が充分の理解を以て技術の向

上進歩を助言奨励するに力めざる可からずと愚考仕り候。〔三菱重工業社長・元良信太郎宛（236）〕

国家への奉仕を利潤追求の上位に据え、在官・在野を問わず国に尽くすことを説き続けた経営倫理、無私の境地で傘下企業とともに戦後の復興に貢献する意欲を示した情熱、文化芸術・青少年の育成に対する惜しみない貢献、一片の私欲もない至誠の生きざま*84からは学ぶべきところが多く、戦後七〇数年を経て、国際化・情報化の激流に身を置くわたくしたちにも多くの点を示唆してくれているように思われる。

以上のように、本書には岩崎小彌太の発信書翰を中心に多様な史料が含まれており、狭義の経営史分野にとどまらない豊富な内容を有するものが多い。とりわけ、戦中・戦後の史料は内容的に貴重なものばかりである。今後の岩崎小彌太および財閥研究のみならず、近現代史研究に貢献することができれば幸甚である。

刊行に際しては、大変多くのご支援を賜りました。準備段階では、原徳三氏（元静嘉堂）・坪根明子氏（三菱史料館）・溝上真理子氏（甲南学園）・保延有美氏（成蹊学園史料館）・高田礼子氏（同前）・布川純子氏（成蹊大学）・中村知子氏（三菱重工業株式会社長崎造船所史料館）・浜田和夫氏（三島博士顕彰会）・紺野大介氏（創業推進機構）・望月弘保氏（東京工業大学）・藤原則雄氏（東京工業大学総務部）にご協力いただきました。

編集段階では、高木重治氏（国立公文書館）・佐々木千恵氏（駒沢女子大学）・酒井孝眞氏・小林勇

樹氏にお力添えいただきました。とりわけ、高木氏と酒井氏には校正段階で大変ご尽力いただきました。

昨年は岩崎小彌太の生誕一四〇年、本年は没後七五年と三菱の創業一五〇周年にあたります。そうした歴史の節目に貴重な史料にめぐり合い、岩崎小彌太の生涯をあらためて世に問う機会を得ましたことは、本当に幸せなことです。ぜひ多くの読者を得て、戦前・戦中期の歴史研究に寄与することができましたらと願っております。ありがとうございました。

註

1　本書に収録した「戦没将士追悼法要（第三回）挨拶原稿」は、麻布長谷寺で営まれた出征社員の戦没者追悼法要に関する史料である。こうした追悼法要は終戦まで断続的に営まれ、社員の犠牲者は三〇〇〇人に上った。この他、一九四二年五月、東シナ海で輸送船大洋丸（元日本郵船所属）が撃沈され五三人が殉職（船全体では八一七人）。長崎では、原爆のため三菱重工業長崎兵器製作所で死者二二七三人、重軽傷五六七九人。三菱製鋼長崎製作所で死者一四〇六人、重軽傷二一四〇人。長崎造船所も操業停止。広島では、三菱重工業とその傘下の従業員と家族に死者五〇四人、三菱銀行広島支店は全壊して二一人が犠牲となった。また、空襲により京浜・中京・阪神・北九州にある各社工場の損害が激しく、事実上操業停止状態状態だった（宮川隆泰『岩崎小彌太 - 三菱を育てた経営理念』中央公論社、一九九六年、二一二頁、二三七〜二三八頁、三島康雄他『第二次大戦と三菱財閥』日本経済新聞社、一九八七年、六五頁等）。

2『岩崎小彌太伝』（岩崎家岩崎小彌太編纂委員会、一九五七年、東京大学出版会から一九七九年に復刻、以下『小彌太伝』）。

3　三矢宮松・大久保利賢・今村幸男・児玉謙次・江口定条・松岡均平・西脇済三郎・三宅川百太郎・三谷一二・

松井春生・永原伸雄・舟越楫四郎・船田一雄・加藤武男・塚本正治・青木菊雄・住田正一の談話や追想。

4　三菱史料館が所蔵する本社旧蔵の『随時随題』には、小彌太の筆跡と見られる書き込みがある。小彌太は戦前・戦後を問わず折に触れて社内幹部たちに『随時随題』の反芻を要請したように、同書を三菱における普遍的経営理念の集大成と位置づけていた。本書では、小磯国昭宛（198）・石黒俊夫宛（187）・（237）・（254）にそうした姿勢を見出すことができる。以下、本書収録史料からの引用の場合は、宛先人名（書翰番号）と表記する。

5　財団法人静嘉堂編『岩崎小彌太書翰集』（二〇〇四年、以下『書翰集』）。静嘉堂からは『岩崎小彌太句集』も刊行されている（一九七五年）。高浜虚子に師事し俳人でもあった小彌太の俳句は、先述の『小彌太伝』に収録された句集二冊で知ることができるが、本書にはさらに若干の俳句と和歌が追加されている。

6　成蹊学園史料館が所蔵する中村春二宛小彌太書翰（二〇通）については、『成蹊学園一〇〇年史年報』第一巻（成蹊学園百年史編纂委員会、二〇〇三年）七二〜一〇九頁に、「三　活動報告　三‐一史料紹介」と題して翻刻されている。この他、評伝としては、前掲宮川『岩崎小彌太』と晩年を中心に論じた歴史小説である永野芳宣『外圧に抗した男‐岩崎小弥太の懺悔拒否』（角川書店、二〇〇一年）、正伝のダイジェスト版である『岩崎小彌太小伝』（三菱史料館、二〇〇〇年）がある。

7　小林正彬氏が執筆した「岩崎小彌太」（伊藤隆・季武嘉也編『近現代日本人物史料情報辞典』二〇〇四年、吉川弘文館、五八〜五九頁）によると、社史類は豊富だが「小彌太個人の史料はない」とされる。

8　本書収録史料にも、鳥居坂本邸で焼け残った美術品を静嘉堂へ移すこと。その際目録を作成するべきこと。静嘉堂に保管されている美術品の管理や箱根等への疎開について言及しているものがある〔石黒俊夫宛（205）・（207）・（215）・（218）・（224）・（227）・（239）等〕。

9　年代が変更された書翰は次の通り。関屋貞三郎宛（53）・三好重道宛（66）・諸橋轍次宛（73）・同（74）・赤星陸治宛（116）・諸橋轍次宛（127）・斯波孝四郎宛（150）・森本政吉宛（189）・石黒俊夫宛（235）・三土忠造宛（263）・

岩崎久彌宛（266）。

10『小彌太伝』一〇九頁。

11 佐々木隆『日本の近代 一四 メディアと権力』（中央公論新社、一九九九年）一〇九頁。

12 この他、諸橋轍次宛（202）や石黒俊夫宛（205）・（207）等、電話の不通や「不馴」との記述が散見される。

13 大正期以来、会報は『（三菱倶楽部）部報』・『菱華』・『養和会誌』と改称されて戦後にいたった。詳細は、重松真一・針山和佳菜「史料紹介 三菱倶楽部・三菱養和会の会報 - 『部報』、『菱華』、『養和会誌』」（『三菱史料館論集』一二、二〇一一年）を参照。

14 国立国会図書館ではマイクロフィルムで閲覧できるが、これはGHQが押収したものの複製版（原本はメリーランド大学のプランゲ文庫）で写りが不鮮明である。

15 静嘉堂については、静嘉堂文庫美術館の展示図録（たとえば、『岩崎彌之助・小彌太蒐集 日本の近代美術展』静嘉堂文庫美術館、一九九三年）を参照。

16「開東閣由来」（『書翰集』）一三二〜一三三頁、三菱社誌刊行会編『三菱社誌』三八巻、東京大学出版会、一九八一年、一九七三〜一九七四頁。本書では、諸橋轍次宛（156）。

17「見南山荘記」（『書翰集』）一〇〇〜一〇一頁。石碑は箱根の小田急山のホテル敷地内に現存する。

18 たとえば、諸橋轍次宛（73）・（74）・（157）・（178）・（244）・石黒俊夫宛（254）等。特に石黒宛（239）には、戦後直後に社内に向けて示される予定だった告辞に関し、「いつれにせよ諸橋先生の加筆を得ざれば小生の文章にては不十分と存し居候」と見える。その一方で、戦後直後の本社内では、静嘉堂文庫で新規採用の米山寅太郎（後に文庫長）を諸橋の後任に据えて体制を一新する計画があったことが記されている〔石黒宛（242）〕。小彌太はこうした動きを打ち消し、「小生は諸橋先生は未だ退身せらるゝ時期とは思ひ居らず、先生の助手として採用し、他日先生の後を引受け得る指導を受くるものと承知致し居候。一度文庫に来て仕事を数年さして見されは、軽々に諸橋先生の後任と定め難しと存し候」と指摘し、諸橋への信頼は生涯揺るがなかった〔諸橋宛（244）・石黒宛（246）もこの件に関係する〕。ちなみに、諸橋に師事する前に社内向け文書の起草・推敲を担当していたのは中村春二である〔中村宛（47）〕。

19 前掲宮川隆泰『岩崎小彌太』二一九〜二二〇頁にも一部分が引用されている。

20 三菱重工業社長・元良信太郎宛（217）に「造船工場の木製飛行機製作の儀、との程度迄進行し居るや承知し度」とあり、この追想と一致する。

21 岩井良太郎『三菱コンツェルン読本』（春秋社、一九三七年）二一五頁。同書は、「三菱系の事業、人事は勿論、政治的部面との接触でさへ、小彌太が直接干与することが多いやうである」と推測気味に論じている。

22 森川英正「岩崎小弥太と三菱財閥の企業組織」（『経営志林』二 - 四、一九六六年）七六頁、三島康雄『三菱財閥史 大正・昭和編』（教育社、一九八〇年）二二頁など。

23 三島康雄編『日本財閥経営史 三菱財閥』〔日本経済新聞社、一九八一年〕序章。三島氏は「有名な「立社体裁」において、三菱財閥の企業は会社の名前をとっているけれど、その実体は「一家の事業」であり、会社に関する一切の事は社長の特裁を経なければならないと規定した独特の理念は、弥太郎の死後も受け継がれ、弥之助、久弥、小弥太と四代にわたって「社長専制主義」が実行されていった。〔中略〕「社長専制主義」は指導力とスケールの大きい意思決定力を持った四代目の小弥太の時代に最も強く発揮されたようである」と指摘している〔同書八頁〕。

24 たとえば、三菱重工業の初代会長を務めた斯波孝四郎も、「戦前の三菱にはいろいろな組織があったが、岩崎小弥太の胸三寸ですべて重要なことが定められたし、小弥太はそうした指導の仕方をするにふさわしいだけのスケールと能力と知識をもつ傑人であった」と回想している〔前掲三島『三菱財閥史 大正・昭和編』一二頁、戦後の回想〕。

25　三菱社誌刊行会編『三菱社誌』全四〇巻（一九七九～一九八一年、東京大学出版会）。一九六二年に三菱経済研究所がマイクロフィル版を作成・頒布して研究利用に供するようになっていた。

26　この期間における「社長専制主義」が強力だったとみなす研究が多い。他方、阪口昭『三菱 企業グループの動態』（中央公論社、一九六六年）一三頁は、「直接的同族支配は、間接的同族支配にきりかわった」と指摘している。

27　社長室会の設置については、長沢康昭「本社部門の役割」（前掲『第二次大戦と三菱財閥』第七章、二三五～二三六頁）を参照。長沢氏は、病気が癒えたもののなお療養を要するため、小彌太が暫定的に設置した機関であるとの『三菱社誌』の記述を鵜呑みにせず、その後六年間も続いた同会の設置は、「小弥太の病気の間に固まった理事による集団指導体制を小弥太が追認させられたもの」だと論じている。

28　前掲長沢康昭「本社部門の役割」二四五～二四九頁、二五四～二五九頁。とりわけ、「本社機能の変質は岩崎小弥太社長の陣頭指揮の意味をまったく変えてしまう。昭和十五年の三菱社株式公開の際に、小弥太は「三菱傘下の有効なる統制に当る」と宣言したけれども、『岩崎小弥太伝』を詳細に検討してもこれ以後の小弥太が三菱財閥の重要な意思決定に登場することはまったくない。〔中略〕太平洋戦争期に小弥太が演じた役割は、傘下企業の「統理」というよりは、三菱財閥の精神的結集軸、換言すれば三菱の人的象徴である。この時期の小弥太は三菱精神の唱道者としてのみたち現れる。〔中略、『随時随題』配布や一九四五年初夏の中京・関西巡視を指して〕この段階での三菱社長の陣頭指揮とは、まさに叱咤激励の代名詞にほかならないところまで変質していたわけであり、小弥太はスリー・ダイヤモンドマークとともに象徴の役割のみを演じたのである」（二六〇～二六一頁）は、当該期の小彌太を考察する際重要な指摘である。

29　たとえば、前掲森川英正「岩崎小弥太と三菱財閥の企業組織」（七九頁）は、「岩崎同族の陣頭指揮が、弥太郎時代当時の独裁的陣頭指揮から、専門経営者の意思決定への参加にもとづく陣頭指揮、いわば参加型陣頭指揮へと、変化を遂げた」と指摘している。

30 その筆頭に位置する成果が、前掲宮川隆泰『岩崎小彌太』である。

31 たとえば、石井理枝「一九三〇年代の三菱財閥における経営組織 - 理事会・社長室会の検討を中心に」(『三菱史料館論集』一一、二〇一〇年)、同「三菱財閥における株式公開と株主総会運営 - 三菱重工業の事例を中心として」(『三菱史料館論集』一二、二〇一一年)、同「三菱財閥と委員会組織 - 寄附委員会を事例として」(『愛知経営論集』一六六、二〇一二年)、同「三菱財閥の株主公開と株主総会 - 三菱商事・三菱本社の事例」(同前、一六七、二〇一三年)、同「戦時期における三菱財閥の経営組織 - 総務部課長打合会の検討を中心に」(『経営総合科学』九九、二〇一三年)、同「戦時期三菱財閥の経営組織に関する研究」(『愛知大学経営総合科学研究所叢書』四四、二〇一四年)、同「戦時期の日本企業における社会貢献活動」(同前、四六)、二〇一五年)、大石直樹「三菱財閥本社の統括機能 - 「統制会社」としての本社の役割」(『三菱史料館論集』二〇、二〇一九年)等多数。

32 前掲大石直樹「三菱財閥本社の統括機能 - 「統制会社」としての本社の役割」一四五頁。本書にも、「石油会社南方進出につきて分系各社一致協力せられ居る態を拝承し、歓喜に不堪候。此様の機会に三菱の長所を充分に発揮し国家に報ずると同時に、三菱の真価を認めせしめ度きものと相考へ候」〔三好重道宛(151)〕、あるいは「小生不在中にも不関総力本部を作成、御尽力相願候事と存じ候。専ら航空方面を主とする様な事と相成候も、それのみに不止三菱として総力を結集し、此重大事局に貢献し得る様致し度と存候」〔池田亀三郎宛(230)〕のように、主務会社のみならずグループ全体の協力体制構築を希望するものが含まれている。

33 渋沢栄一伝記資料刊行会編『渋沢栄一伝記資料』五一巻(竜門社、一九六三年)三九一頁。

34 詳細は、大石直樹「三菱石油の設立交渉と意思決定プロセス」(『三菱史料館論集』一八、二〇一七年)を参照。

35 前掲長沢康昭「本社部門の役割」二三九~二四〇頁。

36 前掲大石直樹、「三菱財閥本社の統括機能 - 「統制会社」としての本社の役割」一三四~一三五頁。

37 ちなみに、石黒の前任は森本政吉であり（両者合計六八通）、本書の約四分の一は秘書・総務部長宛である。

38 他にも、「常務の諸賢にも貴台よりよろしく御鳳声奉煩候」〔斯波孝四郎宛（94）〕・「〔三菱重工業と横浜船梁の合併に際して〕其後の模様も順調と推察致し候処に御伝言を得、重ねて安神〔心〕致し候。〔中略〕今後とも何分宜敷御取計願度候」〔永原伸雄宛（84）〕といった激励が多い。

39 この意味で、前掲長沢康昭氏と大石直樹氏の指摘は正鵠を射たものである。

40 後述するゴルフも、①小彌太の健康増進のための運動や娯楽としての側面、②「客好きの夫妻は年中客を招いて歓晤を楽しみ、本邸に在っては勿論、箱根や熱海の別邸に赴いた安息の時でも接客に忙しかった」（『小彌太伝』一〇五～一〇六頁）とあるように、部下（三菱幹部）を招いて日頃の勤労をねぎらった「慰労」の側面、③本社と分系会社との一層の協力体制を築くための「陣頭指揮」の一形態（＝親睦）と捉えることもできる。

41 石黒俊夫の履歴については、『講談社日本人名大辞典』（講談社、二〇〇一年）、前掲『三菱社誌』三九巻、成蹊学園編『成蹊学園百年史』（ぎょうせい、二〇一五年）七四五頁、九一四頁等を参照。

42 石黒俊夫宛（183）・（184）・（235）・（237）・（243）。

43 『私の履歴書』第二三集（日本経済新聞社、一九六五年）に収録。本書では小彌太に関する部分のみ抄録した。

44 たとえば、「漸く多少軽快に趣くの自覚を得」〔元良信太郎宛（236）〕、「小生腰痛も今回は執拗を極め容易に治らず難義罷在候処、此両三日漸く軽快に相感し初め」〔宮崎駒吉宛（238）〕、「其後経過良好、昨今は外出散策も出来」〔野口松一宛（247）〕など多数。

45 『小彌太伝』三四九～三五〇頁、前掲三島『三菱財閥史　大正・昭和編』二二七頁、前掲『日本財閥経営史　三菱財閥』三四三頁。他に、六五歳定年制の導入を盛り込んでいた。

46 『小彌太伝』および前掲三島『三菱財閥史　大正・昭和編』同頁。本改革案は、同時代の新聞でも「殊に岩崎小彌太、彦彌太両氏の指導力範囲は実質的になんらの変化なく、財閥の性格たる保守性は依然脱皮されず、唯形式的改革にとゞまつてゐる」と酷評されていた（「「三菱」機構を改革〝保守性〟の脱皮未だし」、『朝日新聞』一九四五年一〇月七日朝刊）。

47 『書翰集』では一九四五年九月末〜一〇月中の書翰は未収録。本書では、三菱重工業社長の元良信太郎宛（241）に「今回人員淘汰につきての御腹案御示しにあつかり承知仕候。現下の国状よりして不得已処かと拝承致し候」とあるのが、社内改革案の発端である。

48 この直後に、財閥側が自主解散すべきであるとの占領軍側の強硬姿勢が伝えられ、小彌太もこの案を諦め、自身を含む幹部総退陣に切り換えざるを得なかった、と推察される（後述する「告辞」作成はそのため）。

49 『小彌太伝』遺稿の九四〜一〇一頁、『書翰集』二三五〜二三七頁。ちなみに、三菱史料館にはこの「告辞」の草稿（二種類、書き込みの多い起草中の版と完成直前版）が所蔵されている。

50 先行研究では、「各財閥の敗戦処理に対する見通しは、最初はきわめて甘かった」（前掲三島『三菱財閥史 大正・昭和編』二二七頁）と初動対応の遅さを酷評しているが、小彌太が指摘するように「かく成りては徐ろに先方の出方を待つの外無之かと存じ候」（大久保繁雄宛（248））だったのである。

51 同前、二二〇〜二二三頁。後任社長は元良信太郎副社長（三菱本社取締役兼任）が昇格した。ただし近年の研究で、郷古が翌年の株主総会では取締役会長として議長（通常社長の担当）を務めていることが確認されており（青地正史「太平洋戦争末期・終戦直後の株主総会 - 株主総会議事録による実証分析」、『経営史学』経営史学会、四三 - 四、二〇〇八年、三〇頁）、郷古はその後も三菱重工業の経営に関与し続け、戦後まで小彌太とも連絡を取り合っていたようである（元良信太郎宛（241））。郷古の「昇格」と彼の立場については、再検討の余地がある。

52 小川平吉文書研究会編『小川平吉関係文書』第二巻（みすず書房、一九七三年）、および同書に収められた「小川平吉小伝並に主要文書解題」（伊藤隆氏執筆、八二一〜八三頁）を参照。該当する書翰は、本書では小川平吉宛（51）・（54）・（56）・（57）・（284）。ちなみに、農商務省が農林省と商工省に分割された際、政務次官だった三土忠造は農林政務次官にスライドしている。その後三土は、田中義一内閣で文部・大蔵、犬養毅内閣で逓信、斎藤実内閣で鉄道の各大臣に就任した。

53 小川平吉が刊行した新聞『日本』については、「かくて〝自由〟は死せり～ある新聞と戦争への道～」（ＮＨＫ総合、二〇一九年八月一二日放送）で詳細に報じられた。

54 対支功労者伝記編纂会編『続対支回顧録』下巻（一九四一年、大日本教化図書株式会社）一一三九頁。

55 前掲『小川平吉関係文書』第一巻、一九三七年五月一八日・一九日条（三〇九頁）。

56 同前、一九三八年六月一六日条（三八六頁）。

57 同前、一九三八年一〇月七日条（四一六頁）。

58 同前、一九三九年七月一七日条（四九八頁）。

59 同前、一九四〇年一二月一一日条（五一四頁）。

60 前掲『小川平吉関係文書』第一巻、一九四一年七月一五日条（五三〇頁）、七月三〇日条（五三四頁）。精神科学研究所（一九四一年二月設立）は、東京帝国大学学生だった小田村寅二郎らが立ち上げた民間のシンクタンクで、旧政友会の小川・三土忠造・中島知久平、財界の池田成彬らが後援者となっていた。一九四三年二月、東条首相が憲兵隊を駆使して会員を検挙し、同年一〇月に解散。同研究所については、井上義和「戦時体制下の保守主義的思想運動 - 日本学生協会と精神科学研究所を中心に」（『日本史研究』五八〇、二〇一〇年）等を参照。

61 数年後、こうした小彌太の不満は、軍需産業の国家管理下をめぐり陸軍への反発となって顕在化する。その意味で、航空機関連事業を軍の管轄下に置くのではなく民間で製造を続けるべきだ、として三菱の事業の正当性を訴えた小磯国昭首相宛（198）は、小弥太の経営理念の精華であった。

62 一九四二（昭和一七）一二月、昭和天皇に拝謁した後に発表した「奉公の大義へ只一途」（すなわち、「自分は常に産業を通じて最大の御奉公をなすことが臣民としての当然の本分だ」）や、一九四四（昭和一九）年元旦に社内通達した「新年言志」（『随時随題』一五）に含まれている、「大君《おおきみ》に捧げまつらむ心もて　業《なり》の運《めぐり》にいそしむ吾等」（後に「三菱の歌」となる）にはそうした信念が漲っている（『小彌太伝』三四二〜三四三頁）。

63　本書には書翰が残念ながら収録されていないものの、松平恒雄と小彌太は学生時代からの大親友で、病床にあった小彌太が親族以外で最後に面会したのも松平である（故松平恒雄氏追憶会編『松平恒雄追想録』一九六一年、六〇八〜六一〇頁）。

64　ただし、一九二六年五月、関屋の長女淑子が岩崎家一門の木内良胤（彌太郎の外孫で外交官、父は木内重四郎・母磯路は彌太郎の次女）に嫁しており（媒酌は三菱銀行常務取締役の加藤武男）、岩崎家と縁戚関係を持った。翌一九二七年四月、関屋は岩崎久彌の依頼で長男彦彌太の結婚の媒酌役を務め、以後両家の親密度はさらに深まった（茶谷誠一編『関屋貞三郎日記』第一巻、国書刊行会、二〇一八年）。同書によると、小彌太と関屋は一九二六〜二九年にかけて、年に数回ずつ往来していることが確認される。残念ながら本書収録史料に直接関係する記事はゴルフ関係の関屋宛（67）のみだが、「島津男の件につき懇談」（一九二六年二月五日条〔二五頁〕）、「十五銀行問題につきては株の未払込のままにて預金等のきりすて等は出来さるへく、単独整理の前途につき悲観し居らる」（一九二七年九月一五日条〔一四二頁〕）、「米国に於ける日本文化研究所の件、土田誠一（ママ）君の件等」（一九二八年二月七日条〔一八七頁〕）、「後藤保弥太氏、借金整理」「杉山（茂丸）氏来談の後藤保弥太伯のこと」（一九二九年一月二三日・三月一九日条〔二六六頁・二七七頁〕）、日本郵船の社長人事（同年五月十七日条〔二九〇頁〕）、「朝、岩崎男と共に golf の練習をなす」（同年八月一一日条〔三〇七頁〕、同書では久彌となっているが小彌太の誤り）等は、小彌太と関屋との親密な関係を示す内容である。特に、孝子夫人の実家である島津男爵家や母早苗の実家である後藤伯爵家の家庭問題について、華族を管轄する宮内省の次官である関屋と協議していることは、従来の小彌太研究では全く言及されていない。ちなみに、中村春二宛（36）〜（38）にも「後藤之件」「土佐の例の者」等とあり、関屋のケースと同様の家族問題と推察される。この他、「岩崎小弥太男、過日来、引籠中の由に付見舞ふ」とあり（一九三〇年三月二二日条〔三四八頁〕）、神経衰弱にため長期欠勤を余儀なくされていた小彌太を見舞った記録も重要である。

65　献上された屛風の詳細は、『小彌太伝』一三六頁および『書翰集』七四～七五頁を参照。

66　『小彌太伝』一五一頁。

67　『小彌太伝』一五〇～一六〇頁、前掲『成蹊学園百年史』、特に七二〇～七二二頁。

68　前掲宮川隆泰『岩崎小彌太』七二～七三頁。

69　前掲『渋沢栄一伝記資料』四八巻、一九六三年、八六頁。渋沢や阪谷芳郎と協議し、版元の三省堂が経営破綻したため、中断を余儀なくされていた事業の再開にこぎつけた。

70　『岩崎小彌太伝』一七二頁。

71　企業としての寄附や社会事業については、旗手勲『日本の財閥と三菱 - 財閥企業の日本的風土』（楽遊書房、一九七八年、三一一～三一二頁）・石井理枝「三菱財閥と委員会組織 - 寄附委員会を事例として」（『愛知経営論集』一六六、二〇一二年）・同『戦前期の日本企業における社会貢献活動 - 三菱財閥の寄附に関する検討を中心として』（愛知大学経営総合科学研究所叢書四六、二〇一四年）があり、三菱史料館所蔵の一次史料を駆使した石井氏の諸研究によって、寄附委員会の構成員・大口の寄付額・寄附対象等が明らかにされている。これらの寄附関係の文書には、東京帝国大学の研究棟建設に関する記録は含まれておらず、先述した三島徳七の回想を裏づける。

72　長崎県美術館『山本森之助展　長崎が生んだ風景画家』（二〇〇六年）。

73　『小彌太伝』一四〇頁。

74　本書に収録したゴルフ関係の史料は以下の通りである。山室宗文宛（80）・森本成吉宛（88）・舟越楫四郎宛（89）・赤星陸治宛（98）・山室宗文宛（113）・三好重道宛（117）・同（119）・今村幸男宛（121）・赤星陸治宛（136）等。

今村宛を除き『書翰集』にも収録されている。

75 『書翰集』の編集段階では、小彌太愛用のゴルフクラブの種類は不明だった（一一九頁）。

76 高浜虚子とのやりとりは、同門の赤星陸治や佐藤要人（主治医）を介して行われていた模様である〔赤星宛(109)・(116)・(261)等〕。

77 前掲『養和会誌』一六〇号（一九四一年十二月）「冬十句」、一七一号・一七二号（一九四四年十二月）に五句、一七三号（一九四五年七月）に一〇句を掲載した。

78 たとえば、石黒俊夫宛(172)には、「貴台の玉句いま少し工風を要し可申かと拝見仕候」とあり、秘書の石黒に句作を勧め、添削していた。また、親友の三土忠造にも句作を勧め、高浜虚子に引き合わせたのも小彌太であった〔三土忠造宛(263)〕。

79 『小彌太伝』一〇九頁。

80 実弟俊彌の次女淑子を養女に、ついで淑子と林忠雄夫妻（史料中では「永坂両人」として頻出）を養嗣子に迎え入れた際のお披露目の挨拶状はその代表例である〔久彌宛(75)・(162)〕。

81 『小彌太伝』三五三頁。ただし、国家のためとはいえ、傘下の三菱重工業が戦艦武蔵や零式艦上戦闘機（＝ゼロ戦。第二次世界大戦中一万機以上が製造され、三菱重工業はその半分近くを生産した）等の戦略兵器を多数製造し、連合軍に甚大な損害を与えた事実は否定し得ず、戦時中の国家貢献を当然視する小彌太の想いを占領軍側が評価（理解）する可能性は皆無であった。その証拠に、小彌太が死去した当日に三菱重工業取締役会長・郷古潔がA級戦犯に指定され（一二月二日）、巣鴨拘置所に収監されている（同月一二日）。直接の指定理由は、郷古が東条内閣の内閣参議や大政翼賛会の生産拡充委員長に就任したためであるが、小彌太がもし健在だった場合、公職追放にとどまらず、郷古同様に収監された可能性も否定できない。それほどまでに三菱への風当たりは厳しく、もはや財閥解体への潮流を押しとどめることはできなかったのである。その意味で、本書に収録した高杉晋一の回想、「「ああ、巨星ついに墜つ」という無量の感慨であった。そしてわれわれは、今後長い長い苦難の道を歩かねばなるまいと思った。このあと、財閥家族の企業支配力排除法により、岩崎久彌氏ほか一門十人の人々が、三菱関係企業に関与することを禁じられた。このうき目を見られずになくなられたことは社長にとってむしろ幸いであったかもしれない。財閥としての三菱企業が、そのはなやかにして雄大なページを閉じたとき、この不世出の偉大な統率者も静かにその生涯の幕を閉じたのであった。」には、大社長を失った悲しみとともに、自身を含む残された者たちが日本の復興・三菱の再興・戦後補償という「苦難の道」を引き受けざるを得なかった複雑な心境が投影されている。

82 前掲永野芳宣『外圧に抗した男 - 岩崎小弥太の懺悔拒否』。

83 終戦間際には「猶多年養成し来りたる人材多きことにも有之、何等か御奉公の道ありと相考へ申候。破壊は現下の状勢下不已得儀に有之、我等は不屈不撓の心魂を堅持して涓埃を邦家に捧ぐるの外無之候」〔大久保繁雄宛（228）〕と述べ、戦後直後には、これまで自身および三菱が「不可能を可能ならしめむとして渾身の努力を傾倒し来」たと断言し、「早く健康恢復の上翻身跳躍を期し度」いと明言していた〔船田一雄宛（234）〕。

84 最後の石黒俊夫宛書翰（254）においても「小生は只人に利益を与へ自ら不当の利を避くる様注意を与へ居た」と指摘している。

登場人物略歴　（五十音順）

青木菊雄（一八六七～一九四九年）帝国大学英法科卒業、三菱合資会社常務理事、三菱本社顧問、三菱経済研究所理事長、理化学研究所理事。

赤星陸治（一八七四～一九四二年）東京帝国大学政治科卒業、小岩井農場長、三菱地所会長。

赤星六郎（一九〇一～一九四四年）実業家赤星弥之助の六男、プリンストン大学留学。日本オープンゴルフ選手権優勝（昭和二年、第一回）、「日本の球聖」の異名を持つ。

阿部充家（一八六二～一九三六年）同志社英学校卒業、熊本新聞社長、国民新聞社副社長、京城日報社長。

有馬頼寧（一八八四～一九五七年）元久留米藩主有馬頼万の長男、伯爵。東京帝国大学農科大学卒業、農商務官僚、衆議院議員、貴族院議員、農林大臣、大政翼賛会事務総長、（戦後）日本中央競馬会理事長。

飯野浩次（一八九二～一九六五年）東京帝国大学経済科卒業、三菱商事事業部長、同取締役、常務取締役、（戦後）日本エアーコンデショナース会長、北スマトラ石油開発社長。

幾度《いくたび》　永《ひさし》（一八七三～一九六四年）長崎県対馬出身、三越呉服店常務。対馬藩家老幾度八郎の孫。「きど・えい」とも。

池上四郎（一八五七～一九二九年）会津藩出身、警察官僚、千葉県警察部長、兵庫県警察部長、大阪府警察部長、大阪市長、朝鮮総督府政務総監。

池田亀三郎（一八八四～一九七七年）東京帝国大学採鉱冶金科卒業、三菱鉱業常務、日本化成工業社長、三菱油化社長。

石黒俊夫（一八九二～一九六四年）東京帝国大学法科卒業、三菱本社常務、三菱地所会長、（戦後）成蹊学園理事長。

伊藤博文（一八四一～一九〇九年）長州藩出身、公爵。首相、枢密院議長、韓国統監。ハルビンで暗殺。

井上　馨（一八三五～一九一五年）長州藩出身、侯爵。大蔵大輔、参議、工部卿、外務卿、外相、農商相、内相、蔵相、朝鮮公使を歴任。

今村繁三（一八七七〜一九五六年）ケンブリッジ大学卒業、今村銀行頭取、成蹊学園理事、東京成蹊高等女学校理事長。東京高等師範学校付属中学で小彌太・中村春二の同窓。

今村幸男（一八七四〜一九五六年）東京帝国大学卒業、住友銀行常務、住友信託銀行会長。

岩崎温子（一九一六〜六七年）岩崎俊彌の三女で岩崎寿男夫人。

岩崎英二郎（一九二二〜二〇一七年）ドイツ語学者。岩崎輝彌の次男、東京帝国大学文学部独逸文学科卒業、東京大学・慶應義塾大学・獨協大学教授を歴任。

岩崎喜勢（一八四五〜一九二三年）岩崎彌太郎夫人。

岩崎毅太郎（一九二〇〜二〇〇〇年）輝彌の長男、子安農場長。

岩崎寧子《しずこ》（一八七四〜一九四四年）子爵保科正益（旧上総飯野藩主）の長女、岩崎久彌夫人。

岩崎須美（一八九六〜一九五八年）櫻井房記（東京物理学講習所所長・第五高等学校校長）の次女、輝彌夫人。

岩崎孝子（一八八八〜一九七五年）男爵島津珍彦《うずひこ》（貴族院議員）三女、華族女学校出身、岩崎小彌太夫人。

岩崎忠雄（一九〇九〜一九九〇年）伯爵林雅之助の長男、小彌太養嗣子。慶應義塾大学卒業後、オックスフォード大学留学。（戦後）三菱モンサント化成社長。

岩崎輝彌（一八八七〜一九五六年）岩崎彌之助三男、東京帝国大学農科卒業、子安農園経営、鉄道写真家。

岩崎俊彌（一八八一〜一九三〇年）岩崎彌之助次男、第一高等学校中退、ロンドン大学留学、旭硝子社長。

岩崎豊彌（一八七五〜一九二六年）男爵郷純造（大蔵次官）四男、岩崎彌太郎養子。

岩崎久彌（一八六五〜一九五五年）岩崎彌太郎長男、小彌太の従兄、男爵。ペンシルベニア大学卒業、三菱合資会社社長。社長退任後、東山農事株式会社設立。

岩崎淑子（一九一三〜一九九四年）岩崎俊彌次女で小彌太の養女、後に忠雄とともに小彌太養子。

岩崎八穂（一八九〇〜一九五五年）盧高朗（大蔵省大書記官）六女、女子学習院出身、岩崎俊彌夫人。

植田豊橘（一八六〇～一九四八年）東京帝国大学助手、東京工業学校（東京工業大学の前身）教授、京都市立陶磁器試験場長、国立陶磁器試験所所長、お雇い外国人ワグネルの弟子。

梅野　実（一八七二～一九六九年）東京帝国大学土木科卒業、三菱製鉄常務、兼二浦三菱製鉄所長、撫順炭鉱長、南満州鉄道理事　満洲合成ゴム社長、緑風製簾社長。

江口定条（一八六五～一九四六年）東京高等商業学校卒業、三菱合資会社専務理事、同監事、同総理事、南満州鉄道副総裁、貴族院議員。

江崎一郎（一八六八～一九三九年）帝国大学工科大学機械科卒業、工学博士、三菱長崎造船所技師、同副長、三菱合資会社長崎製鋼所長、三菱本社参与、三菱製鉄・東京計器製造・三菱製鋼、東洋計器製作所各取締役、三菱重工業技術顧問。

遠藤三郎（一八九三～一九八四年）陸軍大学校卒業、陸軍中将、航空総局長官。

大久保繁雄（一八八六～一九五八年）東京帝国大学政治科卒業、三菱商事常務取締役、三菱石油社長、日本鋼管監査役。

大倉喜七郎（一八八二～一九六三年）大倉喜八郎の長男で男爵、慶応義塾大学卒業、ケンブリッジ大学留学、大倉組頭取、帝国ホテル会長、（戦後）貴族院議員、ホテル事業に尽力。

大谷　登（一八七四～一九五五年）東京高等商業学校卒業、日本郵船社長、船舶運営会総裁。

大山五郎（一八六九～没年不詳）東京法学校（後の法政大学）卒業、三菱製紙監査、旭硝子取締役、富士瓦斯取締役。

大山助一（一八五八～一九二二年）大蔵省印刷局技師。

岡野保次郎（一八九一～一九七六年）東京帝国大学英法科卒業、三菱重工名古屋航空機製作所所長、（戦後）三菱重工社長、国鉄監査委員長、航空機工業審議会会長。

小川平吉（一八六九～一九四二年）帝国大学法科大学卒業、弁護士、衆議院議員（立憲政友会所属）、鉄相、法相。

小川平三（一八八六～一九四三年）鳳敦産業株式会社取締役、東印度プートン株式会社社長、南洋真珠株式会社取締役。

奥田義人（一八六〇～一九一七年）東京大学法科卒業、拓殖務次官、農商務次官、法制局長官、貴族院議員、文相、司法相、東京市長、中央大学学長。

奥村政雄（一八七九～一九六六年）東京帝国大学法科大学独法科卒業、小岩井農場長、本社総務部副長、査業部専務理事代理、三菱本社理事、東洋窒素組合取締役、日本カーバイド工業社長。三菱の社史編集に従事。

乙部　融（一八七四～一九四八年）東京帝国大学法科卒業、三菱合資会社銀行部神戸支店長、九州水電取締役。

各務鎌吉（一八六九～一九三九年）東京高等商業学校卒業、東京海上保険取締役会長、日本郵船会長。

賀集益蔵（一八八九～一九七四年）東京帝国大学卒業、新興人絹専務取締役、日本化成工業常務取締役、（戦後）新光レイヨン会長。

加藤恭平（一八八三～一九六二年）東京帝国大学英法科卒業、三菱商事常務取締役、台湾拓殖社長、日本食品化工社長。

加藤武男（一八七七～一九六三年）慶應義塾大学理財科卒業、三菱銀行常務取締役、同会長、同頭取、（戦後）全国銀行協会連合会会長。

金森徳次郎（一八八六～一九五九年）東京帝国大学法科大学卒業、大蔵省を経て、内閣法制局第一部長、法制局長官、貴族院議員、（戦後）国務大臣、国立国会図書館初代館長。

上村金治（一八九四～没年不詳）東京高等商業学校卒業、三菱本社参与秘書役、三菱化工機監査役、三菱製紙監査役。

ガリレオ（一五六四～一六四二年、Galileo Galilei）イタリアの物理学者・天文学者。望遠鏡を用いた天体観測により、地動説を深化させた。

川井源八（一八七四～一九四五年）東京商業学校附属主計学校卒、三菱電機常務取締役、同社長、同会長、三菱商事取締役、三菱重工業取締役、株式会社三菱社取締役。

川添清麿（一八七〇～没年不詳）東京高等商業学校卒業、三菱銀行取締役、旭硝子監査、九州炭鉱汽船監査。

河手捨二（一八七七～一九五六年）東京高等商業学校卒業、三菱鉱業会長、三菱石炭油化社長、樺太開発参与理事。

菊池幹太郎（一八七四〜一九二四年）東京高等商業学校卒業、三菱造船取締役、三菱海上火災取締役、三菱銀行常務取締役。

北　昤吉（一八八五〜一九六一年）早稲田大学文学部哲学科卒業、早稲田大学講師、大東文化学院教授、帝国美術学校校長（現武蔵野美術大学）、衆議院議員、（戦後）衆議院議員、自由民主党政調会長。北一輝の実弟。

木村久寿彌太（一八六六〜一九三五年）東京帝国大学政治科卒業、三菱合資会社総理事、日本工業倶楽部理事長、日本商工会議所顧問。

桐島像一（一八六四〜一九三七年）帝国大学法科卒業、三菱銀行取締役、三菱地所社長、日本窒素肥料取締役。

串田万蔵（一八六七〜一九三九年）ペンシルベニア大学卒業、三菱銀行会長、三菱合資会社総理事。

工藤祐定（一八六八〜一九四二年）帝国大学法科大学政治科卒業、三菱造船所副長、同所長、三菱造船会社常務取締役、同参与、日本光学工業株式会社取締役。

グラバー（一八三八〜一九一一年、Thomas Blake Glover）幕末長崎でグラバー商会設立、高島炭鉱所長、三菱合資会社顧問。

小磯国昭（一八八〇〜一九五〇年）陸軍大学校卒業、陸軍大将、拓務大臣、朝鮮総督、首相。

郷古　潔（一八八二〜一九六一年）東京帝国大学英法科卒業、三菱重工社長、内閣顧問（東条内閣）、（戦後）兵器生産協力会会長。

児玉謙次（一八七一〜一九五四年）東京高等商業学校卒業、横浜正金銀行頭取、中支那振興株式会社総裁、貴族院議員、（戦後）終戦連絡事務局総裁。

後藤象二郎（一八三八〜一八九七年）土佐出身、伯爵。逓信大臣・農商務省務大臣を歴任。娘の早苗が岩崎彌之助夫人となる。小彌太の外祖父。

小林一郎（一八七六〜一九四四年）東京帝国大学文科大学哲学科卒業、東京帝国大学・日蓮宗大学（後立正大学）・

中央大学で講師、『法華経大講座』（全十三巻）を執筆した。

コペルニクス（一四七三〜一五四三年、Nicolaus Copernicus）ポーランドの天文学者・カトリック教司祭。地動説を提唱した。

近藤壌太郎（一八九四〜一九七七年）東京帝国大学法学部卒業、内務官僚、群馬・香川・高知県各警察部長、滋賀県知事、神奈川県知事、（戦後）弁護士。

西　行（一一一八〜一一九〇年）平安時代末期の僧侶・歌人。俗名は佐藤義清。著作に『山家集』等がある。

斎藤　樹（一八八八〜一九五一年）東京帝国大学卒業、小川平吉の娘婿、内務官僚、警視総監。

斎藤　実（一八五八〜一九三六年）男爵、後に子爵。海軍次官、海軍大将、海軍大臣、朝鮮総督、枢密顧問官、首相、内大臣。二・二六事件で死去。

阪谷芳郎（一八六三〜一九四一年）東京大学文学部政治学理財学科卒業、大蔵省主計局長、大蔵次官、蔵相、東京市長、貴族院議員、専修大学総長、子爵。

崎山義一（一九一五〜一九九〇年）早稲田大学経済科卒業、日本電線川崎工場長、東京製線社長、日本電線社長。

崎山刀太郎（一八八一〜一九四三年）早稲田大学政治経済科卒業、東京製綿社長、日本電線専務、同社長、東京製線社長。

佐藤要人（生没年不詳）東京帝国大学医学部卒業、医学博士、小彌太の主治医で俳人（号：漾水）。

塩田泰介（一八六七〜一九三八年）大阪商船学校卒業、帝国大学工科卒業、長崎造船所長、三菱合資造船部専務理事、三菱造船常務取締役、日本鉄鋼協会会長。

重野安繹（一八二七〜一九一〇年）明治時代の歴史学者・漢学者、号は成斎。薩摩藩出身、太政官正院修史局・修史館を経て、帝国大学（後の東京帝国大学）文科大学教授。彌之助の漢学の師として草創期の静嘉堂文庫を支えた。

斯波孝四郎（一八七五〜一九七一年）東京帝国大学造船科卒業、長崎造船所所長、三菱造船会長、三菱重工会長。

渋沢栄一（一八四〇～一九三一年）一橋家家臣、大蔵権大丞、大蔵省三等出仕、第一国立銀行（後に第一銀行）頭取、東京商法会議所会頭、東京商工会会頭、東京商業会議所会頭、男爵、後に子爵。

渋沢敬三（一八九六～一九六三年）東京帝国大学経済学部卒業、横浜正金銀行・第一銀行を経て、日本銀行副総裁・同総裁、幣原喜重郎内閣で蔵相。渋沢栄一の孫で、妻は木内重四郎の次女登喜子（彌太郎の孫）。

島田剛太郎（一八六七～一九四五年）帝国大学法科大学法律学科卒業、農省務参事官、京都府第一部長兼第三部長・埼玉県知事・岐阜県知事・長崎県知事を歴任。

島津千賀（生没年不詳）　島津珍彦夫人、岩崎孝子の生母。

荘清次郎（一八六二～一九二六年）エール大学卒業、三菱合資会社専務理事兼管事、旭硝子取締役、理化学研究所常務委員。

荘田達彌（一八八一～一九五六年）荘田平五郎長男、三菱重工取締役。

荘田平五郎（一八四七～一九二二年）慶應義塾出身、同教員、三菱合資会社支配人、東京海上火災保険取締役会長、明治生命保険会社取締役会長。

勝田主計（一八六九～一九四八年）帝国大学法科大学卒業、大蔵官僚、大蔵省理財局長、大蔵次官、貴族院議員、朝鮮銀行総裁、蔵相、文相、内閣参議を歴任。

関　義長（一八九二～一九七〇年）　男爵関義臣次男、東京帝国大学電気工学科卒業、三菱電機取締役、（戦後）三菱電機副社長、同社長、同会長、三菱原子力工業社長、宇宙開発委員。

関屋貞三郎（一八七五～一九五〇年）東京帝国大学法科大学卒業、朝鮮総督府学務局長、静岡県知事、宮内次官、貴族院議員、（戦後）枢密顧問官。

瀬下　清（一八七四～一九三八年）東京高等商業学校付属主計学校卒業、三菱銀行取締役会長、三菱本社監査役。

高橋活一（生没年不詳）　小彌太の執事

高浜虚子（一八七四～一九五九年）俳人、第二高等学校退学、『ホトトギス』を中心に活躍、小彌太の師。

武田勝頼（一五四六～一五八二年）戦国大名。武田信玄の四男で甲斐領主。織田信長によって滅亡した。

武田長兵衛（一九〇五～一九八〇年）慶應義塾高等学校卒業、武田薬品社長、同会長、大阪商工会議所副会頭。

田所美治（一八七一～一九五〇年）東京帝国大学法科卒業、文部省普通学務局長、文部次官、貴族院議員、文政審議会委員。

田中完三（一八八六～一九八六年）東京高等商業学校卒業、三菱商事社長、ＧＨＱの指令で退任した小彌太に代わり三菱本社社長。

田中芳雄（一八八一～一九六六年）東京帝国大学工科大学応用化学科卒業、応用化学者、東京帝国大学教授（工学部長）・東京工業大学教授を歴任。

玉井喬介（一八八五～一九五六年）東京帝国大学造船科卒業、三菱長崎造船所長、三菱重工業常務、同専務、同社長、（戦後）三菱日本重工業会長。

程　顥（一〇三二～一〇八五年）中国北宋時代の儒学者で字は伯淳、号は明道。弟の程頤《ていい》とともに宋学の基礎を築いた。

徳富蘇峰（一八六三～一九五七年）同志社英学校退学、ジャーナリスト、歴史家、国民新聞社長。

豊川良平（一八五二～一九二〇年）慶應義塾卒業、第百十九国立銀行頭取、三菱合資会社支配人、猪苗代水力電気会社社長、男爵。

永島忠雄（一八九四～没年不詳）東京帝国大学英法科卒業、三菱銀行紐育支店長、三菱本社秘書役、三菱海運常務取締役。

長島隆二（一八七八～一九四〇年）東京帝国大学法科卒業、大蔵官僚、内閣総理大臣秘書官、理財局長心得、日本銀行監査官、衆議院議員、夫人は桂太郎首相の三女潔子。

中谷芳邦（一八八九～没年不詳）　東京高等商業学校卒業、三菱商事大阪支副長参事、同大連支店長、日本穀産工業専務、東洋工業取締、満州拓殖会社創立委員。

永原伸雄（一八七二～一九五六年）東京高等商業学校卒業、三菱地所取締役、明治生命取締役、東京海上火災取締役。

中村春二（一八七七～一九二四年）東京帝国大学国文科卒業、教育者。東京高等師範学校付属中学で小彌と同窓。今村繁三と小彌太の支援を受け成蹊学園を創立。

中山博道（一八七二～一九五八年）近代日本の武道家、剣道・居合道・杖術の範士。三菱の剣道師範を務めた。

長与又郎（一八七八～一九四一年）東京帝国大学医科大学卒業、病理学者。東京帝国大学教授、伝染病研究所長、医学部長、東京帝国大学総長（第十二代）、男爵。

納村章吉《なむらあきよし》（一八七一～一九四二年）帝国大学工科大学採鉱及冶金学科卒業、三菱尾去沢鉱山技師、同槙峰鉱山長、同荒川鉱山長。

南部球吾（一八五五～一九二八年）開成学校、大学南校、文部省第一期留学生としてコロンビア大学に入学、同卒業、高島炭鉱炭坑長、三菱合資会社鉱業部長、同管事。

日　政（一六二三～一六六八年）江戸時代前期の日蓮宗僧侶、元政《げんせい》上人、艸山和尚。京都深草の瑞光寺を開山。

西川　清（一八八八～一九四五年）若松造船所所長、三菱重工長崎造船所木工場長。

西林幹助（一八八〇～没年不詳）三菱銀行参事、本店営業部副長、理研真空工業常務取締役、白峰農園監査役、満洲銅鉛鉱業株式会社常監。

野口松一（一八八八～一九五九年）東京帝国大学政治科卒業、三菱重工東京機器製作所所長。

野沢源次郎（一八六四～一九五五）慶應義塾卒業、貿易商社野沢組社長、東洋織布取締役。軽井沢の開発を手掛ける。

野村駿吉（一八八九～一九六三年）満鉄総裁野村龍太郎の長男で神戸商業高等学校卒業。夫人は、松方正義の次男正作と岩崎彌之助の長女繁子（小彌太の姉）の長女増子。三井物産を経て三菱商事シアトル支店長、後に三菱石油常務取締役、合資会社野村事務所を創立。日本アマチュア選手権優勝（昭和二年）。日本ゴルフ協会副会長、程ヶ谷カントリー倶楽部理事長、東京ゴルフ倶楽部理事長を歴任。

白隠禅師（一六八六～一七六九年）江戸時代中期の僧侶（臨済宗中興の祖）。白隠慧鶴、正宗国師。多数の禅画（達磨図）を残した。

間　四郎（一八八八～一九七六年）東京高等商業学校卒業、三菱化工機社長、三菱電機常務。

秦　慧昭（一八六二～一九四四年）曹洞宗の僧侶、黙道慧昭、大規正信禅師。永平寺第六十八世貫首。

波多野義男（一八八四～一九七九年）東京高等商業学校卒業、三菱造船神戸造船所総務部長、日本光学社長。

服部譲次（一八九三～没年不詳）東京帝国大学機械科卒業、三菱重工名古屋航空機製作所技術部長、（戦後）中日本重工業常務取締役。

羽野友二（一八七二～一九四二年）京都帝国大学政治科卒業、三菱合資会社参与兼秘書役理事、旭硝子監査役。

林雅之助（一八七七～一九五八年）林董（外相、逓相）の長男で伯爵、学習院中等科修了、イギリス留学、長男忠雄は小彌太養嗣子。汽車製造取締役、富士瓦斯紡績取締役、旭硝子取締役。

原　耕三（一八八六～一九六八年）東京高等商業学校卒業、三菱造船彦島造船所所長、三菱重工常務取締役、（戦後）原耕商会社長。

原田熊雄（一八八八～一九四六年）京都帝国大学法科卒業、男爵、住友合資会社事務取扱嘱託、元老西園寺公望秘書、貴族院議員。

東伏見宮依仁親王（一八六七～一九二二年）海軍兵学校中退、仏ブレスト海軍兵学校卒業、海軍大将、元帥。

久田宗也（一八八四～一九四六年）茶道家元（高倉久田家）、第十一代無適斎。

平井　澄（一八八六～一九五〇年）東京帝国大学独法科卒業、三菱本社専務、三菱石油常務、日本化成工業取締役。

平生釟三郎（一八六六～一九四五年）東京高等商業学校卒業、川崎造船所社長、文部大臣、貴族院議員、枢密顧問官、甲南学園の創立者。

平賀　譲（一八七八～一九四三年）東京帝国大学工科大学造船学科卒業、海軍技術中将、東京帝国大学総長（第十三代）、男爵。三菱造船（後の三菱重工業）株式会社の技術顧問を務めた。

平山謙三郎（一八九三～一九六九年）九州帝国大学電気科卒業、三菱電気名古屋製作所所長、三菱電機常務取締役、同顧問。

溥　倫（一八七四～一九二七年）清国皇族、農工商大臣。

深尾淳二（一八八九～一九七七年）東京高等工業学校機械科卒業、三菱重工名古屋発動機製作所長、三菱重工取締役、同常務取締役。

藤村　朗（一八八七～一九六三年）東京帝国大学工科大学卒業、三菱地所取締役、同社長、工業クラブ理事。

藤原秀衡（一一二二？～一一八七年）平安時代末期の豪族藤原基衡の嫡子。平泉に拠点を置いた奥州藤原氏の棟梁、下陸奥守、鎮守府将軍。源義経を庇護した。

舟越楫四郎（一八七〇～一九六二年）海軍兵学校卒業、海軍中将。退役後、三菱石油社長、三菱航空機会長。

船田一雄（一八七七～一九五〇年）東京地裁検事、三菱商事常務、三菱本社理事長。

プリンス・オブ・ウェールズ（一八四一～一九一〇年）ヴィクトリア女王の長男で後の英国皇帝エドワード七世（在位一九〇一～一九一〇年）。

プリンス・オブ・ウェールズ（一八九四～一九七五年）後の英国皇帝エドワード八世（在位一九三六年）。皇太子裕仁親王（後の昭和天皇）訪英の答礼として一九二二（大正十一）年四～五月に来日した。

本間亀吉（一八八二～一九六七年）大阪高等工業学校舶用機関科卒業、三菱電機名古屋所長、三菱工作機社長、三菱本社顧問、三菱電機嘱託。

正岡子規（一八六七～一九〇二年）明治時代の俳人・歌人。東京帝国大学文科大学退学、日本新聞記者。

松尾芭蕉（一六四四〜一六九四年）江戸時代前期の俳諧師、俳聖。代表作に『おくのほそ道』。

松岡均平（一八七六〜一九六〇年）松岡康毅（農商務相、枢密顧問官）の長男で男爵、東京帝国大学政治学科卒業、東京帝国大学教授、拓殖大学学監、三菱本社顧問。

松岡梁太郎（一八八四〜一九五二年）東京帝国大学法科卒業、三菱合資会社を経て成蹊学園幹事、成蹊学園理事、同常務理事、（戦後）成蹊高等学校校長および初等学校校長。

松方繁子（一八七五〜一九三一年）岩崎彌之助長女、小彌太の姉。

松方正作（一八六三〜一九四五年）元老松方正義の次男、ブリュッセル大学留学、外務官僚、ベルギー公使館一等書記官、同臨時代理公使、タイ特命全権公使、猪苗代水力電気株式会社取締役。

松平恒雄（一八七七〜一九四九年）東京帝国大学法科卒業、駐英大使、宮内大臣、（戦後）枢密顧問官、参議院議長。

丸田秀実（一八五九〜一九二二年）海軍兵学寮出身、英国留学。横須賀造船所機械科主幹、三菱造船管事、日本工学工業取締役。

丸山鶴吉（一八八三〜一九五六年）東京帝国大学法科大学卒業、内務官僚、朝鮮総督府警務局長、東京市助役、警視総監、貴族院議員、大政翼賛会事務総長、宮城県知事、東北地方総監、（戦後）武蔵野美術学校校長（現武蔵野美術大学）。

三島徳七（一八九三〜一九七五年）東京帝国大学工科大学冶金学料卒業、冶金学者、東京帝国大学教授。「ＭＫ鋼」（永久磁石）を発明。

三島彌太郎（一八六七〜一九一八年）三島通庸の長男で子爵。マサチューセッツ農科大学卒業、コーネル大学大学院中退、貴族院議員（研究会所属）、横浜正金銀行頭取、日本銀行総裁。

三谷一二（一八七一〜一九六五年）（東京）高等商業学校卒業、三菱合資会社査業部理事、三菱鉱業常務取締役、同取締役会長、三菱合資会社顧問、福山市長。

三井高棟（一八五七〜一九四八年）三井北家（惣領家）第十代当主、男爵、八郎右衛門。惣領家は十一家ある同族の本家にあたり、当主は代々八郎右衛門を襲名した。

三土忠造（一八七一〜一九四八年）東京高等師範学校卒業、衆議院議員（立憲政友会所属）、文相、蔵相、逓相、枢密顧問官、（戦後）貴族院議員、内相、運輸相。

三橋信三（一八七六〜一九五一年）商船学校卒業、三菱倉庫取締役会長、三菱本社取締役、三菱商事監査役。

三宅川百太郎（一八六九〜一九五二年）東京高等商業学校卒業、三菱造船常務、三菱商事社長、同会長。

宮崎駒吉（一八八八〜一九八〇年）京都帝国大学電気科卒業、三菱電機常務取締役、三菱電機社長、三菱本社取締役、三菱化工機社長。

三好重道（一八七一〜一九四二年）三好退蔵（大審院長）次男で慶應義塾卒業、三菱石油社長、三菱重工取締役、三菱信託取締役、日本郵船取締役。

三輪光明（生没年不詳）三菱経済研究所勤務。

向井去来（一六五一〜一七〇四年）江戸時代前期の俳諧師で松尾芭蕉の弟子。

武藤松次（一八八五〜一九四四年）神戸高等商業学校卒業、三菱本社常務理事、三菱重工監査役、三菱商事監査役、三菱工業監査役。

メドレー（一八七五〜一九四〇年、Austin William Medley）東京外国語学校英語教師（勅任待遇）、外務省嘱託、日英協会副総裁。

元良信太郎（一八八二〜一九四六年）東京帝国大学造船科卒業、「元良式船舶動揺制止装置の研究」で帝国学士院賞（大正十五年）。三菱重工社長、三菱製鋼社長。

森　孝三（一八七四〜没年不詳）独逸協会専修科卒業、ベルリン大学卒業、市政調査会参事、昭和金鉱取締役、後藤新平の私設秘書。

森本貫一（一八八八〜一九七九年）九州帝国大学工科卒業、三菱化成工業社長、旭硝子会長。

森本政吉（一八九四〜一九七九年）東京帝国大学法科卒業、三菱化成工業取締役、三菱本社総務部長兼秘書役。

諸橋轍次（一八八三〜一九八二年）東京高等師範学校卒業、東京文理科大学教授、静嘉堂文庫文庫長、（戦後）都留文科大学学長。『大漢和辞典』を編纂。

安田靫彦《ゆきひこ》（一八八四〜一九七八年）日本画家、東京美術学校中退、帝室技芸員、多摩美術大学教授、東京美術学校教授。（戦後）日本美術院初代理事長、文化勲章受章。

柳原敬吉（生没年不詳）小彌太の執事
山田耕作（一八八六〜一九六五年）東京音楽学校（後の東京藝術大学）声楽科卒業、指揮者・作曲家。小彌太の援助でドイツに留学し、帰国後に東京フィルハーモニー会（小彌太によって組織）の管弦楽部首席指揮者を務めた。

山田三次郎（一八七〇〜一九三九年）日本化成工業社長、旭硝子取締役会長、昌光硝子取締役会長。

山室宗文（一八八〇〜一九五〇年）東京帝国大学法科卒業、三菱銀行常務、三菱信託会長、三菱地所会長、（戦後）成蹊学園理事長。

山本達雄（一八五六〜一九四七年）男爵貴族院議員（立憲民政党所属）、日銀総裁、蔵相、農商務相、内相。

山本森之助（一八七七〜一九二八年）洋画家、明治美術学校および東京美術学校西洋画選科卒業。文部省美術展覧会で三年連続受賞、以後文展審査員。

吉田義人（一八九六〜一九六二年）京都帝国大学卒業、三菱重工監査役、（戦後）三菱重工副社長。

陸　心源（一八三八〜九四年）清時代の蔵書家、金石学者。清末四大蔵書家の一人。一九〇六年、子息が岩崎彌之助に蔵書を売却した（静嘉堂文庫のコレクション）。

岩崎小彌太年譜

明治一二（一八七九）年　一歳　八月　三日　神田駿河台岩崎彌之助邸で誕生
一八（一八八五）年　七歳　二月　七日　伯父岩崎彌太郎没（五一歳）
九月二二日　学習院予備科入学
二二（一八八九）年　一一歳　四月　一日　東京高等師範学校附属学校高等小学科編入
二四（一八九一）年　一三歳　三月三一日　東京高等師範学校附属学校尋常中学科入学
二六（一八九三）年　一五歳　一二月一五日　三菱合資会社設立（社長久彌、翌年一月一日発足）
二九（一八九六）年　一八歳　六月二五日　東京高等師範学校付属学校尋常中学科卒業
九月一一日　第一高等学校入学
三二（一八九九）年　二一歳　九月一一日　東京帝国大学法科大学入学
三三（一九〇〇）年　二二歳　七月一〇日　東京帝国大学退学、英国留学に出発（八月一日）
三五（一九〇二）年　二四歳　一〇月二一日　ケンブリッジ大学ペンブローク・カレッジ入学
三八（一九〇五）年　二七歳　ケンブリッジ大学卒業（歴史学科、学位バチェラー・オブ・アーツ）
三九（一九〇六）年　二八歳　五月一四日　三菱合資会社副社長に就任
四〇（一九〇七）年　二九歳　二月一六日　彌之助、合資会社への出資の一部を小彌太に譲渡（担当社員は久彌と小彌太に）
三月二三日　男爵島津珍彦三女孝子と結婚（媒酌人松方正義、四月四日清澄園で披露宴）
四月　中村春二の「成蹊園」事業に参画（賛助員就任）
四一（一九〇八）年　三〇歳　三月二五日　父彌之助没（五八歳）、男爵襲爵（二八日）

四四(一九一一)年　三三歳　一一月　五日　高輪に転居
三月一五日　横浜正金銀行取締役に就任（〜昭和一九年）
この年、静嘉堂文庫を高輪に移転

四五(一九一二)年　三四歳　四月　二日　私立成蹊実務学校開校（三日始業式、祝辞、設立者）

大正　二(一九一三)年　三五歳　二月二六日　高輪邸に孫逸仙（孫文）を招待

三(一九一四)年　三六歳　一一月　七日　財団法人私立成蹊中学校の設立認可、理事就任（二七日）
四月　八日　朝鮮半島出張（〜二三日、兼二浦製鉄所・鎮南浦・水原・平壌視察）
七月一一日　三菱倶楽部設立（九月一日より規則実施）、副会長就任

四(一九一五)年　三七歳　四月　五日　私立成蹊小学校開校
同月　「倶楽部に対する希望」（「随時随題」一）発表
『新教育』四月号に談話掲載

五(一九一六)年　三八歳　七月　一日　三菱合資会社社長就任
九月二〇日　財団法人成蹊学園設立認可（実業教育を主とする旧財団法人、設立者）

六(一九一七)年　三九歳　四月一一日　成蹊実業専門学校開校（設立者）
五月　五日　東京倉庫大阪蘆分倉庫で爆発事故（六日〜一〇日大阪出張、義捐金百万円）
六月　九日　東京南品川に三菱鉱業研究所設置
一〇月　六日　三菱造船株式会社設立（一〇月二六日取締役会長就任、一一月一日開業、資本金五千万円）
一一月　成蹊学園の校地一万坪購入（久彌・小彌太・今村繁三の寄付十五万円）

七(一九一八)年　四〇歳　一月一四日　「分系会社と合資会社との関係取極」公布

八（一九一九）年　四一歳

三月一〇日　三菱商事会社設立、取締役就任。三菱鉱業会社設立（両社五月一日営業開始）

九（一九二〇）年　四二歳

一月一五日　久彌・中村・今村と財団法人成蹊学園設立（新財団法人、設立者総代）

三月　八日　三菱海上火災保険会社設立、取締役会長に就任

四月二三日　参事以上の社員に「時局ニ関スル」訓諭

八月一五日　三菱銀行設立、会長就任

一〇（一九二一）年　四三歳

一月二〇日　三菱鉱業会社および三菱製鉄取締役会長就任

五月一五日　三菱内燃機製造株式会社設立

一一（一九二二）年　四四歳

一月一五日　三菱電機株式会社設立

五月二〇日　中国出張（～六月一八日）

八月一一日　諸橋轍次に静嘉堂文庫長を委嘱（～昭和三〇年二月）

一二（一九二三）年　四五歳

一月三一日　駿河台本邸で成蹊学園理事会開催、吉祥寺移転決議（大正一三年三月移転）

一三（一九二四）年　四六歳

三月　四日　三菱合資会社資料課設置（後の三菱経済研究所）

一四（一九二五）年　四七歳

二月二〇日　丸の内ビルディング竣工

四月　静嘉堂文庫を多摩川砧村岡本に移転、二八日開館式、第一回展覧会開催

一二月二一日　清澄製材所設立（清澄邸西側約八千坪に震災復興のため）

一一月　三日　財団法人成蹊学園理事長就任（四月一日成蹊高等学校開校）

昭和

二（一九二七）年　四九歳

三月一五日　三菱信託株式会社設立

四（一九二九）年　五一歳

二月二三日　鎌倉扇谷別邸にて母早苗没（七二歳）

五(一九三〇)年　五二歳　一一月一〇日　鳥居坂本邸落成に伴い転居
この頃、神経衰弱のため欠勤することが多くなる（四〜五月京都療養）
六(一九三一)年　五三歳　二月一一日　三菱石油設立（合資会社・商事・鉱業と米国アソシエーテッド石油会社の共同出資）
七(一九三二)年　五四歳　四月　一日　三菱経済研究所設立（三菱合資会社資料課を改組、資本金十万円）
八(一九三三)年　五五歳　三月一四日　理化学研究所に三菱造船会社研究所の土地建物を寄付し百万円寄贈（監事・評議員兼任）
九(一九三四)年　五六歳　六月一二日　三菱重工業設立（四月一〇日社長名で三菱造船と三菱航空機の合併通達）
八月　一日　日本タール工業会社創設（三菱鉱業と旭硝子合併）
一〇(一九三五)年　五七歳　一一月　七日　高輪邸で林忠雄と岩崎淑子の結婚披露宴
同月　熱海別邸（陽和洞）落成
一一(一九三六)年　五八歳　二月二六日　二・二六事件。出社後田園調布の舟越邸、ついで関西に退避（〜三月十二日）
九月　句集『巨陶集』刊行
一二(一九三七)年　五九歳　一二月二一日　株式会社三菱社設立（一〇月一二日、社員総会で三菱合資会社の改組決議）
一三(一九三八)年　六〇歳　二月二二日　三菱社第一回定時総会出席（定款変更、社長報酬年額十五万円を月割り支給。昭和一五年七月以降全額辞退。三菱社に高輪邸譲渡）
五月二八日　麻布長谷寺で第一回戦没者追悼法要執行（戦没者二六八柱、終戦まで継続し三千余柱）

一四(一九三九)年　六一歳

四月二〇日　大宮市に三菱鉱業研究所設置

十二月二九日　三菱協議会で「時局ニ関シテ社長訓示」発表

一五(一九四〇)年　六二歳

五月三一日　株式会社三菱社臨時株主総会出席（三菱社株式公開に関する声明書と増資発表）

九月一七日　静嘉堂文庫を財団法人に改組、理事長就任（登記一〇月二日）

一一月　一日　長崎出張(極秘)、戦艦武蔵の進水式出席

一二月　三菱倶楽部を財団法人三菱養和会に改組

一六(一九四一)年　六三歳

一二月一〇日　三菱協議会で社長訓話「宣戦の大詔を拝して」発表（「随時随題」九）

一六日　三菱重工業役員会出席、開戦に際しての所見開陳

一七(一九四二)年　六四歳

七月三一日　築地本願寺で大洋丸殉職社員合同慰霊祭執行（五月八日撃沈、犠牲者五十三名）

一二月一五日　昭和天皇に拝謁、「奉公の大義へただ一途」発表（「随時随題」十一）

『随時随題』刊行

一八(一九四三)年　六五歳

一月　元箱根の土地六万三千坪を成蹊学園に寄付（「箱根練成用土地」）

二月　八日　第一一回定時株主総会、臨時取締役会出席

同日　株式会社三菱社を株式会社三菱本社と改称

同日　「三綱領の制定について」「三菱養和会教条」発表（「随時随題」十二、十三）

同月　林忠雄・淑子夫妻を養嗣子とする

八月　五日　「役員職員の政治不干与に就いて」告示（「随時随題」十四）

九月二六日　諸橋轍次より大漢和辞典を受領（一〇月一四日に二十部）

一九（一九四四）年　六六歳

一月　一日　「新年言志」発表（「随時随題」十五）、末尾の和歌は「三菱の歌」として全社配布

三月　第二句集『早梅』刊行

一〇月　『随時随題』（増補再版）刊行

二〇（一九四五）年　六七歳

一月一五日　小磯首相宛書翰、三菱の航空機工場を軍の管理下の置くことに反対

五月一八日　熱海出発、東海・中部・関西の工場視察（〜六月六日）

二五日　空襲のため鳥居坂本邸焼失

七月一七日　三菱総力本部設置

八月二六日　「随時随題」を各社役員に配布するよう指示（石黒俊夫宛書翰）

一〇月二一日　最後の上京（〜二九日、鳥居坂邸倉庫泊）

（渋沢敬三蔵相、児玉謙次終戦連絡事務局総裁らと会談）

二九日　東京帝国大学病院坂口内科入院

三一日　三菱本社臨時取締役会で「告辞」発表（一一月一日付）

一一月　一日　三菱本社第十六回定時株主総会で三菱本社解散決議、一切の役職辞任

一二月　二日　午後十一時五十分死去

岩崎彌太郎家　系図

- 彌次郎 ― 美和（小野慶蔵次女）
  - 初代社長 **彌太郎** ― 喜勢（高芝源馬次女）
    - 第三代社長 **久彌** ― 寧子（保科正益長女）
      - 彦彌太 ― 操子（佐竹義準長女）
        - 寛彌 ― 美智子
        - 勢津子
        - 昭子
        - 美智子
      - 隆彌 ― 敏（池田成彬長女）
      - 恒彌 ― 勝代（清河純一長女）
      - 美喜（澤田廉三夫人）
      - 澄子（甘露寺方房夫人）
      - 綾子（福沢堅次夫人）
    - 春路（加藤高明夫人）
    - 豊彌（郷純造四男） ― 武子（柳沢保申三女）
    - 磯路（木内重四郎夫人）
    - 富子（早尾淳実夫人）
    - 秀彌
    - 雅子（幣原喜重郎夫人）
    - 康彌 ― 登志子（松山棟庵四女）
    - 正彌 ― 古満（能勢辰五郎長女）
  - 第二代社長 **彌之助**

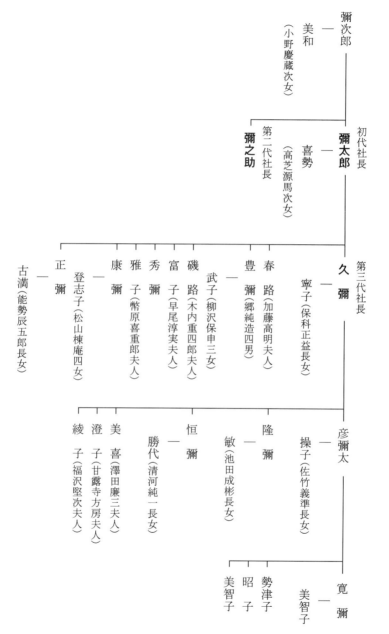

岩崎彌之助家　系図

- 第二代社長 岩崎彌之助 ― 早苗（後藤象二郎長女）
  - 繁子 ― 松方正作（松方正義次男）
  - 第四代社長 **小彌太** ― 孝子（島津珍彦三女）
    - 忠雄（林雅之助長男） ― 淑子（俊彌次女・小彌太養女）
      - 寛子 ― 正男（渡辺良吉次男）
      - 和子
  - 俊彌 ― 八穂（盧高朗六女）
    - 八重子
    - 淑子（小彌太養女）
    - 温子 ― 寿男（近藤宏太郎四男）
      - 俊男
  - 輝彌 ― 須美（櫻井房記次女）
    - 妙子（岡部長章夫人）
    - 毅太郎
    - 英二郎 ― 篁子（北原白秋長女）
      - 透
      - 純

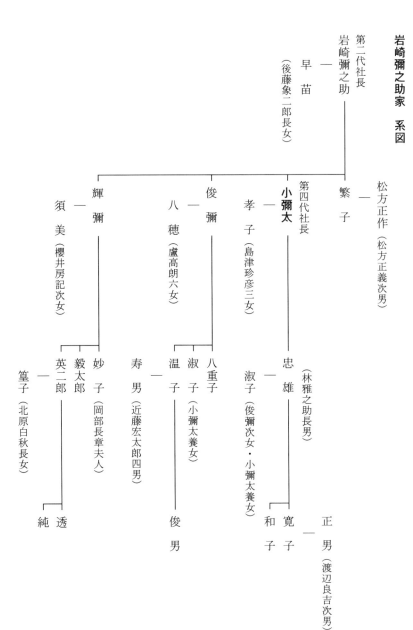

後記

尚友ブックレット第35号は、日本の経済界を牽引した財界の重鎮であり、三菱グループの総師、男爵岩崎小彌太の差出書簡を中心に、関係資料を収録した。

岩崎小彌太令孫・岩崎正男氏には、書簡翻刻、本書の刊行をご快諾下さった。元静嘉堂参与・原徳三氏は『岩崎小彌太書翰集』の刊行に尽力されているが、さらに一般読者の入手を意図され、本書刊行のきっかけを作って下さった。中山千恵氏、諸橋達人氏、岩崎純氏、三島良直氏からは、格別のご協力を賜った。静嘉堂文庫、三菱経済研究所、成蹊学園史料館、甲南学園史資料室、徳富蘇峰記念館、三菱重工業株式会社長崎造船所史料館、国立国会図書館憲政資料室、株式会社ＪＸＴＧホールディングス、東京大学近代日本法政史料センター、合資会社ホトトギスの各機関には史料提供、掲載許可等でご協力を得た。国立公文書館・高木重治氏および酒井孝眞氏には、史料解読、入力、校正作業でご尽力をいただいた。駒沢女子大学・佐々木千恵氏には英文資料の調査、編集作業でご協力を得た。

本書刊行にあたり、東京大学名誉教授・伊藤隆氏は、企画、編集でご助言、ご教導下さった。日本大学文理学部人文科学研究所研究員・荒船俊太郎氏は、企画、編集、調査時点から書簡及び史料の収集、翻刻入力、校正、解説執筆、年表作成と多岐にわたり、長期間大変な作業に従事され、史料集として完成に至る労をとられた。

かくも多くの方々の多大なご協力あって、本書は刊行に至ったのである。ここに深甚の謝意を表す次第である。そして他の尚友倶楽部刊行史料集同様、広く学界に寄与し、近代日本史研究に貢献することを願ってやまない。

尚友倶楽部史料調査室からは、藤澤恵美子、松浦真、上田和子が編集に参加した。

尚友倶楽部史料調査室　上田和子

編者
一般社団法人尚友倶楽部《しょうゆうくらぶ》
旧貴族院の会派「研究会」所属議員により1928年に設立された公益事業団体。学術研究助成、日本近現代史関係資料の調査・研究に取り組んでいる。その成果は、『品川弥二郎関係文書』『山県有朋関係文書』『三島弥太郎関係文書』『阪谷芳郎東京市長日記』『田健治郎日記』などの資料集として叢書45冊、ブックレット34冊が出版されている。

荒船俊太郎（あらふね しゅんたろう）
1977年、神奈川県出身。日本大学文理学部人文科学研究所研究員、中央大学兼任講師、横浜市立大学・日本大学・神奈川工科大学各非常勤講師。早稲田大学大学院文学研究科博士後期課程史学（日本史）専攻満期退学、博士（文学）。早稲田大学大学史資料センター助手・日本学術振興会特別研究員（PD）等を経て現職。
主要業績：『近代日本の政党と社会』（共編、日本経済評論社、2009年）、『明治期の天皇と宮廷』（共編、梓出版社、2016年）。論文「大正後期の松方正義と「元老制」の再編」（『史学雑誌』122巻2号、2013年2月）等。

岩崎小彌太関係史料《いわさきこやたかんけいしりょう》
——書翰と追想——
〔尚友ブックレット *35*〕

2020年 3月 4日　発行

編　集

尚友倶楽部史料調査室《しょうゆうくらぶしりょうちょうさしつ》・荒船俊太郎《あらふねしゅんたろう》

発　行

(株)芙蓉書房出版
（代表 平澤公裕）
〒113-0033東京都文京区本郷3-3-13
TEL 03-3813-4466　FAX 03-3813-4615
http://www.fuyoshobo.co.jp

ISBN978-4-8295-0778-0